한국인이 잊은 문화·역사·인문학 총서

한국인 자부심

더 물이랑

"인류 문화의 고향과 그 근원을 갈구하는
세계인에게 이 책을 드립니다!"

박종원 작가는 다복한 가정에서 부족함 없이 성장했으나 어릴 적, 국민소득 68 $의 대한민국의 존재감에 비감한다. 언어학 · 문학 · 문자 · 역사학 · 민속학 · 인류학 등의 연구를 통해 우리 땅의 문화(文化)가 인류를 숨 쉬게 했던 '시원문화'였고 '중국은 한국의 일부였다'는 사실과 그 속에 질식해 있는 한국의 불쌍한 역사(歷史)를 알게 된다.

누구도 보지 못한 한국의 웅혼한 역사와 아름다운 문화로 작가는 갈등의 우리 사회를 바꾸고 세계의 존중받는 국가가 되어 우리 땅의 평화를 원한다. 문제는 이 땅의 무책임이다. 작가는 지금 '역사의병'(義兵)으로서 역사광복을 함께 이룰 동지를 간절히 원하고 있다.

백산 박성수

한국학중앙연구원(한국정신문화연구원) 명예교수 · 국제평화대학원
대학교 총장 · (사) 대한사랑 초대이사장 · 대한상고사학회 공동대표

이 책을 권하면서 – '머리맡에 두고 읽어야 할 책'

2008년에 노벨 문학상 수상자인 프랑스 작가는 서울의 어느 여자
대학의 석좌교수와 기자들의 한국문학에 대한 질문을 받고서 "일본
과 중국 같은 강대국 사이에 에워싸여 있으면서 **용케도** 한국은 독자
적인 문학을 발전시켰다." 라고 답하였다. 나는 이 기사를 읽고 경악
을 금치 못했다. 문학은 문화의 핵심임으로 문학을 문화로 바꿔도 상
관이 없을 것이다. 프랑스인이 한국에 독창적인 문화(文化)가 있었다
는 것을 시인한 것은 고마운 일이었지만, '한국이 대국(?) 사이에 끼
어 어떻게 독자적인 자기 문화를 발전시킬 수 있었는가?' 하는…

그릇된 인식에서 놀라운 충격을 금할 수 없었다!

하기야 한국을 대표하는 양심적인 지식인으로 유명했던 H씨는
*〈뜻으로 보는 한국사〉에서 "**우리나라에는 민족고유문화가 없었다.
있었다면 밀림에서 발가벗고 나와 북치고 춤추는 야만인의 원시문화**
였다. 그러니 **그것은 문화가 아니다.**" 라고 폭언한 일이 있었다.
이러한 책이 지금도 서점에서 버젓이 팔리고 있고 장기베스트셀러

의 대열에 있으니, 외국인에게 무어라고 변명할 여지가 없는 것이다.
참으로 부끄러운 일이 아닐 수 없다!

일제침략사관이 문제라 하면서 앞대문에 나타난 호랑이의 습격에 대비하고 있었는데, 얼마 전부터는 뒷문에 중국의 **'동북공정'이라는 이리떼**가 나타나 놀라게 했다. 그리고 미처 대비하기도 전에, 중국은 고구리(려)와 백제, 신라, 발해의 역사가 모두 중국사의 일환이며 **고조선 역사까지도 중국의 역사라 선언하고** 말았다.

우리나라의 학자들은 그동안 무엇을 하고 있었는가?

제 나라가 아무리 부족한 나라라 할지라도, **자신의 뿌리문화와 뿌리역사를 알아야 당당할 수 있고 세계는 그를 인정하는 법이다.** 우리에겐 중국과 일본의 문화와 다른 고유의 민족문화가 있는데, 그것은 **동양은 물론 세계의 중심문화(中心文化)**였다. 그런 훌륭한 문화를 가지고도 그것을 모르면 아무 소용이 없다. 우리 문화는 이미 세계화된 문화이다. 좁고 답답하고 오만한 민족주의 문화가 아니라 **겸손하고 아름다운 세계보편적인 문화**이다. 그런 문화를 가지고서도 우리는 외래문화에 오염되어 상처투성이로 살고 있다.

단재 신채호(丹齋 申采浩, 1880-1936)는 "지금 우리는 서양문화와 사상을 받아들이고 있는데 장차 그 노예가 되어 **민족문화는 영영 소멸하고 말 것인가?**" 하고 물었다. 우리가 비록 양복을 입되 우리의 정신문화는 우리 것으로 단장되어야 한다.

서양문화를 받아들이되 우리 문화를 잊어서는 안 될 것이다.
이 책은 바로 한국인이 잊어버린 아(我나)와 오(吾우리)를 알게 하는 책이다. 잃어버린 본(本. 근본, 정체성)을 깨닫게 하는 책이다. **이 책을 읽지 않으면, 내가 누군지를 모르고 일생을 마치게 될 것이다.**

이 책은 서가에 꽂지 말고 머리맡에 두고 눈만 뜨면 읽어야 할 책이라 감히 추천한다.

(고인이 되신 박성수 교수님께서 *한국인 자부심 문화열차의 원고를 보시고 "내가 쓰고 싶었던 책이다. 이 땅의 시원문화로써 우리가 세계의 중심문화였음을 꼭─ 밝혀 책을 완성하라!" 하시던 遺志를 받들고 교수님 가족의 동의를 얻어 추천의 글을 싣습니다.)

이계진
방송인, 전 국회의원, 당 대변인
다변화하는 세계 속에서 지금 대한민국의 위상 또한 격변하고 있다.
미·중의 패권 경쟁과 미·중·일·러 4강체제에서 **국가의 생존과 존엄성을 지켜내기 위한 한국의 절대적인 존재감**은 무엇일까? 우린 왜, 저들처럼 당당할 수 없을까? 우린 언제까지 저들의 힘과 무례함에 휘둘려야 하나?

그러나 우리나라는 함부로 할 나라가 아니다!
우리에겐 세계의 문명에 빛이 되었던 아름다운 문화와 문명이 있었다.

조상이 물려주신 이 땅이 **저들 문명에 산모역할을 했던 문명·문화의 시원국**이었음을 우리 스스로가 먼저 깨닫고 저들에게 인식시킬 수 있다면, 군사적으로 좀 열등해도, 땅과 경제규모가 작더라도, 비록 인구가 적더라도 저들에게 존중(尊重)을 이끌 수 있지 않을까! 아름답고 품격 있는 **제 문화를 모르기에** 자신감이 없고 **당당했던 역사를 버렸기에** 남의 인정이나 바라면서 스스로 위축되었던 것이다.

시급히 당당하고 아름다웠던 우리 문화에 대한 소양을 갖춘 인재를 체계적으로 키워 나가야 한다. 그래서 우리 한국이 찬란했던 문화적 자존심을 되찾아 **품격(品格)을 갖추어서 존중 받는 나라**로, 변칙이 아닌 **원칙과 상식이 통하는 정의로운 나라**, 우리의 아들딸들이 조상의 혼을 느끼며 자랑스럽게 생각하고 그래서 **조국을 사랑할 수 있고 세계인의 존경을 받을 수 있는 나라**이기를 꿈꿔 본다.

수많은 역사 왜곡으로 굴종된 우리의 역사 속에서 심원한 시원문화를 더듬어 겨레의 정체성을 복원하려는 저자의 발상과 노력에 경의를 표한다. 저자는 역저 *한국인 자부심 문화열차에서 **우리나라가 얼마나 크고 소중한 가치를 간직한 자부심의 나라였는지를 조상의 혼으로 감동**시켰다.

이제 이 땅의 문명과 문화가 **우리가 아는 것보다 훨씬 더 장엄하고 크게 세계를 감동시켜왔음**을 〈한국인 자부심 시리즈〉인 *더 알씨랑, *더 물이랑, *더 코어랑, *더 아리랑 으로 이어지는 거대한 서사시로 밝혀낸 것에 대해 진심으로 축하와 감사를 드린다.

밖으로 한류(K-wave)가 세계를 감동시키고 있지만, 강대국의 일방적인 경제적·정치적 보복과 압력은 지금, 한국인으로 하여금 올바른 정신을 갖추어 **정체성의 패러다임을 바꿀 것을 시대사명**으로 하라고 한다. 나아가 역사 앞에 애국적인 분노가 필요함을 일깨운다. 그래서 우리의 선조가 결코 **인류문명의 조역이 아닌 주역**(主役)**이었으며 문화의 주인**(主人)이었음을 크게 깨달아 당당해져야 한다.

끝으로 **우리의 후손에게 당당한 한국인으로**, 존경받는… 부모로, 정의롭고 아름다운 미래를 살아가게 하고 싶다면, 이 땅의 정치가는 물론 각계각층의 지도자나 어른들이 먼저 *한국인 자부심 더(The) 시리즈의 필독을 진심으로 권한다.

이돈희
전 교육부장관, 전 민족사관고등학교장

우리나라에서는 그리스·로마신화를 알면, 품위 있는 사람으로 인정받아도 **우리의 신화**(神話)**를 말하면, 마치 미신을 믿는, 격이 떨어지는 사람**으로 폄훼하고 만다. 정작 **제 뿌리와 신화**는 알지도 못하면서! 국적 있는 교육이 이루어지고 있지 않다!

그래서 우리의 아들과 딸들은 **교육을 받아가면서 오히려 조상을 자랑스럽게 생각하지 않고** 우리나라를 사랑하지 않게 되는지 모른다. 이것이 우리의 교육현실이고 우리 사회의 모습이다.

진정한 세계화를 위해선 우리를 먼저 알고 세계로 나아가야 하는 것임에도 우리의 유학생들은 정체성에 대한 아무런 준비와 고민 없이 해외로 나가고 있다. 그래서 설혹 나름의 성공이 있을지언정 우리 모두의 기쁨으로 여겨지지 않고 있다. 심지어 조국을 버리고 외국에 귀화하며 '세계화'라고 자부하기까지 한다. 우리의 **뛰어난 인재들이 해외에 수없이 내던져지고 있다.**

우리에게는 스스로 **한국인임을 감사하며 세계에 감동을 주는 강한 글로벌 인재가 필요**하다. 그런데 우리의 피엔 **인류의 첫 문명과 첫 문화를 일구어내었던 DNA가 흐르고** 있다. 이제 한국인의 정체성 속에 들어 있는 문화의 잠재력을 깨닫게 하여 **큰 한국인, 큰 세계인으로 성장할 수 있는 기회**를 주어야 한다.

명저인 *한국인 자부심 문화열차에 이어 '**더**(THE) **시리즈**'로 **이 땅의 시원문화의 자부심을 밝혀낸** 저자의 노고에 경이와 함께 힘찬 응원을 보낸다.

이제 **내 아들딸이 제 조상과 역사를 존중하고 나라를 사랑하게** 하고 싶다면, 해외의 많은 동포가 문화적 자긍심을 갖고 제 조국을 사랑하게 하고 싶거든 또한 **외국에 한국의 문화적 역량과 찬란한 역사를 알리고 싶다면,** 부디 이 책부터 읽기를 권한다.

박종명

시인, 前 예일여고 · 여중 교장 (사)시사랑문화인협의회 이사

생각이 다르고 느낌이 같지 않다면, 피를 나눈 형제나 겨레라도 언젠

가는 남이 되어버리는 것이다. 언제인가부터 우리 사회는 각기 다른 곳을 보면서 다른 생각을 하고 나와 같지 않다고 불평만 하며 '우리' 를 마음에서 내려놓은 것 같다.

우리가 제 역사의 끈을 놓아버렸기 때문은 아닐까?

그래서 남의 신화를 마치 우리의 것인 양 착각하고 정작 우리의 신화는 '미신'이라며 구석에 던져버린 것은 아닐까? 신화가 없기에 우리에겐 금기(禁忌) 또한 없어지고 그래서 **어른도 스승도 무서운 것도 없이 치닫는 힘든 사회**가 되었다. 그래서 종로의 인사동에서마저 우리의 문화를 지켜내지 못한 지 오래되었다. **근본도 모르는 한국**이 되어버린 것 같아 마음이 쓸쓸할 뿐이다. 심지어 민족주의와 국수주의마저 분별 못하는 수준까지 되어서 개천절(開天節)에 국가의 원수인 대통령이 참석하지 않는 유일한 나라가 되었나 보다.

역사와 문화를 찾지 않은 한, 우리는 세계사의 객쩍은 손님일 뿐이요, 우리의 시(詩)는 고향을 잃은 통곡일 뿐이다. **문화**는 시멘트와 같아서 **사회와 겨레를 '우리'로 '하나'로 결속시켜주는 힘**이 있는 것이다. 나는 우리 겨레가 인류의 시원문화를 이끌어 온 문화대국으로서의 정체성을 깨닫고 자긍심과 자신감 속에 힘찬 맥박을 이어갔으면 한다.

마침 한류(K-wave)로 인해 KOREA의 언어와 문화콘텐츠에 궁금해하는 이즈음, **이 땅의 배꼽문화와 언어에서 인류시원의 문화**(역사)를 찾아내 **한국의 진정한 정체성을 밝히고 인류의 문화의 메카를 찾아낸** 작가의 혁신적 집필과 용기에 큰 박수를 보낸다.

첫 번째 책인 〈한국인 자부심 문화열차〉가 세상에 나온 지 벌써 6년이 지났다. 이제 4권의 책으로 '**우리의 문화가 세계의 시원문화였음**'을 밝히는 책을 완성하여 차례차례 나온다 하니, 벌써부터 설레는 마음뿐이다. 작가의 끝없는 겨레사랑과 그간의 노고에 깊은 박수를 보낸다.

"독일이 왜 패했는가? 군대가 약해서가 아니다.
독일인 모두가 도덕적으로 타락하고 이기심이 가득차 있었기 때문이었다.
교육을 통해 국가혼(魂)을 길러야 한다.
내일로 미루지 말고 지금 당장 실천하자."
'독일국민에게 고함' (獨)철학자 피히테(Johann Gottlieb Fichte 1762~1814)

"너는 누ー구냐?" 라고 물었을 때, "나는 누ー구다!" 라고
답할 한국인은 몇ー이나 될까?

· **한국인에게 역사(歷史)는, 고향(故鄉)은 있는가?**

· 한국인의 참 정체성을 알 수 있는 문화 · 역사책은 있는가?

· 고금(古今)이 절단된 우리의 역사는 **진정한 역사인가?**

· 우리 한국인에게 '함께 소중히 받들고 가야 할 **무엇**'은 있는가?

BTS의 '아리랑' 노래에 세계인은 떼창과 추임새로 환호하고 세계
는 반전과 평화, 화합과 치유를 소망한다. 시대와 장소, 장르와 언어
와 인종을 뛰어넘어 지구를 하나(one)로 만들고 있는 우리의 문화(文
化)! 그(The) 거대한 세계성(世界性)의 원천은 무엇일까?

세상에 존재하는 것들은 존재감으로 살아간다. 그렇다면 우리는
살아있는 것일까? 한국인을 애틋한 마음으로 챙겨 줄 **어머니**(시조모)
와 고향, 한국인의 영혼이 쉴 집인 신화(神話)는 있는가?

세계의 학자들은, 우리 땅을 만 년이 넘는 '인류시원의 땅'이라 하
는 데도, 한국인은 2천 년, 길어야 3천 년이라며 제 역사를 낮추며 지
구에서 유일하게 자신의 땅과 조상(祖上)을 부정하고 있다.

그래서 세상의 주인 역사를 잊고 세상 밖에서 영웅을 찾고 뿌리를
느끼며 끝없이 떠나려 한다. 우린 **언제까지 뿌리 없는 사생아가 되어
이방인으로 세상을 떠돌며 고독하게 살아가야 하나?**

일찍이 인류의 문명을 시작하고 구석기·신석기 문화를 화려하게 꽃피워 세상의 질서를 잡고 문명을 이끌었던 배꼽의 땅, 신화의 땅이 있었다. 세상의 주인(CORE), 영웅(英雄)으로 세계의 지도를 바꾸었던 코리안들! '인류는 하−나(The)였다' 라고 학자들도 말한다.

그렇다! 한국의 역사는 지금껏 공허하게 외쳐왔던 '철학의 껍데기나 변두리 문명'이 아닌, 거대한 힘으로 인류에게 문화의 젖을 먹였던 그(The) 어머니였고 세계사의 큰 줄기 *팍−스 코리아나(Pax Koreana)였다! 세상이 전하는 *홍익인간(弘益人間)의 역사였다!

하얗게 잊은 자부심이다! 자신의 참 정체성에 대한 기억을 상실한 한국인에게 지금 세계는 묻는다. **"한국에서, 한국이 얼마나 위대했는지에 대한 역사를 쓴 사람이 한 사람이라도 있는가?"**

'21C는 문화가 지배하는 문화주권의 시대'라고 한다!
우리 한국인의 자존감과 자부심은 왜곡된 식민의 역사가 아닌, **이 땅의 문화(文化), −뜨거운 언어와 유물과 신화에 있었다.** 비록 지금 땅은 작아도, 힘으로 남의 땅과 역사를 왜곡하며 빼앗지 않아도 세상을 좌지우지할 수 있는 것은 '우리의 문화 자부심'이다!

이제 뜨겁게 살다 가신 조상님과 뜨겁게 이어갈 사랑하는 후손에게 이 책을 바친다. 그래서 한류를 따라 한국(문화. 역사)을 알려는 **세계인에게 제대로 우리를 알려야 한다. 세계의 어느 석학도 밝히지 못했던 한국의 역사, 그 모국(The Mother), 인류시원의 역사를 '그 한국인이 한국땅의 수많은 문화'에서 밝힌다.**

첫 번째 힐링코리아 *한국인 자부심 문화열차(*문화향기)를 세상에 내놓은 지, 벌써 6년이 지났다. 몸도 눈도 많이 약해졌지만, 우리 한국인이 **자존감을 넘어 자부심을 갖게 하고 싶은 마음**에 행복한 시간들이었다. 앞으로 *한국인 자부심 더 알씨랑 *더 물이랑 *더 코어랑 *더 아리랑 으로 우리나라가 존중받을 것을 생각하니, 가슴이 벅차오른다. 더 완벽한 정의는 후세의 석학에게 기대하겠다.

시원문명의 땅에서 한국인으로 낳아주신 부모님에게 감사를 드리고 **이 글이 나오기까지,** 마음을 지켜준 내 아내와 가족, 그 뜻을 지켜주었던 내 동생 박종명 교장과 변희태 대표, 나를 알아준 스승이신 박성수 교수님, 역사와 문화에 눈을 뜨게 해 주신 율곤 이중재 회장님, **이 땅의 역사를 애달파 하시며** 후원을 아끼지 않으셨던 권철현 대사님, 이계진 의원님, 역사광복을 꿈꾸는 결의형제, 또한 나의 깊은 곳을 헤쳐 책을 쓰게 했던 이재성 화백과 벗 이재량, 글씨에 혼을 부신 가숙진 작가, 주옥같은 연구와 자료로 큰 도움을 주신 강호제현과 맑은샘 김양수 대표에게 **깊은 사랑을 전합니다.**

(추신: 무엇보다, 열정밖에 없는 가난한 역사작가가, **시간과 인적·경제적 능력의 부족**으로 도움을 받을 수밖에 없었던 주옥같은 연구와 자료에 큰 도움이 되어주신 분들께 **감사와 양해의 말씀을** 엎드려 올립니다.)

開天 5916년 역사의병 다물 박종원

한국교 자부사 더 물이랑

> "나는 왜, 낭만이 가득한 파리가 아닌,
> 이리도 한도 많고 눈물도 많은, 작은 땅 한국에서 태어났나?"
>
> – 어린 여가수 '숄이'의 물음에 대한 답변

"두려워— 아무도 말을 하지 않으니, 내가 말한다.

두려워— 아무도 쓰지 않으니, 우리 역사 내가 쓴다."

−역사의병 다물

추천: 할랑 코리아 '더(THB) 문화 시리즈' 300

- 한국인   자부심   더 알씨랑 (2019.10.3)
- 한국인   자부심   더 물이랑 (2019.12.22)
- 한국인   자부심   더 코어랑 (2020.5.5)
- 한국인   자부심   더 아리랑 (2020.7.7)

- 한국인 자부심 문화열차(향기) (2013.4)

"지구인이 '나는 누구인가?'에 대한 답을 얻을 때,

지구의 모든 문제는 해결될 수 있다. 그 실마리와 단초는 우리의 文化에 있다.

우리 땅의 문화는 그 어느 문화보다 의미와 가치가 있기 때문이다.

이것이, 우리 한국인이 이 땅에 존재하는 이유이고

이 땅을 알고 사랑하면서 자신의 歷史를 알아야 하는 이유이다."

− 여가수 '솔이'의 물음에 대한 답변

고침 · 안내

(* ←출전도서)

☞ **우리나라:** 흔히 말하는 '국가'가 아닌, 옛날 '물가를 에둘러 많은 인종이 인류의 시원문명터(울)에서 시작했던 역사의 강역! 한겨레만의 자부심이 담긴 고유명사!
예) 당나라(X), 여러 나라(X) - 당(唐), 여러 국가!

☞ **겨레:** 일반적인(편협한) 혈통 중심의 '민족'이 아닌, 마치 물결의 결을 이루듯, 희로애락을 함께 하며 인류시원의 역사와 문명·문화의 결(경험, 역사)을 함께 했던 우리 땅 시원겨레의 자부심의 말!

☞ **한머리:** 대륙에 종속된 표현 '한반도'가 아닌 인류의 문명
(땅) 을 시작했던 머리와 같은 땅! 예) 마니산(X)

☞ **고구리:** 고구[려](高句驪)란 유주지방 현토군의 3개 현 중 하나
(高句麗) (*한서지리지)로 폄하시켜 '중국의 지방정부'로 정당화하는 표현. 하늘(高) 같은 구리(九夷)의 영광을 이었기에 나라로 말할 때는 반드시 '리'로 함을 김정호, 신채호, 최남선 등 신신당부. *옥편과 *사기에 '리 동이국명야'(黎 東夷國名也: 리는 동이의 나라이름)라 기록

☞ **BCE:** BC(Before Christ)→ BCE, AD(anno Domini)→ CE
(Before 미국 공립 초·중·고등학교에서 시작된, 비종교인과
Common Era) 타종교인을 포함한 인류의 공통시기
☞ **CE:** <국립중앙박물관 표기법>
(Common Era)

☞ **임금:**   단순히 '지배하는 왕'이 아닌 시원문명을 이룬 땅의 백성을 맡아(임) 다스렸던(다 살렸던) 신(금)격인 하늘임금(天帝) 王들의 王! 예) 순임금(X) → 순왕

☞ **재팬:**   재팬은 '日本'(근본 태양)으로 불리길 원하지만, 본디
(JAPAN)   태양의 근본은 광명을 추구해 왔던 우리나라. "일본이라는 말은 '삼한'(마한·진한·변한)사람이 사용하던 말로 그 뜻이 너무 아름다워 만 년에 변치 않을 국호로 삼는다."(*일본국호론)

☞ **지나:**   우리만 부르는 中國은 사대(事大)주의 호칭! 시원 문
(支那)CHINA   명·문화로, 큰 정신으로 이끌어 왔던 중심뿌리 '中國'(세상의 중심)은 정작 우리나라! China는 천손의 문명을 빌어 쓰던 '가지'(支)였기에 지나라 불렀음! ∴재팬은 지나, 서양은 차이나라 호칭.

☞ **이글:**   한(漢)족이 창안한 '漢字'로 불림은 잘못. 본디 한거레
(夷契)   동이(夷)의 음과 뜻으로 창안한 글(契).
      예) 한자(X) → 이글(夷契: 아름다운 천손 동이의 글)!
                –한국학연구가 이재량 님 제안

"평화롭게 산다고 평화가 오는 것이 아니다!"

"자기가 자기 역사를 내팽개치고 있는데,
그 내팽개친 역사를 남이 왜곡·서술하고 있다고 해서
그렇게도 분노가 이는가?
부끄러운 줄도 모르고 남의 역사왜곡만 질타하는,
그 가증스러운 행위는 왜, 분노하지 못하는가?"

－송복 명예교수의 '내팽개친 역사'에서

한국인 자본심
더 물이랑

6부
한국인이 잊은
물(水)의 나라

"내 생각으론, 한국인들은 자신의 진정한 정체성의 기억들을
상실한 사람이라는 인상을 나에게 준다. 한국인에게 가장 절박한 일은
자신이 누구였는가를 찾아 자신의 정체성을 다시 세워놓는 일이다."

(In my opinion, Koreans give me an impression like people who lost
their memories of their true identity. The most urgent task for Koreans
is to find who they are and torestore their identity.

– R.A. Torrey (1856~1928 목사, 교육자, 작가, 복음전도사)

6부: 한국인이 잊은 물(水)의 나라

"우리 역사-, 다~ 없앴다! 세계 최고의 건축물들, 인류의 문명을 가
늠하는 서적, 찬란했던 역사책-, 다~ 불태웠다! 조상의 보석 같은
물건들-, 다~ 빼앗겼다! 그런데도, 지금도, 끊-임-없이 왜곡하고
있다! '한국문화 자체가 식민문화이기에 아예 없다'고 하면서…

대체 우리 한국의 무엇이 그렇게 두려웠던 것인가?

그것은 우리 땅의 찬란했던 문화(文化)였고 장엄했던 하늘나라 한국의
역사(歷史)였고 보석 같은 사람들이었고 인류가 찾아 헤맸던 '그(The)
시원의 문화'였다. 그래서 말한다. '시작도 알 수 없는 하늘(天)의 역사
이고 바람(風)에 새긴 물(水)의 역사였다' 라고!

이제 '식민사관'을 벗겨 인류의 기억에서 사라진 그 모국(母國)과 어
머니, 신(神)들의 땅과 진정한 왕(王)의 역사를 한국인의 기억에서 하
얗게 지워진 천손의 자부심을 하늘과 바람이 스쳐간 물(井)에서…

겨레의 통곡으로 찾는다!"

천손 한국인이 잊은 99.8% 역사는

생명이 시작되고 인류의 역사가 시작된 곳, **물… 바다!**

예나 지금이나 '**물과 바다를 지배하는 사람들이 인류의 역사를 써왔다**'고 말한다. 신(神)이라 불리운 사람들! 아주 먼 1만 년도 더 옛날, **세상에서 가장 강렬한 해를 맞고 가장 큰 바람을 느끼며 사람의 역사를 시작했던** '물의 나라'가 있었다. 저들이 한없이 두려웠던 것, 하얗게 잊힌 천손의 역사, 그래서 꼭− 찾아야 할 물의 역사이다!

이 나라의 중심이었던 서쪽의 거대한 평원(지금의 서해)에는 **수많은 강과 호수가 연결되어 남북으로 도도히 흐르는 큰 강**이 있었다. 조상에겐 **어머니의 젖줄**이었다. 밤에는 거대한 하늘의 강, 은하수(漢 미리내)가 물을 내린다 하여 이 강을 '**미리내**'라 부르고 이 물이 바다가 되자, 물의 신 용(龍 미르)이 산다고 하여 '**미르내**'라고 전해왔던 강! 그래서 그 근원을 일깨우기 위해 한강(韓江)이 아닌, **한강**(漢은하수江)으로 전했던 강이었다!

그 강과 그리고 바다에선 매일 붉고 장엄한 ☀(알)가 떠올랐다. 그 해(☀ 海)의 나라는 공룡이 가장 많이 살았다고 하고 생명력 넘치는 물에선 수많은 생명(알)들이 태어났다. 그래서 지나의 문자학자 낙빈기는 '알(해, 생명)은 신'이라고 했었다. 아, 우리의 조상이 물의 옛말을 **아라**(알아), **아리**(알이)라고 하고 우리의 미리내 한강을 '**알이수**'(아리수)라 했던 것이 알들을 품어 낳았기 때문이었음을 이제 알(☀)겠다.

　　　'**우리가 99.8% 잊은, 물**(海)**과 해**(☀)**의 슬픈 역사!**'

해와 물가, 바다(海) 출처: pxhere, 물고기알 출처: 스쿠버넷 박동균

인류학자들은 이 '해가 뜨는 물의 나라(井)'에서 처음 **개를 키워 농경과 목축을 시작**하고 지구역사상 가장 큰 동물인 **고래마저 처음 잡았던 땅**이라 하고 처음 **그릇**(토기)을 굽고 맷돌을 돌리고 자와 도구 등을 **발명**했음을 상기시켜 왔다. 그렇다! 먼 옛날 **해처럼 동·서문명**의 새벽을 밝혀 **인류의 뿌리문화**를 시작하고 북두칠성처럼 세상을 이끌어 온 시원의 그(The) 땅, 어머니의 나라(母國)가 있었다.

그래서 그 사람들은 물가의 (물)결처럼 함께 물에서 인류의 문명을 시작했던 천손의 엄청난 자부심으로 민족이 아닌 '겨레'(결+에)라 말하고 그(The) 명예로웠던 물가의 강역을 국가(國家)가 아닌 '나라, 우리나라'(울+이+누르)란 말로 보전해 오며 그래서 건국(국가를 세움)이 아닌 '개천'(開天: 사람의 세상을 엶)이라 말하며 "대–한사람 대–한으로 길–이 보전하세–!"를 불러왔던 밝은 사람들!

세상은 **이 시원의 땅을,** 1남쪽(south) 2뿌리(root) 3처음(beginning) 4시작(start) 5만든(making) 6참된(truth) 7엄마(mother)를 뜻하는 옛말 '마'(무)를 넣어 '마'(무)의 땅, '마'의 나라라고 하고 훗날 **마한을 뿌리의 나라**로 하여 삼한(三韓: 마한, 진한, 변한)이라 전했다.

맞다! 동(東=木+日)이 트듯 사람의 문명을 처음, 시작한, 뿌리 같은, 참된 땅이, **바다가 된 남쪽 '마'의 땅**이었음을 일깨우고 지구인의 엄마 '마마'로, 오랜 여자신선이라는 '마고'로 전해오는 땅이었다.

훗날 **마고어머니**(母모, 每매)의 땅의 중심부에 **물**(氵)이 차들어 와 **바다**(海)**가 된 우리나라!** 그래서 윤복현 교수는 '고대 한국인의 海(바다)**의 발음**이 차이나식 발음 [하이hai]가 아닌 **메/미**였고 **해풍**(海風) 또한 [하이 펑]이 아닌 지금 이 땅의 우리처럼 **마파람**[메프람]이었다'고 한다. 한없이 간직하고 싶었던 말들!

그래서 **시원문명을 이어온 물가의 선주인**(토착민, 어이)인 이 땅의 자손들은 훗날 물(河)문명의 우두머리(伯)인 '**하백**(河伯)'으로 불리고 물의 신(水神)이 되고 바람의 신(風神)이 되었던 것이다.

물에서 순리와 지혜를 깨달았던 사람들, 해처럼 밝고 활기찼던 사람들, 바람 같은 풍류에 바다처럼 장쾌했던 사람들…, 세상은 이들을 **이**(夷: 뿌리 사람)라고 부르고 **사람**(해 같이 밝은 존재)이라 했고 대인, 군자 또는 성인(聖人)으로 불러왔다. 저들이 가리려 했던 물의 역사…!

너무도 오랜 역사 속에서, 너무나 많았던 이별 속에서, 너무나 많은 왜곡으로 우리의 기억에서, 인류사에서 바람같이 사라진 **물의 나라의 이야기**이다! 그래서 참 어이(魚夷)가 없다!

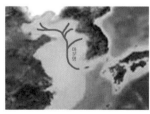

1만5천 년 전 평원 서해지역의 '우리나라' 마문명의 알이수 출처: 한문화재단,
'東이 트다!'출처: WIKITREE, 북두칠성 출처: 박석재 교수

천손 한국인이 잊은 고향 - 시원의 터(井)

많은 생명을 품어 사람의 문명을 시작했던 물의 나라가 있었다?

아, 유레카! **한국**(韓國)의 **'한'**(韓)이 **간**(倝)(뿌리, 줄기, 해 돋을)과 **위韋** (둘러싸인)가 합쳐진 글자로서 '해(日)가 떠오르는 세상의, 뿌리와 줄 기, ~를 둘러싸고 있는'이라는 뜻의 글자임은 알겠으나 **'무엇**(o)**을 둘러싸고 있는가?'** 라는 것이 저의 오─랜 미스터리였었는데…,

후한 때의 철학자 허신이 지었다는 가장 오랜 한자자전인 *설문해 자에서 **위**(韋)**를** '**우물**(井)**난간**'으로 해석한 것으로 **한국**(韓國)이란 '**우 물의 난간처럼** 큰 물가를 울타리처럼 에워싸고 있는(韋) 해(日) 돋는 물가의 나라'였다는 것을 알 수 있었습니다. 그래서 '井(우물)은 한국 을 뜻하는 형상'이라고 했던 것이지요.(八家一井象 溝韓形)

신라 진평왕 때의 도통한 학자인 안함로(安含老 578~640) 또한 *삼 성기전 상편에서 '劃井地 於靑邱'(획정지 어청구) 즉 청구에 井地를 획 정했다라고 기록하여 '**井地'가 나라의 터**(땅)를 뜻하는 말이고 '井'이 시원의 터 '우리나라'(올+이+나라)를 상징하는 글자였음을 알게 합니다.

여기에 고도인 님은 "**井**은 우물 에운 담 즉 **물을 둘러싼 나라**를 뜻 하며 國과 民이라는 문자가 사용되기 전, 신라가 삼국통일을 하기 전 까지 **오직 고구려(리)만이 사용할 수 있는** 우리 겨레의 고유기호였 다." 라고 말합니다. 그리고 "**韓**(한, 칸)**의 뜻은 井幹**(정간)이다. 정(井우 물)은 **의미**이고 간(幹담)은 **소리**로서 말 그대로 '우물을 보호하기 위해 둘러치는 (난)간'을 의미하는데 여기서 **井**(우물)은 백성과 우리나라를 상징하는 고대어이며 **井幹은 井**(우리나라/백성)**을 지키는 난간**(幹: 뼈대,

줄기) 즉 칸(韓=ᆝᆞfkhan)을 의미한다.”

그래요! 그래서 규모가 좁고 작아 가지(枝=支)와 같아 형이하학적인 국(國家)이란 말이 생기기 전, '井 문양'은 시원문명을 일으킨 땅이었던 '나라'를 나타내는 **비밀스런 상징부호**(글자)였기에 오직 '우리나라'를 시작했던 구이(九夷)의 장자국인 **고구리만이 쓸 수 있었던 자부심의 문양**이었고 '칸'이란 평범한 왕이 아닌 **인류의 시원문명지였던** 우리나라를 지켜왔던 신(神)같은 임검(금)님을 말했던 것입니다!

그러하기에 *태백일사 고구리국본기는 고구리의 고추모(주몽)성제께서 시원문명의 땅 **'담울'**(井幹)을 회복하려고 **연호를 '다물'**(多勿)이라 하였다고 전하여 고구리의 태왕들이 한결같이 '井**문양 깃발'을 날리며 고토회복**에 힘썼던 이유를 일깨웠던 것이지요.

그런데 이 우리나라(井)를 관장하는 별이 바로 '**북두칠성'**이었다고 합니다. 북두칠성(旵)이 비추는 땅, 선조의 넓은 땅을 회복하셨다는 **광개토태왕이 '井자를 고구리의 상징문양'으로** 삼았던 것이나, **시호를 북두칠성**(旵)**이 들어간 글자인 '국강상'**(國疆上: 북두칠성이 비치는 땅의 나라)으로 시작했던 것이 다 인류의 시원지인 우리나라(구이의 터전)를 **승계했다**는 뜻을 전하기 위함이었습니다. 맞아요, 겨레의 별, **북두칠성**(★)**의 정기**(疆)**가 쏘이는 땅**이 큰 우물(井), **우리나라**였기 때문이지요.

그래서 우리 선조는 국토(국가의 땅)나 영토(領土: 점령하고 있는 땅)라 말하지 않고 북두칠성(旵)이 들어간 글자인 *'강토'*(疆土: 북두칠성이 어두운 세상을 밝히 듯 인류의 문명을 이끌어 온 땅)라고 말해 왔던 것입니다!

광개토태왕의 호우(경주)의 井 출처: 국립중앙박물관, 경기 이성산성(광주) 고구리 자배기의 井(아래), 경질병 몸통의 井(경기 여주 매룡리고분군), 서울 몽촌토성 고구리 나팔항아리의 井 출처: *제왕의 문(최인호), 기와의 井(국립경주박물관) 출처: STB

따라서 井은 칠성겨레의 강역(疆域)이 되었던 것이고 이 땅의 천손들은 북두칠성 에너지가 내리는 새벽우물물인 **정화수(井華水)를 떠 놓고 하늘과 소통**을 하려 했던 것이지요. 예부터 우리나라 마을이나 궁궐에 원형(○)보다 **정(井)자 형태의 우물들**이 많이 전해지고 **井자 표시 유물**이 많이 전해졌던 이유입니다.

우리 땅의 신라시조 박혁거세가 '**나井**'으로 내려오고 왕비 알영이 '**알영井**'에서 나오고 **첨성대의 상판을 우물 井**으로 마감하고 성역인 나정 근처의 '**포석井**'을 호국성지로 여기며 혼례와 제사를 지냈던 것은 우리가 '우리나라(井)**의 사람들**이고 **북두칠성의 자손**임을 확인하기 위함이었습니다. 그래서 고구리, 백제, 신라가 과하다시피 치열한 경쟁을 했던 것 또한 '**자신들이 고대한국의 정통계승자**'(적자)**라는 엄청난 자부심**을 드러내고 싶었던 것이었지요!

구미의 모례장자집 신라시대 우물 출처: 박관영 기자, 도산서원의 洌井(퇴계 친필) 출처: 테마가 있는 여행, 첨성대 위의 井 출처: MBC뉴스, 조선의 패배의식과 열등감 조장을 위한 조선총독부의 조선문화재 '고적 1호'포석정 출처: 배달역사문화연구원

아, 유레카! 그래서 먼저 **우리나라**(井)**를 떠났던** 이들이 만주의 **홍산으로 가** 井표식을 남기고 염제 **신농**(神農) 또한 지나땅에서 팠다는 '**신농정**'(神農井)과 요(堯), 순(舜), 우(禹) 또한 한결같이 우물을 파면서 '**요정**'(堯井), '**순정**'(舜井), '**우정**'(禹井)**이라는 우물**(井)**이** 전승되고 있는 것 또한 모두 위대했던 뿌리, 물의 나라(水)에 근원으로 두면서 시원겨레의 자부심을 드러내려 했던 것이었지요.

井과 옛 전서(우리나라 안의 해) 출처: 미래를 위하여, 홍산문명 옥기(태양신 머리 속) #자 출처: STB, 산동성 제남시 舜井 출처: 黃老汉的 自留地, 회계산 자락의 禹井 출처: 바가분도

그래서 이 땅의 사람들은 명산마다 높은 바위(石)에 우물(井)을 판 '석정'(石井)**을 만들어 천손에게 물의 나라 '우리나라**'(井)**를** 기억시켰습니다. 부산의 금정산, 가야산, 삼각산, 월출산, 천관산, 황정산, 속리산, 도락산, 금산…. **금정산에는 신**(검, 금)**을 의미하는 '신의 우물**'(금정)**이** 있고 최고봉인 '**고당봉**'(마고를 모시는 봉우리)**은** 옛 땅을 내려다보고 있어 '먼– 옛날, 이 물의 나라(井)에서 시원문명을 여셨던 한국인의 어머니(시조) 마고가 계셨음'을 함께 전하고 있습니다.

또한 **천손의 어머니**(마고)**께선** 북두칠성에 계시면서 천손을 낳게 하시고 지켜주시고 **또 하늘로 거두신다고** 믿어 왔지요. 그래서 칠성의 자손이 꽃상여 타고 하늘나라로 갈 때, 꽃상여 양쪽에는 **일곱 칸**

우물(井)로 만들어 '칠정'(七井)이라 하면서 **일곱 명 칠성자손이 끌도록** 했던 것이 모두 천손만의 특별한 의식이었던 것입니다.

역사연구가 정형진 님은 말합니다. "석정(石井)은 **요하 상류와 요동 반도, 그리고 한반도 지역에 주로 분포**한다. 반면, 중국의 신선전설에 서는 석정이 탄생할 문화적 배경을 찾아볼 수 없기 때문에 **석정은 우리 고유의 신선사상**과 결부될 가능성이 높다. 정작 중국의 도교에서 말하는 **신산에는 석정이** 없다. 다시 말하면 신선이 산다는 중국의 **오신산**(五神山)이나 **삼신산**, 또는 **곤륜산**에는 석정이라고 할 만한 것이 없고 중국의 **중원이나 동쪽 지역의 명산**에도 석정이 없기 때문이다."

우리나라 '石井': 금정산 출처: 정형진, 속리산 문장대 석정과 월출산 구정봉 석정
출처: 초암 정만순, 고래당 전통 七井꽃상여 출처: 국립민속박물관

우연이라고 생각하십니까? 지금 **전- 세계인의 컴퓨터 자판**이나 핸드폰 그리고 **대문**을 열고 드나들 때나, **강조나 중요한 것**을 표시할 때, 심지어 **성**(性)**평등을 알리는 표식조차 북두칠성**(★)**이 비추는** 井(물의 나라, 우리나라, 인류의 시원지)을 쓰는 것은 인간으로서의 삶이 부정되는 디스토피아(逆 Utopia)의 암울한 흐름 속에서 **소통과 평등으로 함께 지냈던** 지구인의 고향땅, 어머니의 나라를 그리는 유전적 노스탤지어는 아닐지?

4만5천 년 전, 네안데르탈인의 집단거주지였다(?)는 **서쪽땅 끝 스페인 지브롤터곶**의 '**고함**(Gorham 스페인)**동굴**'에서 '井'이 발견됩니다. 학자들은 **네안데르탈인의 소통의 흔적**이라고 하지만, 먼— 옛날 물의 나라(水)를 떠난 사람의 후예가 먼 서쪽 끝의 **집터로 정한 땅**(터), 바닷가 부리처럼 뾰족한 땅(곶: 예: 장산곶, 호미곶)의 동굴에 와서 **고래고래** '**고함**'을 지르며 **조상의 땅**(井)**을 그리워했던 흔적**은 아니었을까?

사람의 빨간 손바닥 자국들도 발견된 곳! 고금동서의 많은 현자와 석학들은 한결같이 "너 자신을 알라. 그것이 자기 발전의 첫출발이다!" 라고 말해 왔는데, 제 역사의 99.8%를 상실한 한국인들—!

"어이! 당신은 **어느 별**에서 왔습니까?"

휴대폰 자판의 # 출처: ⓒ2003 최인철, 34회 세계여성의 날 기념 한국여성대회 출처: 여성미래센터, 스페인 지브롤터곶의 고함동굴의 井 출처: google jp, 6천 년 전 우크라이나 그릇(키예프 역사박물관) 출처: STB 상생방송

인류최초의 배(舟 ship), 신주(神舟)의 나라

2004년 6월, 경남 창녕 비봉리… 태풍 '매미'로 인한 배수장의 침수 복구사업 중 **조개무지와 함께** 인류최초의 약 8천 년 전의 소나무배가 발견됩니다. 소위 전설로 전해왔던 신의 배 '神舟'였지요!

이전의 **이집트 쿠푸왕 피라미드 옆에서 발견된 배**(4천6백 년)보다,

재팬땅 이끼리끼(伊木力)에서 출토된 배(약 6천 년)를 넘어 **인류의 배의 역사를 2천 년이나 앞당기게 되는 세계사적인 발견**이었지요.

부산 동삼동 패총에서 1969년, 70년, 71년 **배모양의 토기**가 나온 적은 있었지만, **최초로 확인된 신석기시대 배**(길이 310cm*너비 60cm)였습니다. 험난한 **대양문명을 처음 연 나라!** 세계의 역사학계는 다시 술렁였습니다. "도대체 한국이란 나라는 어떤 나라였는가?"

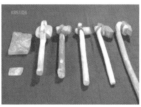

인류최초의 비봉리 소나무배 출처: 연합뉴스, 배의 연장: 숫돌 돌칼 돌도끼 돌자귀 출처: KBS, 부산 동삼동 배모양 토기 출처: 국립중앙박물관

인류 과학과 기술의 총집합체! 井의 배(船)

'먼 옛날에는 육지보다 **바닷길이 더 쉽고 빠른 교통수단이었다**'고 인류학자들은 말합니다. **지금의 고속도로**로 비유하지요. 왜냐면, 지금은 육지인 비봉리도 약 5천 년 전까지도 바다였다' 고 하고 **지구의 저지대는 온통 물바다였으…, 배가 더 쉬웠겠죠!**

그런데 '배'는 지금도 그렇지만, 먼 옛날 신석기인에게는 자동차나 비행기만큼이나 당시의 과학과 기술이 총집합된 물건이었다고 합니다. 또한 미지의 세계로 나가려 했던 **강인한 기백과 인류의 욕망**을 상징함은 물론, **전쟁과 교역** 등 인류사에서 중요한 역할을 담당하는 **문화로서** 문명·문화수준을 가름하는 척도였다고 하지요.

인류최초의 비봉리 통나무배는 좁은 뱃머리와 유선형으로 되어 있는 배 밑바닥으로 저항을 덜 받아 **속력을 내고 빠른 회전이 가능한** 획기적인 해양문명의 발명품이었습니다. 그런데 우리가 **이러한 배를 만들 수 있었던 것**은 앞선 불(火)문화에 목재를 자르고 가공하는 간도끼와 나무를 파내는 돌자귀, 목재를 다듬는 돌대패 등 **최초의 연장을 만든 혁명적인 신석기과학기술**이 있었지만, 앞서 **진보된 만능구석기 아슐리안도끼**를 이어 **인류최초로** 숫돌에 갈아 **날카로운 마제석기를 만들어** 인류의 신석기 혁명을 가장 일찍 일으킨 사람들이었기에 가능한 발명이었지요.

그래서 **고든 차일드**(호주의 언어·인류학자)나 **몬테리우스**(스웨덴) 같이 '인류의 문명이 동이에서 시작되었다'고 주장을 하는 고고학자들은 또한 '인류의 문명은 **배로 인해 진화**되었고 **전파되었다**'라고 말합니다. 바로 **우리 땅의 오랜 해양문명에서 처음 발명된 배**(舟, 船)로 인해 **전 세계로 문명이 전파되었음**을 시사하는 것이지요.

이것이 1만~8천 년 사이에 신석기문명이 전 지구에서 동시(우리나라 예외)**에 혁명적으로 일어났던 수수께끼에 대한 답**이며 **불의 신이다, 그릇의 신, 개의 신, 수레의 신** 등 **수많은 신**(神)들을 등장하게 하고 **세계의 창조의 신들이 물**(水)**과 연관**을 갖는 이유였습니다. 그래요. **우리 땅의 배와 수레**였습니다. 우리 땅이 물이 차자, 배 밑에 바퀴를 대며 그릇과 개와 사람과 신석기 문명이 퍼졌던 것이지요!

그런데 **인류의 가장 오랜 배 조각**과 인류최초의 실제 배까지 출토되고 포항 4기층에선 **고래뼈로 만든 노** 그리고 울산 대곡리 반구대에선 최초의 고래잡이와 가축사육의 암각화가 발견되면서 '**우리나라**'가 지구의 해양문화와 가축문화를 처음 연 땅이었음이 입증됩니다.

여러분, 신의 배, 신주(神舟)*를 아십니까?*

〈삼태극〉 카페의 선장 신완순 님은 말합니다. "훗날 *고리(麗)도경을 쓴 **서긍**이 송(宋)의 사절로 서기1123년 타고 왔다는 **거대한**(70~90m) **배, 신주**(神舟: 신과 인간의 세계를 오가는 배)! 그렇게 자랑스러워 할 배임에도 정작 제 역사인 *송사(宋史) 본기에는 기록하지 않고 **왜**, ***고리전**(권487)**에만 기록해** 놓았을까? 신주가 **고리**(려)**인의 기술**과 **고리인들의 신**(神)**의 능력을 가진 고리의 배**였기 때문이었다. 그리고 고리(高麗)인들이 만든 배를 '神舟'라고 부른 것은 **과학적인 기술**도 인정한 것이지만, 당시 동이인에게 둘러싸여 바다를 볼 수 없어 바다와 배에 대한 지식이 거의 없었던 고대 지나족들이 **고리의 바다의 신인 '고리 신'**(마고신, 동신성모)**에게 풍랑을 막아줄 것을 기원했기** 때문이다. 이는 신라의 장보고 선단 그 이전부터 바다의 나라였던 **우리 겨레의 항해술과 선박조선술의 전통에서 기인**했던 것임에 틀림없다."

그래요. 그래서 송(宋)의 서긍은 *고리도경 권34 '해도'편에서 신주에 대하여 이렇게 언급했던 것입니다. "신이 듣건대, 신종황제(송의 6대)가 **고리에 사신을 보내** 유사(有司)에게 조서를 내려 **거대한 함정 두**

척을 건조시킨 적이 있었는데, 하나는 '능허치원안제신주'이고 또 하나는 '영비순제신주'로서 그 규모가 심히 웅장하였다."

서긍이 타고 왔다는 신주 출처: HD역사스페셜, 고 정주영 회장님이 보여준 조선소를 지을 백사장 사진(1/5만 지도)과 거북선의 500원 지폐 제공: 현대중공업, 중세유럽인 (5C∼15C)의 바다에 대한 인식 출처: 강철구의 *세계사 바로 읽기

지금 **못 믿겠단 분**이 많으신 것 같군요. 하긴 허구한날 **조공**(朝貢)이다, **사대주의**만 학교에서 배우고 지나의 사신만 오면 **굽실굽실하는 사극만** 봐 온 사람들을 탓할 수만은 없습니다. 그래서 고구리(高句麗)를 이은 발해가 공식명칭을 **대진**(大震: 위대한 동방의 나라)이라 했음은 만물이 나온 곳인 진(震, 출처: *주역의 설괘전)을 밝혀 천제국을 이었다는 자부심을 드러냈음이고 **고리**(高麗) 또한 **천제국의 장자였던 고구리의 큰 정신으로 소통하며 천하를 이끌었던 천제국**이었음을 알지 못합니다.

고리 후기, 몽골의 침략(6차)으로, 불국사(지금의 24동이 아닌 80동)보다 8배 컸다는 **황룡사**와 아파트 30층 높이의 화려하고 장엄했던 **9층 목탑**, 성덕대왕신종의 4배(구리 49만7천근 *삼국유사)였던 **'황룡사대종'**… 아름다운 세계최대의 문화유산들이 다 타버린 후, '조건부 항복'(1259)을 하기 전까지 고리는 고구리를 이은 **황제국**으로 인류의 문화를 시작했던 천제(天帝)국, 세상의 주인이라는 자부심이 있었지요.

지나와 일제에 의해 왜곡·축소되고 식민교육에 물든 교사에게서 '고리가 되지도 않는 황제 칭호를 한' 약한 나라로 배웠을 뿐…, 근데, **고리의 강토는 북방으로 훨씬 넓었다**고 합니다. 여기에 **서해 지역과 이어진 지나쪽 해안지대는 대대로 우리 겨레의 강토**였었다고 하구요. 그래서 중공은 〈문화혁명〉 때 지나 동쪽의 한겨레의 유물과 많은 유적지를 부숴버렸던 것이지요.

사실 고리(高麗)는 과학화되고 잘 훈련된 장비와 발명품, 최강의 기병과 육군은 물론, 세계최초로 함포를 탑재(1019 왜의 *소우기)한 전함(100척)으로 함대를 이루어 왜구를 전멸(왜선단 500척-진포해전1380.8)시켜 굴복시킬 정도로 당대최강의 해군력까지 보유한 나라였습니다.

그래서 몽골과 서역을 아울렀던 막강한 힘을 갖고 있어 송(宋)조차 그렇게 두려워했던 **거란의 요(遼)**를, 더구나 **요황제의 친위대**이자 다이아몬드(皮室피실=金剛금강)와 같이 단단하다는 최정예부대라던 **우(右)피실군을 비롯한 정예기병 10만**을, 상원수 강감찬과 부원수 강민첨 대장군이 이끄는 고리군이 무지막지하게 궤멸시켜 버린 것이지요. 요군대를 이끌었던 각 부대의 장군들은 거의 전사하고 살아 도망친 자 불과 수천, 포로 1만…! 바로 '귀주대첩'(1019음2.1)입니다.

귀주대첩을 그린 민족기록화, 강민첨 초상화(보물 제588호) 출처: https://instiz.net/pt/5768826 아야나미. 낙성대 공원의 강감찬 장군 출처: 오피니언뉴스 김인영 기자.

당시, 북쪽의 요(遼)를 두려워하며 매년 20만 필의 비단과 은(銀) 10만 냥을 바치며 평화를 구걸했던, 사실상 요의 **조공국이었던 송(宋)은 이후 150년을 고리의 눈치를 보는 형국**이었다고 합니다.

　　지나족은 언제나 자기의 주변국을 제후국들이라고 말을 하고 '**조공을 받았다**'고 역사를 왜곡해 왔지만, 가장 강력했다는 **한(漢)조차도 북쪽의 훈족(흉노)에게 매년 엄청난 조공을 바쳤고** 심지어 황제의 딸(공주)까지 줄줄이 바치고 그 유명한 왕소군(지나 4대 미인)마저 바친 **사실상 조공국**이나 다름없었을 뿐이지요.

　　그래서인지 귀주대첩 이후 송의 소동파가 직접 쓴 ***고리해악론**(고리禽獸론)에는 〈고리사절단〉이 송황제에게 허접한 조공품(?)을 가져왔음에도 송황제의 하사품은 **황실에서만 쓴다는 물건을 포함해 10배 이상**, 들고 가지 못할 정도로 주는 바람에, 하사품(실제는 조공품)을 개봉과 항주에서 **팔아 금과 은으로 바꾸어 가져갔다**는 일화에서부터…

　　고리사신이 최신서적이며 심지어 **송의 봉역도**(封域圖: 국가의 영역과 주요시설을 기재한 지도)며, **황실도서관에 몇 안 되는 희귀서적까지도 강제로 달라고 해서 가져간 일 등**…　또한 고리가 거란(요)과의 귀주대첩 이후 송을 방문한 고리사신이 묵는 개봉부 여곽에 왜, 여진, 서하, 베트남(교지국), 타이(섬라곡국) 등 사신들이 몰려와 **먼저 승전자축 파티를 열고 송황제보다 귀한 진상품을 저들에게서 접수**한 후, 함께 우루루 **송황제를 보러 갔다**는 일화며, 송에 도착한 고리사신이 송황제에게 글을 올릴 때, **송의 연호(年號)를 안 썼던 일화** 등을 기록하여…！
　　고리의 당당했던 힘을 느끼게 합니다.

또한 박지원의 *열하일기 '동란섭필편'에는 송의 사신이 개경에 도착해 가져온 금·은(실질적 조공품)을 내어 놓자, 가짜일 수 있다는 첩보가 있다며 **송사신 면전에서 진짜 금·은덩이를 모조리 깨보이는 무례를 범했어도** 송사신은 아무 말도 못하고 되돌아갔다는 일화를 전하여 당시 고리의 힘을 짐작케 합니다. 우리 역사책에서는 듣도보도 못했던 역사이지요. 그래서 *열하일기는 금서가 되었다고 하네요.

그리고 *송사(宋史) '외국열전'에는 송의 사신이 고리에 왔다는 소식이 들리면, **고리관리들이 별별 핑계로 물건과 뇌물을 송의 사신에게서 뜯어갔다**는 사실과 고리사신이 거란에 이르면, 더욱 거만하고 포악스러워 비위에 조금이라도 거슬리면, **함부로 머리채를 잡아 흔들거나 채찍으로 쳤다**는 기록으로 **초강대국이었던 요**(遼)**를 마치 노비처럼 유린**했던 조상의 나라 고리의 힘을 느낍니다.

백두산 화산으로 인한 천재지변을 틈타 **동포의 나라**(震=발해)**를 멸망에 이르게 했던 요**(거란)**였기에 고리의 적개심은 더 심했을 것입니다. 귀주에서 대패한 후 거란은 전체인구의 30%를 잃고 **고리에 전쟁배상금까지** 치르며 국력이 쇠해져 서서히 패망해 버리지요. **지금** 미국과 지나와 러시아와 재팬 것들에게 **휘둘리는 대한민국**을 생각하면, '아, 옛날이여'를 부르고 싶네요.

고리의 벽란도를 아십니까?

고리의 수도 **개경 옆**의 '벽란도(碧瀾渡)'는 요, 금, 송,

강남, 왜, 동남아시아, 인도, 아라비아(대식국)나 페르시아(이란) 등의 **상인들로 발 디딜 틈이 없을 정도로 붐볐던 국제무역항**이었다고 합니다. 그래서 벽란도에서 동서로 닦은 도로를 따라 이른 개경에서 본 고리 수도의 모습을 송의 사신인 서긍(徐兢)은 *고리(려)도경에서~ '개성엔 **화려한 저택이 즐비**했고 **외국인 전용숙소도 여럿** 있었다. 여성은 물론 **남성도 비단으로 치장**했다'고 기록했던 것이고 고리의 이규보 또한 *동국이상국집에서 "조수가 들고나니/ **오고 가는 배의 꼬리가 이어졌구나!**" 라며 그때의 감회를 기록했던 것입니다.

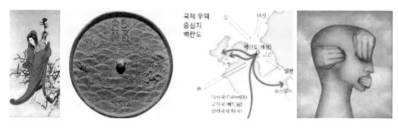

한(漢)의 조공물 왕소군 출처: 나무위키, 고려인의 활발한 해상활동을 묘사한 거울유물 '황비창천명' (밝게 빛나고 창성한 하늘) 출처: 중부일보, 벽란도의 무역활동 출처: 박종기 교수 (국민대 고려사 전공), 99.8% 잊고 사는 한국인 출처: '고립'Rene Magritte

학자들은 고리는 **송의 국채를 가장 많이 보유한 국가**로, 송의 혈세가 **고리에 이자로 2할**이나 지출되었다고 하구요. 당시 **개성상인들이 교자**(무역어음) **할인권을 독점**하고 있어서 거의 모든 무역어음이 이곳에서 거래되었고 사채유동량도 압도적이었다고 합니다. 그래서 소동파는 *고리해악론에서 "**송이 벌어들이는 금·은의 3할은 고리의 주머니로 들어간다.**" 라며 걱정했다고 합니다. 그래요. 당시 **고리**는 세계최대의 금융국가였다는 말이지요. 지금의 미국처럼!

이때 **웅혼했던 고리**(COREA)**의 에너지**와 함께 고리청자, 고리(한)지, 나전칠기, 고리불화, 팔만대장경, 금속활자 등 고리의 명품브랜드가 아라비아까지 전파되면서 지금의 '**코리아**'(코리, 꼬리)라는 이름으로 서양에 알려진 것이라고 합니다.

근세조선이 건국된 후, 농업우선주의를 국가정책으로 삼고 **상업을 통제하면서 쇠퇴일로**를 걷다가 국제무역항으로서의 기능을 상실하며 옛날의 영광이 다 잊혀졌던 것이지요. 아이러니하게도 지금 비무장지대 철책에 갇힌 '벽란도'…, 훗날 명(明)의 사신은 조선을 찾아 "**고리 때의 부귀영화**는 어디가고 이 모양이냐?" 라고 핀잔을 했다고 하는데…, 저는 우리들 몸속에 **세상의 판을 짜고 금융을 주물렀던 선조의 DNA**가 남아있기에, **통일 후, 그때의 화려했던 영광이 재현되리라** 믿겠습니다.

인류 역사상 가장 크고 강한 배, 한국인!

최소 8천 년 전, 인류최초로 배를 만들었던 이 땅은 이후 환인과 환웅의 환국시대를 이어 고조선과 고구리, 백제, 가야, 신라 4국 등의 해양강국을 거치며 고리 때까지도 선박기술이 세계 최고였다고 합니다.

정도전, 하륜, 변계량 등 당대 석학이 참여하여 60여 년간(조선 태조~세종) 총 139권의 방대한 분량으로 편찬된 *고리(려)사에 따르면, '**고리의 배는 너비가 16보**(20m)**나 되어 갑판에서 말을 달릴 수 있을 정도**'였다고 하고 재팬의 *소우기(小右記)에 따르면, **강하고 큰 배**

(280t)들을 이미 고리태조 왕건(918~943) 때 건조했다고 합니다. 그리고 전함엔 화약을 넣어 공격했으며(1019) 철로 된 뿔로 적을 부수었다고 기록하여 **고리군함이 '세계최초로 배에 포를 설치'**하였던 사실과 임진왜란 때 발명된 것으로 알았던 **세계최초의 철갑선인 거북선**이 가깝게는 **'고리군함을 원형으로 하여 개발'**된 것임을 알게 합니다.

이보다 4~5백 년 후인 15C, 유럽에서 가장 앞선 선박술을 보유했던 **포르투갈의 왕자 엔리케**(15C)**가 만든 캐러벨**(Caravel)**의 너비는 12m**였다고 하고 콜럼버스가 항해했던(1492) **산타마리아호**(80~150ton)**가 유럽에서 가장 큰 배**에 속했다고 하니, 고급문화라는 배문화에서도 유럽은 환상일 뿐이었습니다.

반면, 고리가 몽골과 연합하여 **왜정벌을 준비할 때**(1268)**는 500t급 배 300척, 중형군선 300척, 보급용 소형군선 300척 등 900척을 단 4개월**(1274년 1월~5월)**만**에 만들어내었다고 하니, 우리의 조선술과 규모는 지금 후손의 상상을 훨씬 초월하지요. 또 이때, **태풍의 거센 풍랑에 깨진 배들이 전부 송**(宋) **때 지나의 강남에서 건조한 배**였다는 것으로도 저 지나배들의 수준이 우리와 비교도 할 수 없었음을 쉽게 짐작할 수 있습니다. 그러고 보니 이제 알겠군요. 우리나라(井)의 배(ship)가 왜, 그렇게 튼튼했었나 하는 것 또한 **좌우 바깥으로 뚫고 나오게 하는 '井자 방식의 독특한 공법'**에 있었습니다.

신라는 이슬람 제국에 범포(帆布)라는 돛을 수출할 정도로 선박조선기술이 높았으며(출처: *해상왕 장보고 그는 누구인가?) 이렇게 발달된 선박기술과 항해술로 이미 **세계의 바다를 누볐던** 신라의 장보고(787~846)선단과 고리선단이었다고 하지요. 이에 비해 지나의 군선(軍船)들은 17C까지 인력으로 육지 근처의 **연안항해만 가능했을 뿐**, 해류를 가로지르는 **횡단항해를 계획적으로 수행할 수 없었고 돛도 별로 활용하지 못하였다고** 하니, 이런 배로 옛날 지나의 수(隨: 598, 612, 613, 614년)와 당(唐: 645, 647, 648년)이 우리 **고구리한테 감히 덤볐던 것**은 가히 코미디였던 것입니다.

또 "신에게는 **아직 12척의 배가** 있습니다. 감히 우리를 깔보지 못할 것입니다!" 그리고 **330척이 넘는 왜선을 격퇴**시켜(명량대첩) 〈세계해전사〉의 독보적인 신화를 만든 이순신 장군의 자신감은 유구한 우리의 해양문화의 역량에서 비롯된 것일 뿐, **지금의 교과서 역사로는** 도저히 짐작도 못할 역사이지요.

이러한 자부심이 **우리나라를 뜻하는 말 조선**(朝鮮)에 나타납니다. 후한 때의 허신(許慎 : ADE58?~147?)은 아침과 시작을 뜻하는 조(朝)를 *설문해자에 달(月)이 아닌 배(舟)를 넣어 굳이 조선(鼂鮮)이라 기록함으로써 '인류의 역사(아침해)를 열었던 신(神)들의 땅, 아사달이 **최초로 배**(舟)**를 제작**하여 **큰 바다**(洋)로 나가 고래(魚)를 잡고 **세상의 큰 바다** (洋)**문명을 열었던 땅**…, 그래서 큰 땅과 바다, 넓은 하늘을 열었다고 '개벽'(開闢: 닫혀있고 혼란스러운 세상을 엶)이요, '개천'(開天: 사람의 세상을 엶)이라고 했던 땅'이었음을 일깨우고 있습니다.

지금도 **조선업계에 회자되는 신화**가 있습니다.

"우린 벌써 **1500년대에 이런 철갑선을 만들어** 재팬을 혼낸 나라요.

우리가 **당신네**(영국)**보다 3백년이나 조선**(造船)**역사가 앞서** 있었소. 그러니 당신네가 돈을 빌려주면, **여기**(백사장)**에 조선소를 지어 우리가 배를 만들어 주겠소!**" 불모지에서 세계최대의 조선소를 일구어 낸 한국의 별, 고 정주영 왕회장! **세상의 중심에서 바다문명을 열었던** 한국인의 문화적 DNA 없인 나올 수 없는 자신감이었지요.

　　　　지금 **인간이 만들어 띄운 가장 큰 배**(2019기준)는요? 〈삼성중공업〉이 만든 **'프리루드 FLNG'!** 해상에서 천연가스를 채굴하여 정제하고 LNG로 액화해 저장·하역할 수 있는 **세계최초의 최첨단기술의 해양플랜트 설비**, 바다 위의 공장입니다. 폭풍우나 최고 등급의 사이클론(태풍)에도 끄떡없이 견딜 수 있도록 설계된 배. **길이 488m, 높이 110m, 선체중량 26만5천 톤**, 대서양에서 침몰한 타이타닉호(4만6천 톤)보다는 **5배**, 세계최대 항공모함 제럴드 포드함(11만2천 톤)의 **2배**, 뉴욕의 엠파이어 스테이트 빌딩보다도 큰 배이지요.

　　지금 바다에 떠 있는 **대형선박 1~6위**는 물론, **10척 중 4척** 이상, 바다 위의 궁전인 **대형크루즈선 1~14위**도 다 'Made in KOREA', 이 중 〈STX 조선해양〉이 건조한 세계최대의 호화유람선, 떠 있는 궁전, 바다 위 도시라는 **'오아시스 오브 더 씨즈'**는 총 톤수가 침몰한 타이타닉호의 약 5배나 됩니다. 여기에 **가장 힘들다는 LNG와 석유시추선, 탐사선까지도**, 이제는 **해양플랜트**(offshore)**마저 다- 우리 대한민국이 만든 것이고요.**

　　선(船)업계를 선도해온 〈현대중공업〉에서는 2.5일마다 1억 달러짜리 거대한 배 한 척씩을 찍어낸다고 하고… 명실상부한 세계 1위의 조선국! 세계는 우리더러 '신화를 쓴다'고 하지만, **우리에겐 인류최초의 해양문화유전자가 있기 때문이지요.** 이것이 대한민국의 힘입니다.

완도 〈장보고 기념관〉의 장보고와 선단 출처: 도꾸다이, 프리루드 FLNG 제공: 삼성중공업, STX조선해양이 건조한 '오아시스 오브 더 씨즈'출처: 연합뉴스, 조선업계를 선도해온 〈현대중공업〉 출처: 중앙일보

그러나 한(漢)의 역사가 사마천은 ＊사기에서 **헌원**(軒轅: 2692~2592?BCE)을 **지나의 시조로 내세우며 헌원이 집과 잠사**(비단의 재료인 누에실), **옷을 비롯하여 문자와 배와 수레**(車) 등 온갖 것을 발명하였다고 왜곡하여 차이나의 자부심으로 가로채 버리더니. 지금 한국인이 철없는 아이 헌 신발 패대기치듯, **자신의 역사와 문화정체성을 버리고 사마천의 기록을 금과옥조로 여기며 모두 중국**(中國: 문화의 중심)**이라고 머리를 조아리며** 제 목구멍만 혈안이 되어 사는 동안…!

지나는 우주왕복선 이름을 '신주'(神舟)라 명명하고 벌써 **신주11호**(유인우주선)까지 쏘아 올렸으며 거대한 우주 정거장을 만들어 **'천궁'**(하늘궁전)이라 이름 짓고 2호까지 지어 놓으며 하늘나라(한국), 하늘겨레의 자부심을 여지없이 무너뜨립니다. 그리고 또 한국인의 달의 여신이었던 '姮(桓환의 여인)娥(아)' 또한 **嫦娥**(상아)창어)로 **바꾸어 지나의 달탐사선의 이름으로 빼앗더니,** 미국도 밟지 못했던 달의 뒷면에 창어5

호를 착륙(2019.1.3)시키고 무인달탐사차마저 '위투'(玉兔) 즉 옥토끼호라고 이름 붙여 탐사시키지요. 이렇게 **과학을 문화(신화)에 절묘히 결합**하여 **14억 지나인의 꿈과 단합**을 이끌어내기에 지나인들은 지금~ "조국(中國)이 너무나 자랑스럽다!" 라며 눈물을 흘립니다.

지나의 우주선 신주, 천궁2호, 달탐사선 창어1호 출처: 신화넷, 무인달탐사차 '玉兔'출처: CNSA, 쌍용건설이 지은 '하늘배'마리나 베이샌즈 호텔(싱가포르) 출처: 마이리얼트립

정-작, **하늘나라, 한(桓)국은 우리였고 인류최초의 배**(舟, 船, 航)**를 만들었던 자부심**도 한국인의 것이었고, 원래 '**천궁**'(天宮)이란 문명문화의 주체인 시원겨레의 임금님인 천제(天帝)의 궁전이고 천손의 영(靈)들이 돌아가야 할 고향이었는데, **인류문명의 시작을 상징하는 옥**(玉)**문화**도 한국의 문화이고 그래서 **옥토끼며 항아**(상아) 또한 다- 인류문명을 시작했던 우리 천손의 역사이고 **우리 조상님의 정체성**이었는데…,

그래서 **당연히 신주와 천궁과 항아와 옥토끼의 이름으로 우리가, 우**리가… 우주로 **쏘아 올렸어야** 했는데…! 이렇게 하늘나라, 신(神)들의 역사적 흔적을 **가리고 지우고** 한국인의 동화와 상상력마저 **모조리 가로채** 가네요. 이젠 한국인은 **신화도 꿈의 고향도** 잃고 이젠 천손의 **영광**도 시원문명의 **자부심도** 다- 지나의 영광으로 알고 있습니다.

여기에 싱가포르는 하필 우리 건설사(쌍룡)에 발주하여 **우리의 신주**(神舟)**문화**로서 **하늘에 떠 있는 수영장을 갖춘 배**(호텔 마리나 베이샌즈)를 짓게 하여 〈북미정상회담〉을 유치하고 **세계인의 이목과 탄성을 받으며 $를 마구** 벌어들입니다.

　스스로 용(龍? 지렁이도 못됨)이라던 그 어떤 정치가들도 문화의 소중함을 몰랐고 이 나라 백성들 또한 **아무 생각이 없었기**에 우린 오히려 **저들에게 문화적 열등감**을 느끼고 있네요. **문제는요.** 아직도 우리는 문화가 무엇인지, 무엇을 뺏기고 있는지, 무엇을 얼마나 더 빼앗길지 아~무 생각이 없다는 겁니다. '21C는 문화가 자본(돈!)이 되는 시대' 라고 그렇게 세계의 석학들이 외쳤는데도! 그래서 **유능한 부모는 자식에게 문화**(적 소양)를 **가르친다**고 하는 것인데, 에휴~.

　저 같으면요, 우리나라를 인류문화의 메카(Mecca: 발상지), 성지(聖地)로 만들어 '**전 세계인이 죽기 전 꼭 다녀가야 할 곳**' 으로 만들고 싶은데…, 말입니다. 이 책으로, 제가 만들겠습니다! 그럼 우린 저들에게 **인류의 고향이야기를 들려주고** GDP 10만 $이 넘을 텐데….

　"평화를 원한다면 전쟁을 준비하라. 전쟁을 원치 않거든 문화를 알리라!" -다물

물의 역사, 버드나무

물(水)을 머금고 태어나는 나무, 버들은 주로 강가나 물가(井)에서 많이 자랍니다. 바람에 몸을 맡겨 **솔직한 자유를 누리는 풍류**와 그 속에서 **유연하고 유쾌한 대응력을 찾아가는 강한 생명력**으로 한국인의 정체성을 고스란히 담고 있는 '한국인의 나무'이지요. 식당에서 **보시하듯이 물을 무상**으로 제공하고 비행기 안에서도 유독 물을 찾는 우리나라

사람들, 그래서 **물과 관련된 말**에 우리 겨레를 뜻하는 '―동이'가 붙어 전하는 것인지 모릅니다. 물동이, 양동이, 청수동이, 옥수동이….

신준환(전 국립수목원장)씨는 버드나무(柳)가 열대지방의 맹그로브 나무처럼 **물을 정화시키고** 새우나 물고기 등 **다양한 어류를 서식하게** 한다 해서 버들개, 버들치, 버들매치, 버들붕어 등 **버들이 들어간 고기이름**이 많이 전해지는 것이라고 말합니다.

여기에 가히 **만병통치약이라고 불리는** (바이엘)**아스피린**의 주성분인 '아세틸 살리신산'은 버드나무 껍질에서 추출한 것으로 각종 암(대장암, 위암, 전립선암) **예방**과 심장병, 고혈압, 뇌졸중, 당뇨, **여성병에 특효**가 있고 **유산을 방지하고 태아의 성장**을 돕고 류머티즘 관절, 치매 예방, 풍치 및 소염·진통 해열제로 쓰이는 등 **사람을 돕는 이로운 나무**로 그만큼 태초부터 인류와 함께 했던 나무라고 하지요.

뿐만 아니라 소쿠리나 광주리, 그릇, 고리짝, 나막신, 키 등 **생활필수품**은 물론, 양지(楊枝: 버들가지)로 이를 닦았던 한겨레의 청결했던 습관이 '**양치**(楊齒)**질**'이란 어원이 되었던~,

우리에겐 너무도 친숙한 나무이지요.

'우리의 옷이 바람에 날리듯 자연스러운 이유' 또한 바다의 미역으로 몸을 감고 노는 고래말고도 **바람을 맞아 어깨춤을 추듯 출렁였던 물가의 버드나무** 때문이었을 것입니다. 여기에 버드나무처럼 휘감겨 윤기나는 여인의 머리를 **류**(유)**발**(柳髮), 호리호리한 허리를 **류요**(柳腰), 애교어린 몸짓을 **류태**(柳態), 버들잎 같이 아름다운 미녀의 눈썹을 **류미**(柳眉). **류엽미**(柳葉眉)라 하여 최고의 가인(佳人)과 기품으로 겨레의 사랑을 받아 왔던 나무였지요.

　이러함으로 우리에겐 꽃말이 '**솔직, 경쾌, 정화, 자유**'이지만, 지나는 '**이별**', 서양은 '**우울**'이라고 하니, **분명 저들의 나무는 아닌 것** 같습니다. 모두 하얗게 잊고 있었던 우리의 물의 역사(井)였지요.

물의 나라의 흔적을 찾을 수 있는 '동궐(창경궁)도'와 경복궁 경회루의 능수버들 출처: 박상진 교수, 한국인이 잊고 있는 버드나무의 꿈 출처: fineartamerica

천손이 잊은 물의 역사

그러나 **버드나무 아래** 필릴리(버들피리)를 불며 소를 몰고 가는 모습은 지금은 **아스라이 우리에게서 멀어진 별천지**(井)이며 한국인의 그리움입니다. <u>**버드나무의 원산지가 한국과 만주**인 것을 아시는지요?</u> 그래서 버드나무를 지나족은 **한국류**(韩国柳/hánguóliŭ), 재팬도 **고려류**(高麗柳, こうらいやなぎ, 코-라이야나기)라고 하여 한국과 고리(려)를 밝혀 말해 왔던 것이지요.

　먼 옛날 **배달나라 환웅천왕께서 쑥대정자와 버드나무 대궐에서 사셨던 일**이 *규원사화에 전하고 **단군왕검**(2333~2241BCE)께서도 버들

궁궐에 사셨던 일들이 *단군세기로 전합니다. *한단고기 삼한관경본기에는 "가을10월(BCE2229) 2대 부루단군께서 백성들에게 **칠회력(7일을 주기로 한 책력)**을 반포하시고 이듬해 봄3월 백성들에게 가르침을 베풀고 **백아강에 버드나무를 심으셨다**"라는 기록이 있어 버드나무는 그 연원이 무척 오래된, 고대 한국인의 신령스러운 신목(神木)이며 성목(聖木)이었음을 알게 합니다.

그래서 **버드나무를 찾는 일**은 천손 한국인이 잃어버린 배꼽(근원. 고향)과 우물(朴井제성)을 찾는 길이며 **장구한 우리 역사**(물의 역사 井)를 찾는 하나의 열쇠일 것입니다. 옛날 **물을 찾을 때 버드나무로 찾았**듯이 말입니다. 지금도 물가의 버드나무는 수려한 자연미와 심미적인 안정감을 제공함은 물론 강한 생명력으로 한국인의 마음 깊은 곳에서 **우리의 부름만을 고대하는 나무**이지요.

그래요. *삼성기전 상편은 '(단군왕검이) 성장하여 **비서갑**(裵西岬: 바닷가에 설치한 소도를 관장하는 직책) **하백의 딸을 아내로 맞았다**'라고 했고 *삼국유사 또한 '**하백의 딸의 남편이 단군**이었다'고 기록합니다.

그리고 〈광개토대왕비문〉과 *구삼국사 및 *위서(魏書), 이규보의 *동국이상국집을 비롯한 각종 문헌들은 '고구리의 시조 추모(주몽)의 어머니이신 **유화**(柳花)가 하백의 딸인 **하백녀**(地母神. 神女, 곰녀)웅녀)'였음을 기록하고 있지요. 그래서 고구리 시조인 주몽이 부여왕자들의 추격을 받고 **물가에 이르러 위기에 처했을 때**, "나는 하늘의 아들(皇天之子)이고 하백의 외손이다!" 라고 혈통을 외치며 **물가의 하백무리의 도움을 얻어 탈출**했던 것을 굳이 기록으로 남겨 놓습니다.

그러면, 이처럼 문헌들이 하나같이 **하백**(河伯: 물가의 우두머리)과 **하백녀**(河伯女)를 **기록하고 있는 이유**는 무엇일까요? 그리고 추모가 '**하늘의 아들**'이라면 스스로 두려울 것도 부러울 것도 없어야 하고 더구나 그들이 유목화된 강력한 힘(북방계)마저 갖추고 있어 천하에 두려울 것이 없었는데, 이러한 환인과 환웅, 단군왕검과 뒤를 이은 고구리(려)마저도 한결같이 **나라를 세우려 할 때, 하백을 찾아 인연을 맺었던 것**은 '**하백의 무리**'가 인류문명의 뿌리였던, 남쪽 어머니의 마(麻)문명을 **승계한 강력한 해양문명 세력**(井)으로서 **만주**(마사람의 땅)**까지 이주했던**(당시는 송화강, 흑룡강) 진정한 천손의 후예였기 때문이었지요.

그래요. 강력한 해양세력이었던 **하백**(水神) **무리의 힘**은 절대적이었을 것이지만, **무엇보다 인류문명을 시작했던 진정한 천손의 문화적 자부심까지 승계해야만**, 하늘의 아들(天帝國의 임금)로서의 정당성을 인정받을 수 있었기 때문이었습니다.

이 **버드나무가 바로 수신**(水神: 물의 신)**인 하백의 상징**이었다고 합니다. 그래서 주몽의 어머니는 우리나라 물가의 나무인 버드나무로 이름지워져 '유화부인'(柳花夫人)이라 전하는 것이고 **예부터 버드나무를** 신성시해 왔던 이유이지요. 그래서 신화연구가들은 유화가 아들 주몽과 헤어질 때, **오곡 종자를 보내고 빠뜨린 보리종자를 비둘기로 보내는 것**에서 그녀를 물의 신(강과 바다)**과 함께** 농경신으로, 또한 아들 주몽에게 골라줄 **준마를 단 한 번의 채찍질로 알아내는 모습**에서 **유하**(하백)**의 무리는 유목적인 문화**까지 고루 갖춘 매우 **복합적인 문화단계를 이루었던 물가의 세력**(井)이었음을 알 수 있습니다.

하백의 딸 유화 출처: EBS, mbc특별기획드라마 '주몽' 中 유화부인 출처: mbc-tv,
칼을 물고 있는 무녀(충북 진천 농다리축제) 출처: 오마이뉴스 ⓒ 임윤수

〈역사천문학회〉 노중평 회장은 '고구리와 백제(비류·온조의 모친) 두 나라를 세우는데 주도적으로 관여했던 주몽의 **또 다른 아내 소서노마저도 하백녀**이며 **무녀였다**'고 합니다. 왜냐하면, 바닷가에 설치한 소도를 관장하는 **비서갑**(斐여신西서쪽岬)이란 **하백녀의 직책**은 의미 없는 서쪽의 여신이 아닌 **扶蘇岬**(부소갑) 즉 남쪽 바닷가(岬갑) 마문명의 성소였던 소도(蘇塗)를 떠받드는(扶) **직책**인 하백의 딸이었고 그래서 **소서노**(召西努)**의 소**(召)**가 칼**(刀)**을 입**(口)**에 물고 있는 형상이니 입에 칼을 무는 무녀**였다는 것이지요. 정말 탁견입니다.

유레카! 그렇다면, **召西努** 또한 (비西갑의 예처럼) 의미가 없는 서녘 서(西)가 아닌, **召蘇努**(소소노)가 되어 즉 '**칼을 물고 바닷가**(岬)**의 소도**(蘇塗 솟터)**를 지켜 온 동이**(努) **무녀**'였다는 말이니, **이들이 모두 무**(마고의 후손)였음이 밝혀지는 것이지요. 온통 물고기(魚 고래) 잡고 벼농사(禾) 짓던 시원문명인의 물가(川) 세력의 정체성을 말함이었습니다. 그래요. **하백의 따님으로서 소서노**가 주몽과 혼인하여 고구리를 건국할 때, 크게 도움을 준 것이 **물가의 세력**은 물론, 소금과 특산물 무역으로 모아 둔 재산이었던 것입니다.

신라 또한 진주 소(蘇)씨의 근원이며 신라의 시조 박혁거세 양아버지였던 '소벌도리'(蘇伐都利)는 고허(高墟: 성스러운 터)촌장 즉 솟터가 있는 곳의 지도자였고 경주 이씨의 근원이며, 박혁거세(BCE57~CE4)를 왕위에 추대한, 신라 건국의 산실이었다는 알천(閼川)언덕의 양산촌(楊山村) 또한 소도 곁의 당산(山)의 버드나무(楊)를 말함이니, 모두 소도와 관련된 토박이 물가(井)의 버드나무 세력의 도움이 필수적이었음을 상징하는 말들이었지요. 그래서 박혁거세는 물가의 세력, 북두칠성을 숭상하는 남방계 해양세력이었던 하백의 딸 알영을 아내로 맞았고 그녀를 우물(井)가 계룡(물가세력, 농경세력)의 옆구리에서 태어난 여인이라고 상징화했던 것입니다.

그래요. 그래서 경주 전역에서 물가 세력(井)의 상징인 고인돌이 발견되고 지금도 젯상에 고래고기(魚)를 찾아 올리는 것이지요. 이렇게 신라의 건국을 도운 여인들이 한결같이 물(水 井)에서 나오는 것은 외부화된 세력인 흉노의 기마세력보다는 물을 근원(우리나라 井)으로 시작했던 토박이 시원겨레의 절대세력을 기반으로 해야 했기 때문이지요.

고대조선의 소도제천 머리산 출처: 소도 경당문화란 무엇인가? 경주의 고인돌과 경주 내 고인돌 분포도(사진 우하), 나정 발굴 현장 출처: KBS1, 바가지의 버들잎 출처: 김희련 화백

또한 신라의 시조 박혁거세가 '나정'(蘿井)이라는 신성한 우물에서

탄강하고 그 아내가 되는 **알영 또한 '알영정'**(閼英井)**이라는 우물 옆** 계룡을 인연으로 출생하는 것이나, 고구리 말기의 영웅 **연개소문**(淵蓋蘇文)**이 그의 시조가 우물**(井)**에서 태어났기에**(근본이 물가 세력) 성씨를 물이 늘어간 글자인 **연**(淵) **또는 천**(泉)**으로 하였다고 전승되는 것들은~**

물(井)의 나라에 대한 남달랐던 자부심 때문이었지요.

고구리의 맥을 이은 고리(려)태조 왕건의 할아버지인 **작제건**이 보석인 칠보 대신 **'버드나무 지팡이'를 얻어와**(물가 세력과 친교) 용왕(물가 세력의 우두머리)의 딸(용녀)**을 아내로 맞는 것이나, 아내가 된 용녀**(왕건의 조모)**가 '대정'**(大井: 큰 우물)**을 파고 그 우물을 통해** 서해 용궁을 **드나들었다**(친정 하백의 세력과 친분으로 더 크게 성장시킴)**는 이야기나, 왕건 또한 신혜황후**(버들 류씨)**를 '오랜 버드나무' 아래서 만나는 것**(물가의 전통 깊은 하백세력과 친분을 쌓음)도, 여기에 **왕가의 자손을** 용(龍)의 후손으로 여긴 것에서 **이들이 바다를 제패했던 시원세력을 갈구했음을** 알게 합니다.

그리고 고구리를 계승한다는 **고리의 왕건**과 고리를 이은 **이성계**에게 나라를 세우기 전, 한결같이 우물(가우리나라)**이나** 물가(가우리나라)**에서 버들잎을 띄워 물을 건넸던 여인이 있었던 것이 우연일까요? 세상은 **이 여인들**(왕건←신혜황후, 이성계←신덕왕후)**의 마음을** 물을 급히 마셔 체할까 봐 버들잎을 띄웠다는 '지혜로움'으로 전하나, 우리의 아낙네들이 **물동이**(井)**에 버들잎을 띄워 건네는 풍습이 있는 것이 이런 단순한 뜻만이 아닌 분명 '우리는 **인류문명을 시작했던 위대한 물가**(井 우리나라)**사람들, 천손 동이임을 기억하고 있다'**는 비밀스런 암호는 아니었을까?

그래서 **우리의 궁궐이 온통 능수버들**이었고 마을에선 **거대한 버드**

나무를 풍요와 재생의 의미로 믿고 단을 쌓아 **당산**(堂山)**나무로 숭배**했었으며 사람이 죽으면, **버드나무로 만든 숟가락을 입에 물렸던 관습**이며 잘못된 길로 가는 학동에게 서당 훈장께서 **버들가지회초리로** 쳤던 것이나 이 땅의 **샤먼**(무당)**이 귀신을 쫓을 때 버드나무**(양기가 강한 나무)를 사용했던 것들은 다 우리 겨레의 물의 정체성이었지요.

아, 유레카! 고구리(高句麗)를 이어 구이의 영광을 찾겠다던 **고리**(高麗)**인들의 탱화**(불화) **속에 겨레의 정체성의 근원이 숨겨 있음을 이제야** 알겠습니다. 세계적인 명화인 **'수월관음도'**(水月觀音圖: 중생을 안락의 세계로 이끌어 주는 관음보살이 사는 정토)의 관음보살은 **호리병**(우리나라) **안에 버드나무를 꽂아 바라보고 있고** 그 중 **'물방울관음도'**의 관음보살은 **물방울**(우리나라) **안에서 버드나무가지를 들고 있는** 모습은 '우리가 **물가**(井)**를 둘러치고** 인류의 큰 역사를 시작했던 **겨레**(井)였고 **그 시작이 우리의 어머니 마고로부터였으니,** 그 배꼽의 끈을 놓지 말라'는 것을
　　　물과 여인의 나무인 **버드나무로 일깨웠던 것**은 아니었을까?
　　그래서 지금도 재팬은 우리 물방울관음도를 가져가 굳이 **'양류관음도'**라고 부르는 것이고 우리가 모친상(여인의 죽음)에 오동나무 외에 **버드나무 지팡이를 짚는 이유입니다!**

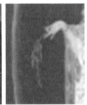

재현된 양류관음도(수월·물방울관음도)의 버드나무 출처: 한국화작가 김시연, 버드나무 지팡이 출처: 부뚜막

몽골 전문가인 박원길 교수는 '몽골에서도 **버드나무**는 신목(神木)으로 마을의 수호신으로 모셔지고 있을 뿐 아니라, 둔황지방에서도 **오래된 버드나무가 신성하게** 받들어지고 있다'고 전하고 〈상해사회과학원 종교연구소〉의 왕홍쟝 연구원도 "**만주족은 버드나무**(Uda)를 아이를 낳고 부녀자를 보호하는 **여신**으로, 인류의 어머니(시조신)로, **신목**(神木)으로 인정하고 그래서 **버드나무신**으로, **푸투마마**(푸투마 fotomo: 여자를 뜻하는 만주어, 포도마마佛多媽媽)로 불렀다." 라고 합니다.

만주땅 곳곳에 **샤머니즘의 신들을 버드나무**로 깎아 모셔놓은 것은 만주가 **여신의 땅**이고 버드나무 신앙은 곧 **여신숭배**였기 때문이지요. 이 땅의 **마마님, 마고**(麻姑: 남쪽 여신선, 엄마)**의 자손들이 올라가 살았던 땅**이었기에 '**만주**'(마의 땅)라 했고 어머니를 잊지 않기 위해 스스로를 '**여진**'(女眞: 참여인의 후예)이라 다짐했던 사람들입니다.

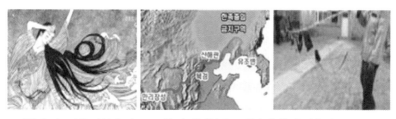

만주의 버드나무 여신 출처: EBS, 청 때 설치한 유조변(빨강) 출처: 김운회 교수, 금줄과 활(弓)을 감추어 전통을 잇고 아들을 낳은 꽌찡. "축하합니다!"출처: EBS-TV

버드나무는 원산지 '우리나라'를 시작으로 만주와 유라시아, 우랄 지역의 母神으로 메소포타미아(이난다) · 이집트(헤케트) · 그리스(헤라, 헤카테 女神) 문명의 女神이 되고 유목민 스키타이, 켈트족, 게르만족의

'버드나무 신화'로 '신목'(神木), '우주수'(宇宙樹)로 전해집니다.

오호, 애재라! 중원을 정복한 만주족(여진)이 **청**(淸)**을 세우고 천 리에 이르는** 거대하고 긴 유조변(柳條邊: 버드나무 방책)을 설치하며 철저한 **'봉금정책'**(1667~1845 漢족은 절대로 못 들어감)**을 했던 것 또한 한**(漢)**족속으로부터 한**(韓)**겨레 마고의 성역을 지키려 했던 것인데**, 지금은 오히려 선조의 땅 **만주가 한국인에게 봉금지역이 되었으니**…!

몽골계나 부여 · 고구리 · 금(청)의 **발원지로 알려져 있는 흑룡강 중 · 상류 일대에는 아직도 버드나무가 무성**하며 마고의 부활을 고대하고 있지만, 우린 **겨레의 어머니나무였음을 까맣게 잊고 한낱 몸을 파는 여인을 노류장화**(路柳墻花)**라 하고 어울려 노는 곳을 화류계**(花柳界)**로 부정적으로만 쓰고 있으며 봄철 꽃가루의 주범으로 오해를 받고 천덕꾸러기로만 여겨져 무궁화처럼 여기저기서 뽑히고**…!

가수 김광석은 '너무 아픈 사랑은 사랑이 아니라'고 말합니다.

심양의 만주족(석백족)인 꽌찡은 **우리의 금줄**(신줄) 같은 줄을 들고 말합니다. "버드나무에 자손끈이라고 말하는 끈을 매어 아들을 낳으면 **칼이나 활**을, 딸이면 옷이나 장신구를 일정 기간 달아 놓았지요. **할아버지에게서 아버지**에게 전해주고 **아버지께서 저에게** 전하여 지금까지 보존됐습니다. 〈문화대혁명〉 이후 지금은 봉건미신으로 여겨 금지된 후 감추고 파묻고 해서 보존되어 온 것이지요."

아, **'권력은 총구에서'** 라는 말을 즐겨 썼던 모택동이 〈문화대혁명〉에서 지우려 했던 것이 고대한국(동이)의 시원문화였습니다.

지켜야 할 물의 나라(井), 백성-'우리나라와 겨레'

이렇게 '우리나라'는 국가(國家: 좁은 땅에 담 쌓던)라는 일반적 하위 개념이 아닌, **대륙과 강, 바다를 에두른 물가(井)에서 상생(우리)의 밝은 마음으로 결을 함께 했던** '겨레'가 **인류의 문명을 잉태하며 시작했던 배꼽이며 씨앗 같은 말이었으며** 태초의 첫 한국땅의 어원(語源)과 천손의 정체성의 근원을 간직하고 있던 보배 같은 말이었습니다.

이러한 문화정체성(DNA)으로 우린 기뻐도, 슬퍼도, 놀래도 먼저 **물(井)을 찾는 것이고** '비행기 안에서 물을 찾는 유일한 사람'인 것이고 나보다는 '우리'를 **앞세우며** 다른 국가처럼 '내 나라(my country), 내 아빠(my mother)'라 하지 않고 '**우리**나라, **우리** 아빠, 울 어매, **우리** 아내, **우리** 사위, 울 메느리…' 라며 살아온 것이지요.

이러한 **우리 특유의 문화정체성**을 모르고 '무슨 남편과 아내를 공유하냐?'며 역정 내는 이 땅의 지도자들을 보면, 이들과 함께 살아야 한다는 답답함보다 **어찌 큰 그림을 그려, 나를 '우리'로 우리를 '큰 하나**'로 만들 수 있을는지, 걱정으로 마음만 수수롭습니다.

이제 한국인은 단순한 '국가' 대신 시원문화로 상생의 뜻을 함께 했던 큰 울타리였던 '**나라**'와 '**우리나라**'(井)를 말하고 겨우 3천 년 역사라는 '민족'(民族) 대신, **옛 천손의 삶의 결을 느낄 수 있는** '겨레'(겨레)를 써야 할 것입니다. 그래야 만 년이 넘는 우리의 장엄한 시원의 역사를 일깨우게 되어 위대한 한국의 혼이 부활되지 않겠습니까?

예전 수능시험에도 출제되었지만, 아직도 혹자는 예의를 갖춘다며 우리나라를 '저희-나라' '우리'라고 말하네요. '우리'가 빠진 나라는 단순한 국가일 뿐, 시원문화로 **인간의 삶을 시작하였다는 '개천'**(開天 =開川, 하늘과 물의 세상을 열다)도, **엄청난 자부심이었던 물가사람의 '겨레'**도, **'홍익인간'**의 큰 뜻도, 한국인의 둥지인 **큰 울타리**(井)의 역사도 **문화**도 다- 잃는 것인데 말입니다.

천재역사가 육당(崔南善)이 〈해(海)에게서 소년에게〉라는 신체시에서 "처…ㄹ썩, 처…ㄹ썩, 척, 쏴…아/ **나**(우리나라의 옛 문명·문화)**에게 절하지**(도움을 받지) **아니한 자가**/ 지금까지 있거든 통기하고(알리고) 나서 보아라/ 진시황, 나팔륜(나폴레옹), 너희들이냐/ 누구, 누구, 누구냐, 너희 **역시 내게는 굽히도다**/ 나허구 **겨룰**(인류문명에 기여한) **이 있건 오나라…."** 라고 외쳤던 이유가 바로 여기에 있었지요! 그래요. '물의 나라'(井)를 모르면, **이 나라 역사의 시작**(始作)**을 모르는 겁니다!**

'바다를 찾으라'는 최남선과 〈해(海)에게서 소년에게〉 소개 출처: 한국해양과학기술원,
지켜야 할 울주 대곡리 반구대 암각화 출처: 한겨레

"큰 새는 바람을 거슬러 날고 살아 있는 물고기는 물을 거슬러 헤엄친다."
— 테무진

1부

한국인이 잊은
풍류, 영혼, 축제의 근원

학자들은 말한다. '인류의 역사의 시작은 물에서였고 배였다'고!

그런데 한국인에게 **장엄한 축제**(祝祭)**와 장쾌한 신**(神)**들의 물의 역사는 있는가?** 그래서 우리가 힘들 때 찾아가 쉬고 후손의 **정신과 혼이 살아야 할 신화의 고향**(故鄕)**은 있는가?** 어찌 우리의 신(神)과 신화(神話)는 **존재성도 없으며** 한국인을 애틋한 마음으로 챙겨 품어 주실 **어미**(시조모)**는 없는가?** 고금(古今)이 절단된 우리의 역사!!

그런데 **우리 문화의 거대한 세계성**(世界性)**의 원천은 무엇이며 한국인의 깊은 한**(恨)**과 신명의 근원은 무엇인가?** 지금의 한국인이 아는 것은 무엇이고 잊고 있는 정체성은 무엇일까?

그 해답을 알려주는 타임캡슐이 바로 〈울산반구대암각화〉였다! 우린 인류문화의 시작과 원형을 간직해 온 물의 나라(川)였다!

가축사육으로 동물고기공장을 운영했고 11종 67마리의 **고래와 배**(舟)**로 고래를 잡는 모습**까지 암각하여 고래잡이며 가축을 시작했고 **이미 시스템을 갖춘 협업과 분업의 사회였음을 알렸던 땅!**

최소 8천 년 전, 도구며 배며 **모든 것이 첨단**이었고 소리(음악)와 악기 등 **풍요로움과 신명이 나온 땅**, 모든 것이 세계최초요, 최고였던 문명의 땅! 인류학자들은 **암각화의 백과사전**이고 **인류최초의 문자**(文字), **인류최초의 경전**(經典, scripture)이라고 말한다.

국보 1호여야 할 반구대 암각화

최첨단문명시대에 무슨 바위 낙서 얘기냐구요? 세계적인 인류학자 (암각화 전공)인 니콜라이 A 보코벤코 박사(러)는 "반구대 암각화의 가치는 삼성브랜드의 가치보다 **수십 배를 능가**한다! 세계에서 가장 이른 시기에 만들어진 인류의 귀중한 문화유산을 **잘 보존하여 후손에게 물려줄 책임**이 있다." 라고 역설합니다.

전 세계에 하나밖에 없는 유산입니다!

지나는 '**전통문화는 전략적 자원**'이라고 천명하면서 남의 문화조차 빼앗으려 혈안인데…, 세계의 석학들은 한결같이 '선진국치고 자부심 없는 나라는 없고 (문화적) **자부심 없이 세계화할 수 없다!**'고 말하는데…! 지금, 우리가 문화를 알고 바로잡지 않으면, 우리의 위대했던 과거는 오만한 지나의 중화문명 속으로 묻힐 것입니다.

〈세계전통고래문화연구소〉가 울산에 있습니다. 이번 주말 자녀와 손잡고 '이 땅의 선조가 이런 분들이셨다!'고 일러주시지요.

울산반구대암각화(총 353점의 그림) 출처: 국립해양박물관

*7부 표지그림 '하늘이 내린 춤꾼' 이매방(1927~2015) 출처: NEWSIS

소리의 시작, 풍물의 근원 – 바다

우리의 바다는 한국인이 잃어버린 상상력을 부릅니다. 그리고 고래는 의·식·주는 물론 **한국인의 꿈과 멋**(풍류)**과 이상을 오롯이** 전해줍니다. 경주 읍천마을 해변에는 고래를 닮은 바위들이 병풍 모양, 부채 모양, 옆으로 눕고 위로 기어오르고 비스듬히 뒤틀린, 온갖 모양으로 소리를 내는 주상절리가 있어 고래를 유혹합니다.

여러분은 지구상에서 인간을 제외하고 **가장 많은 소리를 낼 수 있는 동물**이 뭐라고 생각합니까? 그것은 '골~골~'소리를 잘 낸다는 **고래**(골애)입니다. 그래서 **'소리의 마술사'**라는 별명이 붙을 정도이지요.

〈코리안신대륙발견〉의 김성규 회장은 고래가 새소리에서 돼지와 소, 말의 울음소리, 개와 닭, 오리, 사슴의 소리, 심지어 노젓는 소리, 베이스기타소리, 여기에 **사람의 언어높낮이의 목소리**를 내는 고래도 있고 또한 **우렛소리와 바람소리, 구름 떠가는 소리와 빗소리**도 흉내를 낸다고 하여 한국인이 잊은 바다의 소리를 일깨웁니다.

경주 주상절리 출처: 여울이의 세상구경, 소리 내며 노는 고래 출처: iWhales.org NHK 병아리소리 내는 돌고래 출처: 조선일보 출처: NHK *고래소리 들어보기(http://youtu.be/dXOo68SDTdk)

인간과 교감을 잘 하는 고래들, 그래서 어이(魚夷)들은 고래들의 소리와 **비슷한 풍물**(소리)**을** 치며 고래를 불러내어 신(바람)나게 교감합니다. 꽹과리 소리에 맞춰 **꽹과리 소리**를 내는 혹등고래가 솟구칩니다. **꽹과리 소리**와 **북소리**를 내는 향유고래 그리고 **북소리**와 **장구소리**를 내는 핀백고래, **나팔**과 **피리**, **징**과 **휘파람소리**를 내는 대왕고래, **꽹과리**와 **징**, **북소리**까지 내는 귀신고래…! 고래가 물을 뿜고 솟구칠 때, 함성과 환호성과 함께 악기로 장단을 치고 고래들의 소리신호를 교란하며 고래를 유인하고 몰아갑니다.

　　아, 유레카! 이렇게 **자연을 닮은** 고래소리에서 온갖 사물이 신바람을 일으키는 소리(풍물, 노래)가 들립니다. 우레(꽹과리)와 **바람**(징)과 **구름**(북), **비**(장구)소리 등… 이렇게 고래소리에 따라 한 가지씩 악기를 만들어 소리를 낸 것이 **풍물소리**로 되었던 것이고 그래서 우리 조상님께서 **노래**라 하질 않고 '**소리**'라 하셨던 것이며 신바람을 일으키는 놀이를 '**풍물놀이**'(사물놀이)라고 하면서 또한 '풍물–하다'라 말하지 않고 '**풍물–치다**'라고 전했던 것이었지요.
　'풍물'이란 풍이(鳳(火)들 즉 고래잡던 바닷가(佃) 사람들의 문물이었던 것으로 그래서 '**바다에선 풍물소리가 들린다**'고 했던 것이고 우리는 옛 신과 벼슬 이름을 풍(風)백을 우두머리로 우(雨)사, 운(雲)사, 뇌(雷)사라고 했던 것입니다.

　　〈코리안신대륙발견〉의 김성규 회장은 말합니다. '고래가 둥글게 움직이며 물을 뿜고 숨 쉬는 모습을 모방한 것이 세계 유일의 놀이라는 **상모놀이**가 되었다'고. 또한 '신라시조 박혁거세의 아내인 알영부인이 알영정(關英井)우물에 나타난 **계룡의 오른쪽 갈비뼈**(→*삼국사(기), 원쪽 옆구리→*삼국유사)**에서 입에 부리를 달고 나왔다**는 것은 닭울음소리나 병아리 소리를 내는, 주둥이가 닭부리 같은 돌고래를 말함이며 고래토 템을 믿는 바다(海)의 후예로서의 표현이었다'고, **다– 한국인이 잊은 고래문화**였다고 말합니다. 먼 이국땅에서도 겨레의 끈을 놓지 않은 **김 성규 회장님에게 천 번 고개를 숙여** 감사를 드리고 경의를 표합니다.

음악의 공연장, 악기의 기원

1만 년 전 태초의 우리의 바다는 고래로 하여 온갖 동물들의 향연장 이었고 음악의 공연장이었다고 김성규 회장은 말합니다. 그리고 우 리 겨레의 **풍물**(風物)**놀이**와 북, 장구, 꽹과리, 징 등의 악기(관악기, 타 악기, 현악기)와 음악의 기원이 **고래의 바다에서, 고래풍물단에서 기원** 했을 것이라고 합니다.

그래요. 그래서 울산의 〈반구대 암각화〉에는 8천 년 전, 세계에서 가장 오래 된 '긴 나팔(관악기의 효시)을 부는 사람'이 새겨져 있고 **함경 북도 웅기군 굴포리**에서 (남은) 길이 13.5cm(복원 길이 18cm), 지름 1cm, 13개(달의 변화수, 생명창조의 수)의 구멍이 외줄로 뚫려 있는 **새다리를 잘 라서 만든 신석기 시대**(BCE 2000경) **'뼈피리'**가 발굴됩니다. **피리 또한 우리 고유의 관악기였는데** 그 원형이 우리 땅에서 발견된 것이지요.

그러나 고리 때 김부식은 *삼국사(기)에 **'우리의 대금이 중국의 당 적**(唐笛)**을 모방한 것'**이라고 기록하여 **우리의 역사의 근원을 자르니**, **아비로부터 철저히 중화독**(中華毒)**에 빠진 자의 기록**이라 치부하지만, 요즘 쉽게 조국과 조상을 파는 자들의 본이 되지 않았나 원망⋯.

풍물놀이 악기 북, 장구, 꽹과리, 징, 태평소, 소고 출처: 악기점,
함경북도 웅기군 굴포리 뼈피리 출처: 국립국악원

　여기에 인류최초의 악기였다는 '타악기', 그 중에서 '북'은 인류최초
로 농경을 시작하여 가축(개·소·양·염소)을 길렀던 사람들에 의해 만
들어졌을 것이라는 것은 상식입니다. '장구' 또한 개를 처음 사육화한
한국인이 개(拘구)나 우리 땅에 많았던 노루(獐장)의 가죽으로 만들었
기에, 장고(杖鼓: 막대기로 두드리다)가 아닌 장구라고 전했던 것인데… !

　에휴, 지나는 '우리의 장구가 서역에서 지나를 거쳐 전래된 요고가
변형된 것'이라는데. 서역(중동)이란 이 땅의 사람들이 세운 수메르문
명이 들어가기 전엔 시원문명도, 문화의 깊이도 없는 땅이었는데…

　그러면, 줄로 튕기는 '현악기'만 남았네요. 그죠? 그런데요, 현(絃
줄)악기란, 실을 처음 만들어 처음 활을 튕겼던 사람들이 만든 악기였
을 것이라는 것에 동의하십니까? 그럼, 그 지혜로운 사람들이 누구였
겠습니까? 무엇보다 우린 활(弓)을 발명했던 겨레였고 활의 줄을 이
용하여 불을 일으켰던 활비비, 실과 그물을 꼬았던 가락바퀴를 사용
했을 사람들! 또한 실(삼베, 명주)을 뽑아 옷을 지어입고 문명인의 모
습을 갖추고 인류를 밝혔기에 '대인군자의 나라'라고 불렸으며 또한
최초로 배를 만들어 처음 고래잡이를 했던 사람들이었으니 고래를 당
길 만큼의 강한 밧줄이나 그물까지도 만들었던 사람들이었을 텐데… !

그래요. **타악기와** 더불어 **관악기와 현악기** 모두 우리 땅에서 나왔을 것을 쉽게 유추할 수 있지요. 예나 지금이나, **지구에서 제 전통악기**(60여 종)**로 관현악 합주가 가능한 유일한 국가!** 백제가요(7C전) **'수제천'**(井邑정읍)**으로 '전통음악분야'**(제1회 유네스코 아시아음악제) **그랑프리를 차지한 국가!** 지금까지 문화를 종합해 놓은 책이나 연구논문이 없었고 우리가 용기 있게 주장하지 못했기 때문입니다.

〈고구리 고분벽화〉에는 모두 21종의 악기가 등장합니다. 맞아요! 소리(음악)가 나오고 악기가 나왔던 땅이었어요! 이 모두 대단하지 않습니까? 이 모두 **천제와 고래잡이 같은 집단행사**가 많았기에 일찍부터 악기가 필요했을 땅이었지요.

대취타 中 징, 나각, 나발 출처: 국립국악원, 미대통령 대취타와 함께 입궐 출처: KBS-TV

근세조선시대의 **전통적인 행진음악의 하나로** 임금님의 행차나 군대의 행진에서 불었던 **'대취타'**(大吹打: 크게 불고 두드리다)**의 위엄**을 혹시 아십니까? 부는 악기인 **취악기**(나발, 나각, 태평소 등)와 치는 **타악기**(북, 장구, 징, 자바라 등)**를 함께 연주**하는 것으로 선조의 기개**를 느끼게 하는 고귀한 음악**이지요. **세상에서 가장 큰** 고래의 소리들!

특이한 것은 태평소(太平簫)를 제외하면, 모두 가락을 연주할 수 없는 단음소리의 악기라는 것입니다. 그래요. **원시적인 악기들이지요.**

그러나 이 **단순한 소리의 악기**야말로 '우리 땅이 소리가 나왔던 태초의 땅'이었고 **우리의 악기**가 자연과 생명의 소리의 원형(原形: origin)을 간직해 왔던 **고-귀한 자부심의 흔적**이었음을 알게 합니다. 전대 받고 버려지고 착취당하던 **이 땅의 민중의 소리**로서 신명을 간직해 왔던 나라! 그래서 묘한 애절함과 간-절함이 묻어나 듣는 이의 가슴을 뭉클하게 하는 마약 같은 소리들, 그래서 눈물이 납니다.

여기에 제일 나중에 만들어졌을 '태평소'-, 작지만, **태초에 하늘이 열리는 거대한 소리를 담고 있어 세상의 모든 소리를 압도하면서** 심금을 울리고 죽은 영혼도 불러내 살린다는 **태평소**! 그래요. 하늘을 열고 인류의 문명을 시작했던 **조상의 자부심**의 소리였지요.

우리 땅, 무시무시하지 않습니까? 그래서 대한민국 **전통군악대의 대취타가 '세계군악제'를 평정**해버렸다는 이야기가 회자되고 세계인이 대한민국의 대취타에 매료되는 것이 이런 까닭이지요.

〈올림픽〉 등 각종 행사에서 우리가 화려한 오방**색의 원색옷**을 입고 '**꽹과리**'와 '**징**', '**북**'을 치고 '**장구**'를 두드리며 원색의 소리를 내고 인류최초의 물가생활을 상징하는 조개로 만든 '**나각**'을 불고 당시 최고의 선진국을 상징하는 바닷사람들의 바닷말나팔(kelp horn)을 닮은 '**나발**'을 불 때, 많은 외국인이 **교감을 넘어 눈물을 흘리고 전율**을 느끼는 것은 아득한 옛날 인종과 국가, 성별과 연령을 초월하여 모든 사람들이 한데 어울리게 할 수 있었던 **이 땅의 1만 년 전의 원시적인 소리**를 기억하고 '고향(故)의 느낌'이 전해졌기 때문일 것입니다.

그런데 **세계최초의 악보**가 우물 정(井)이 들어간 '정간보(井間譜)'라

하면서 옛날 **우리나라**(井)의 **1만 년 전**의 그(The) 신명을 기억하지 못하고 있는 것이 참으로 묘합니다. 그래요. 우리가 잊고 있는 물의 나라(井)가 바로 세상이 찾던 '그(The) 어머니의 나라'였지요.

하늘의 소리, 율려

본시 우주만물에는 큰 질서와 리듬이 있다고 합니다. 이것을 흔히 '**율려**'(律呂)라고 하지요. 우리의 선조는 율려를 **소리**로 느꼈습니다. 생명을 주고 신명을 나게 하는 자연의 **맥박**, 자연의 **떨림**, 자연의 **소리**, 하늘의 **소리**, 하늘이 내려준 **질서**….

그래서 **우주의 모든 것들은 소리에 반응하며 성숙을 이루고 영혼을 깨운다**고 했습니다. '한국인은 세상의 모든 소리를 낼 수 있는 사람들'이라는 말이 이런 뜻이었지요. 그래서 **사람은 좋은 소리**(말)**를 해야** 하는 것이기에, 세상은 단순히 즐기는 것을 '음악'(音樂)이라 하지만, 우리 겨레는 유독 '소리'라는 말로 전해 왔던 것입니다.

'**사물놀이**'도 그러하지만, 이렇게 율려를 담은 '풍물소리'는 **심장의 고동과 맥박을 움직이는 놀라운 힘과 흥겨움**을 주기에 사람들을 '신바람 나게' 만들어 힘든 마음을 풀게 하고 배려와 화합의 어울림으로써 공동체의 힘을 모으는 생명의 소리라고 합니다.

이러한 율려를 몸으로 느끼며 우주의 언어로서 **우리의 말**(언어와 문자)을 만들고 겨레의 공통소리로 승화시켜 **아리랑**(알이랑)을 불렀으며 율려에 의해 천체가 운행됨을 **역법**(曆法)으로 만들었던 것이지요.

우리 땅은 소리(음파)가 나온 땅이었습니다.

그러하기에 *예기(禮記)는 악기(樂記)에서 **"위대한 음악은 천지와 동화한다."** 라고 기록해 놓은 것이지요. 사람들은 이러한 우리의 우주정신을 알 수 없기에 '**소리**'라는 의미를 모르고 음악이라 말할 뿐이지만, 이 말에서 '**우리 겨레의 신명**(神命)**과 흥이 어디에서 오는가?**' 하는 궁금증의 답을 얻을 수 있다면, 다행입니다.

　　　　　'태초에 소리가 있어 천지가 개벽했다'는 율려!

이육사는 그의 시 〈광야〉에서 **"까마득한 날에/ 하늘이 처음 열리고/ 어데 닭 우는 소리 들렸으랴."** 라고 했고 이중재 회장님(상고사학회)께선 호를 **율곤**(律坤: 하늘의 법칙인 소리가 땅으로 내리다)이라 하시며 늘 '**관세음보살**'(觀世音菩薩) 즉 **세상의 생명**(보살)**의 소리**(音-律呂)**를** 보라고 하셨지요. 이 땅 사람들의 장쾌한 정신세계가 경이롭기까지 합니다. "회장님- 잘 계시지요? 지금 나라가 어지러운데 **소리 한 번** 내 주세요!"

세상 소리(음)의 기준, 고래 편경

'세상 모든 음(音)의 기준이 된다'는 악기가 있습니다. '편경'(編磬)이지요. **소리 나는 옥돌인 경석**을 깎아 끈으로 매달고 뿔망치로 쳐서 소리를 내는 타악기로 **궁중음악이나 제사의례**에 '편종'과 함께 쓰이는 가장 중요한 악기였지요. 김현곤 악기장은 '옛날엔 **소리의 시작**(始)**으로 편종**을 치고 **소리의 마침**(終)**으로 편경**을 쳤을 정도로 상징적인 악기였기에 임진왜란 때나 6.25전쟁 때 국악원 악사들이 **편경과 편종을 궁궐의 못에 빠뜨려 감추어 보관**해 왔다' 라고 합니다.

기억하시죠? 무려 **1만8천 년 전의 세계최초로 세상을 쟀던 자(尺)** '눈금돌'이 나왔던 땅(단양 수양개유적지)이었던 것을. 그래서 **우리나라에만 전설로 전해왔던, 천권(천제국의 권한)을 잇게 하고 천손의 정통성을 인정하는 신물(神物)이라는** 신(神금, 금)의 자(尺) **'신척, 금척'이 진실이었음이 밝혀졌던 일을… !**

그래요. 세상의 물건과 제도를 처음 만들어 세상을 이끌었던 땅이듯, 편경은 **인류의 문명·문화 즉 '소리'가 시작되었고 우리 땅에서 세상 모든 음(音)의 기준을 정했던 것**을 상징했던 악기였습니다! 그리고 옥(玉)돌이 본래 우리 천손의 고유상징물임을 생각할 때, **편경이 본래 우리의 문화였을 것입니다.** 그러하기에 조선시대에 이르러 지금까지도 **편경이 우리나라만의 독자적인 악기로 자리잡게 된 것이지요.**

편경과 종묘제례악 중 출처: 세종문화회관, 위키백과, 고래뼈 출처: 제주민속
자연사박물관, 홍산문명지에서 나온 편경 출처: STB

또 혹자는 **편경, 편종도 또 지나에서 유래되었다고** 말하지만, 이를 비웃기라도 하듯, 옛 조상의 땅 **만주 홍산문명지**(요령성)**에서 BCE21~20C로 추정되는 '고대동방의 악기'로 알려진 석경**(石磬: 우는 돌, 원형복원 1m: 남은 부분 길이71cm, 높이46.5cm, 두께2.5cm)**과 편종이 출토**(1980)**됩니다.** 지금까지 출토된 **석경 중 가장 큰 것**이지요.

석경은 고대 동방(東方)의 통치계급이 의례에 사용했던 전통적인 악기였기에 *예기(禮記)는 주(註)에 '옥경(玉磬)은 천자의 악기'라고 덧붙여 악(樂)이 우리의 먼 상고시대에서 유래된 것임을 알게 합니다.

여기서 김성규 회장은 "본래 우리는 '고래토템민족'으로서, 최상급인 고래뼈로 편경(片鯨)을 만들어 쳤다가 고리(려)시대(예종11)에 송(宋)에서 편종과 함께 들어오면서 돌로 바뀌고 그 이름이 '片鯨'(편경: 고래뼈 조각)과 유사한 編磬(편경: 돌을 엮음)이라 칭한 것으로 보인다." 라고 합니다. 그래요, 가공하기 힘든 옥(옥경)보다 고래뼈를 취함이 먼저였을 것입니다.

나의 편경(중구난방 위 · 아래 16씩) 출처: 장세후, 지나 전국시대의 편종(웬 3층에 5개, 9개, 8개)과 청(淸은 고구리의 후예로서 우리의 관례를 따름)의 편종(양과 음의 8개씩) 출처: 품석재, 우리의 편종 출처: 국립고궁박물관

옛날 악기는 여덟(8) 가지 자연(自然: 스스로 존재)의 물질을 재료로 했다고 합니다. 쇠(金), 돌(石), 흙(土), 나무(木), 가죽(革), 실(명주)을 꼬아 만든 현(絲), 대나무(竹), 박아지(匏포) 같은 재료였지요. 그래서 모든 악기를 팔음(八音)이라 불렀다(*증보문헌비고)고 합니다.

우리의 편경은 크기는 같되 두께를 달리하여 같음과 다름을 함께 취하여 조화(harmony)를 이루는 '소리(樂: 풍류)의 본질'과, 나아가 무(無)와 유(有)가 근본적으로 같다는 '태초의 소리(음律)'를 소중히 간직하면서 음과 양으로 하여 16음(8x2)을 지켜온 악기였으나 지나(淸은 제외)의 편경과 편종은 16개를 벗어나 **8음의 본질**을 벗어나 있을 뿐 아니라 **단순히 크기를 달리**해 소리를 냈다고 하니, 저들의 근본이 천손이 아니었음을 알 수 있었습니다. 어찌, **천손의 사상**을 알겠습니까!

그런데요, 600년이 지난 지금도 조상의 옛 소리(徵)를 생생하게 들을 수 있는 나라는 '**우리나라뿐**'인 것을 아시나요? 이유는 세계 최초로 유량악보(mensural notation)가 전해지기 때문이랍니다. **음의 높이와 길이를 모두 정확하게 표기**할 수 있는 획기적인 유량악보인 '**정간보**'(井間譜)를 우리의 세종대왕(1418~1450)이 만드셨다지요. 지나는 16C, 재팬은 18C에 시작했으며 유럽도 17C에나 오늘날의 오선지를 썼으니, 저들은 **이전의 음이 정확히 전해진 음이 아닌 것**입니다!

세종대왕께서 창안하신 악보를 '**정**(井)**간보**'라 했던 것 역시 **우리 천손의 소리가 고래풍물단에서 기원됐고 우리나라가 고래의 나라**였고 시원문명의 물의 나라(井)였음을 기억하고 싶었던 것이지요.

오호 애재라!(哀哉: 슬프다) 그러나 일제의 '조선혼말살정책'으로 장엄한 뜻의 '**소리**'(율려)를 잊고 자유로운 바람(풍류)을 잊고서 '**풍물놀이**'라고 말하지 못하게 하는 사이, 장쾌했던 만 년의 해양역사(井)는 잊힙니다. 지금 **음악**이라, **농악**(農樂)이라 전하며 단지 '농사일을 즐겁게 **하기 위해** 마음과 힘을 하나로 모으려는 데에서 비롯되었다'라며 **농민들의 놀이로** 말하는 동안 지나는 먼저 '**아리랑**'과 '**농악**'을 *차이나 국가문화재로 등록(2006)하고 연변 조선족농악을 차이나문화로 *세계문화유산에 먼저 등재(2009)하자 우린 아—무 생각없이 '소리'가 아닌 '**농악**'이란 이름으로 *세계문화유산에 등재(2014)해 버리지요.

*통일한국 지식재산권의 이해라는 저서 등으로 통일한국의 미래를 걱정하는 〈드림월드국제특허법률사무소〉 대표 박종배 변리사(법학박사)는 "특히 이 땅의 시원문화를 품고 있는 유·무형문화유산은 지식재산권을 뛰어넘는, 우리가 꽃 피워 **내일에 전해 주어야 할 미래의 소중한 겨레의 자산이다.**" 라며 안타까워합니다.

오호 통재라!(痛哉 아프다) 이렇게 몽매(어둡고 어리석은)한 후손은 자연의 소리, 우주의 소리(법칙)**를 잊어버림**으로써 우주의 리듬(맥박, 질서)인 '**율려**'를 느끼지 못하게 되고 드디어는 **우주와 연결된 탯줄마저 스스로 끊어**버리면서 천손의 풍류(신바람)를 까맣게 잊고 멀어져 간 것입니다. 이젠 우리의 소리는 사라지고 **서양의 음악과 종교**에 밀리어 물의 나라(井)의 '**풍물놀이**'는 도(道)의 세계가 배제된 채, 마치 **천박한 사람들의** 광기서린 놀이와 미신쯤으로 전해질 뿐이지요.

암각화에 나타난 나팔, 어르신

〈반구대 암각화〉에는 8천 년 전, 긴 나팔을 부는 사람이 있습니다. 세계에서 가장 오래 된 나팔 부는 모습이지요. 그런데 뿔나팔이 아닌 '**바닷말나팔**'(kelp horn)이었습니다. 그래요! 지구상 가장 오랜 나팔은 목축과 수렵문화가 아닌 **해양문화**에서, **우리의 고유한 악기 '나발'**에서 유래된 것이었지요. 이 또한 해양문명을 가장 일찍 시작했던 '우리 땅'의 바다와 고래와 함께 **까맣게 잊혔던 역사를 웅변**합니다.

반구대암각화의 바닷말나팔 부는 사람, 북아일랜드 바닷말나팔 출처: The Outpost Fishing Reports,
서태평양 뱅쿠버섬의 바닷말 출처: <코리안신대륙발견>, 나발 연주 출처: 국립국악원

더욱 요상한 것은 **성기를 드러내고 부는 모습**이라는 것입니다. 마치 목동이 풀피리를 불어 소와 양들과 교감을 하며 이끄는(夷가 끄는) 모습처럼, 그래서 혹자는 사슴 같은 동물을 몰기 위해 피리를 부는 것이라고 말하지만, 바닷가 **바닷말로 만든 나팔**임을 생각한다면, **필시 나팔소리를 내는 고래를 불러내거나 유인하기 위해 성기를 드러내 놓고 성적**(sexual)**교감**을 하는 모습이었을 겁니다.

〈코리안신대륙발견〉의 김성규 회장은 '고래가 나팔소리와 비슷한 소리를 내기 때문에 **고래를 부르거나 유인할 때, 켈프**(바닷말) **나팔을 부는 것이고 남근을 드러내고 코코펠리**(풍작의 신)**를 부르는 암각화**는 태평양 연안 다른 나라에도 많이 있음'을 〈고래문화학회〉 논문에도 게재하지요.

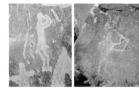

'반구대 암각화'의 제사장의 성기, 뉴멕시코, 남근 노출, 피리 불며 코코펠리(풍작의 신) 부르는 암각화
출처: '코리안신대륙발견', 농경문청동기(보물 제1823호) 출처: KBS 역사스페셜, 겨레얼(경기북부) 성년례

그래요. 먼 옛날 풍작을 기원했던 옛 고래사냥꾼들의 오랜 '성적유감주술'(類感呪術, Sympathetic Magic: '유사한 것은 유사한 것을 낳는다'는 신화학적 의미의 주술)의 모습이라고 할까요!

자연 앞에 나약한 존재였던 인간이 왕성한 출산과 풍작을 기원하면서 남녀의 심볼이나 알몸 노출, 성행위를 했던 것이나 가뭄이 심했던 때, 비를 기원하면서 여인네들이 보름날 산에 올라 집단방뇨를 했던 행위 등은 시대와 문화권을 뛰어넘어 대지의 여신(女神)과의 성행위로 풍작을 기원했던 자연스러운 옛 문화였다고 합니다.

재팬의 간사이지역이나 인도네시아 등지에서도 이어져 왔었다고 하고 근세조선의 학자 유희춘(1513~1577)의 *미암집에는 함북 종성에서 해마다 나경(裸耕: 나체경작)의 풍습이 이어져 왔음을 전합니다.

고대조선 때의 우리의 보물 '농경문청동기'에도 청동기시대, 솟대마을에서 벌거벗은 남자가 성기를 드러낸 채 밭을 가는 나경의 문화를 생생히 증명하고 있지요. 그래요. 농경(논밭 갈아 농사지음)과 개와 가축문화와 솟대문화는 다 고래와 바다문명을 일으킨 사람(어르신)들의 문화였다는 것을 말합니다.

어른, 어르신의 유래

성기를 드러내고 나팔을 신바람 나게 불며 고래를 부르는 그림에서 우리말 '어른'(어르신)의 유래를 찾아내신 분이 계십니다.

김성규 회장은 "고래토템문화에서 마치 사랑하는 연인과 성적인 교합(얼우신)을 하듯 고래뼈 피리(whalebone)나 바닷말 나팔(kelp horn)

을 불어 성적교감(얼우신)을 나누며 해신(海神)인 고래를 '어를(불러낼) 수 있는 사람'이 바로 **어르신, 어른의 어원**이었다." 라고 말합니다.

지금은 **어른**(어르+ㄴ)이나 **어르신**을 학교에선, 옛말 얼운(얼우+ㄴ) 이나 **얼우신**에서 나온 말로서 **'얼우'**가 **남녀가 성교**(sex)**하다**는 뜻으로 일반적으론 **결혼한 성인**을 일컫는 말이라고 가볍게 말하지만, 사랑 으로 결혼을 한 어른에게는 반드시 **가정과 사회에 대한 무거운 책임** 이 따르는 법이지요. **진정한 어른**(어르신)이란 '가정과 사회를 **어르고** (도닥여 달래고) **기쁘게 하여 좋은 결과를 도출**하면서 **이끄는, 능력 있 는 사람**'이어야 했습니다. 어르신의 어원을 찾아내신, **김성규 어르신 에게 한국인의 존경**을 전합니다.

"어른의 무거운 사회적 책무를 저버리고 있는 우리 사회는 이스라 엘처럼 성인의 통과의례인 '천손의 성년식'을 **부활해야 한다.**" 라며 성년식을 마련하고 있는 〈겨레얼살리기 국민운동본부〉 경기북부 지 부장 최종대 · 김경숙 부부에게서 **백마타고 오실 어른**을 고대합니다.

고래신선의 옷, 선녀옷

지구상에서 유일하게 미역을 먹었던 이 땅의 사람들! 예전엔 물가에 서 물장구치고 노는 것을 '미역(멱)을 감는다'고 했지요. 또 중화사대 주의자들은 **목욕**(沐浴)이 변해서 **미역**으로 된(?) 말이라고 하지만, '**미 역 감다**'라는 말은 **고래가 해안가에서 미역을 감고 노는 모습**에서 유 래된 우리 만의 해양문화에서 유래된 고유어인 것은 상식입니다.

미역을 감은 고래 출처: 오두의 문화비평, 해안가 미역 출처: 쫄따구, 상모돌리기
출처: 까망글씨, 국민요정 손연재 리듬체조 출처: SPORTOPIC

일부 학자는 '복식의 기원'을 새(鳥)토테미즘에서 찾고 있지만, 김성규 회장을 비롯한 학자들은 우리의 옷은 물결에 흔들리는 **미역을 감고 노는 고래**에서 유래된 것이라고 합니다. **미역**(해대)**을 감은 고래신선**에게서 우리의 선녀옷이, **아름다운 한복**이 유래되었던 것이지요.

옛날 **시간과 방향을 맡아 지켰다는 열두 동물**인 십이지신상조차 온통 고래를 흉내 내어 **바다의 미역으로 휘감은 신선**으로 만든 것은 우리에게 바다의 고래가 얼마나 큰 문화였나를 알게 합니다.

국민요정 **손연재 선수의 몸을 감쌌던 리본**을 생각해 봅니다. 그리고 **상모돌리기**에서 멋들어지게 **휘감기는 천**(종이) 있잖아요? 바로 미역을 상징한 것이라고 하네요. 여기에 **전통옷**(한복)**의 멋들어진 우리만의 옷고름** 또한 미역을 감고 노는 고래에서 유래되었다고 하며 이것이 퍼져나가 **세계의 넥타이**가 되었다고 문화학자들은 말합니다.

모두 한국인이 잃어버린 해양문화였고 세계인이 잊고 있었던 인류(한민족)의 시원사였지요. 〈파리패션쇼〉에서 한복을 본 디자이너들의 말입니다. "**한국의 미**(美)는 마치 선경의 마술을 연상케 했다."

그러나 **우리의 옷이 바다에서 유래된 것을 모르기**에 주인(主人)의 자리를 잃고 '옷'이라 부르지 못하고 객(客)이 부르는 말인 '한복'이라 고 말하고 있기에, 지금은 도저히 알 수 없는 **우리의 문화**이지요.

십이지신상(자축인묘진사오미신유술해) 출처: 블로그 〈이화에 월백하고〉

바람(風)의 옷!

우리는 '**우리의 옷**'에 대해 **얼마나 알까**? 무슨 **자부심**이나 있을까? 프랑스의 패션지 *마담 피가로(Madame Figaro)는 이렇게 극찬했습니 다. '하늘을 가르는 바람의 옷!'…

우린 잘 모릅니다!

온통 아름다움으로 묻혀 사니. 날아갈 듯한 **저고리**, 살며시 잡아 흔 들리는 **치맛자락**에, 바람에 흩날리는 **옷고름**으로 **바람을 타고 하늘 을 솟아오르는 옷**, 한 편의 시(詩)를 대하는 듯한, 그래서 **우리의 옷** (한복)을 입고 있으면, 신비로운 영감을 얻는 것 같다고 합니다.

천의무봉(天衣無縫)!

아, **하늘의 선녀가 입고 내려왔다는 전설의 그 옷**, 꿰맨 자리가 없이 극 히 **자연스러워 하늘과 땅이 사랑한 옷**, 이것이 전해오는 '신선의 옷'이 며 우리 **조상이 사랑하셨던 여인의 옷**이었지요. 정수리에 **상모**를 달아 **세상을 돌리고 바람을 일으켰던** 우리 선조들…!

해님 앞에서도 달빛 아래서나 누구에게나 **다정한 옷, 단아하면서** 도 기품이 있고 **아름다우면서 격조**가 넘치고 **화려하고 멋스럽고 인체** 의 **순환원리**를 도와 사람을 구속하지 않는 **편하고 실용적인 옷**, 그래 서 **움직일수록 여유**가 보이는 옷이라고 합니다. 여기에 **항균과 방충** 이 되는 천연염색으로, 계절에 맞는 자연의 색을 입히니 그래서 한복 을 자연의 옷, 인본주의 옷, 과학적인 옷이라고 합니다.

우리 옷의 아름다운 여인 출처: Wedding 21, 우리나라의 선녀옷 출처: 종로탱화,
행복했던 한복쟁이 고 이영희 한복디자이너의 '바람의 옷'을 실현시킨
사진작가 김중만(출처), 우리의 꽃신 출처: 주니어 파랑새

혹시 **한복을 싫어하는** 분들이 계신가요? 그럼 한번 상상해 보세요. 그래요. **재팬**에 미쳐 있는 자(者)들은 **기모노**는 '옷이 아니라 **예술이** 며 명품'이라고 아주 거품을 내지만, 뒤꿈치가 없어 빨리 걸을 수 없 는 **게타**(下駄)에, 팬티를 입지 않아야 했던 옷, **'걸어다니는 침대옷'**이 라 불리며 **옷의 유래**(sex)조차 수상한, 그래서 **여성의 인권을 철저히** **무시**했던 일본의 전통의상인 '**기모노**'를 말입니다.

그래서 회자되고 있는, 자부심이 높은(?) 재팬인의 **성**(姓)의 유래는 사실일까 궁금하네요. **무라이**(村井: 시골 우물가~), **오타**(太田: 콩밭에서 ~), **다케다**(竹田: 대나무밭~)…? 그래도 재팬여성은 시집가면서 성(姓) 을 빼앗겨도 제 민족의 옷이라고 소중히 여기더이다.

은(殷)시대 말기(서기전 11C) 절세미녀(?) 달기로부터 시작(?)되어 아름다움(?)의 기준이 되었다는 지나의 **전족**(纏足: 발을 작게 만듦), 그래서 **3촌**(9cm) **이내로 기형**으로 만들어 사슴의 발인지, 돼지의 발인지 모를 꾸겨진 발을 '삼촌금련'(三寸金蓮), 작은 연꽃 닮은 아름다운(금) 발이라 칭송했던, 온 **지나여성의 피눈물이 담겨 있는 그 발**에, 왕조가 바뀌면서 **국적도 유래도 알 수 없게** 맞추어진 지나의 전통의상 '치파우'(旗袍)! 만약 이 여인들이 밭에서 일을 하고 말을 탔다고 생각을 해 보세요! 그래-도, 저들 또한 선조의 전통이라고 조상의 옷이라고 사랑하고 자랑하더이다.

우리 땅이 얼마나 평등했던 땅이었고 한국의 남성들이 한국의 여성을 **얼마나 사랑했고** 한국의 여성들이 **남성으로부터 얼마나** 인간적인 사랑을 받고 살았는지 이젠 아시겠습니까? 우린 우리 것을 **몰라도 너-무 모릅니다.**

청 말기 궁중여인의 치파우 출처: Suprim, 퍼탄(蟠灘) 치파오쇼 출처: 신화망, 전족 출처: egloos, 기모노 출처: 이 세상 저 세상, 개성지방에서 입었던 혼례복 출처: 특별한 아름다움 한복 린

"그 나라는 먹-고 사는 것밖에는 모르는 나라야!
모-두가 돈에만 관심 있고 역사(歷史)니, 문화(文化)니 하는 것은
껍질밖에 없는 나라야!" - 김진명 *바이 코리아

오색무지개 나라

우리의 선조께선 **섣달 그믐날**(까치설날), 아이에게 **오색**(빨강, 노랑, 파랑, 하양, 검정)**의** 색동옷과 까치두루마기(사내아이 색동두루마기)를 입히고 오방주머니를 허리에 채워주어 **천손의 자부심**을 전하고 **나쁜 기운**을 막고 무병장수를 기원했습니다. 그러하기에 색동옷은 무지개의 아름다운 천손문화와 조상님의 사랑을 잊지 않겠다는 **효**(孝)**와** 근본을 일깨우는 옷이었답니다.

〈어부가〉로 널리 알려져 있는 **농암 이현보**(1467~1555)는 '**금의**(錦衣: 비단옷, 출세)보다는 채의(綵衣: 색동옷, 생전의 효도)가 훨씬 가치가 크다'는 말씀을 좇아 **환갑을 넘긴 자리에 부모님 앞에서** 색동옷을 입고 재롱을 피웠다고 합니다.(*퇴계선생문집 이현보행장) 춘추시대 초(楚)의 은사인 **노래자**(老萊子) 또한 나이 70이 넘었음에도 '색동옷을 입고 딸랑이를 흔들며 아이처럼 놀면서 **부모를 즐겁게 했다**'는 고사(*初學記)가 전하고 있어 지나땅의 **초**(楚)**를 비롯한 많은 동이출신국가들이** 동이의 색동옷 문화를 이어왔음을 알 수 있습니다.

설빔 채의 '까치두루마기'출처: 유주브띠끄한복, 오방주머니 출처: 서연한복, 평창동계올림픽
오색무지개 의상 출처: KBS1, '오방색 천손의 아이들과 인면조'출처: 나무위키

> **"한국인은 자국의 文化에 대해 이야기한 적이 거-의 없었다."**
> -비토리오 미소니(이탈리아대표)

어릴 적, 골목길에서 동무들과 바운스, 바운스(깡총깡총 뛰며) 무지개를 **뿜어대던 행복했던 동심**을 아직 기억하십니까? 그럼 당신은 행복한 사람입니다! 그때, **땅과 하늘을 이어주는 다리**라며 동화의 주인공이 되어 소원을 빌고 꿈을 키웠었죠.

이런 무지개를 지구상에서 가장 많이 보았던 이들이 바로 이 땅의 사람들이었습니다. 지금 **한국인이 고래의 꿈을 접은 지 오래** 되어 신화가 된 이야기이지만, 난류와 한류가 만나는 우리의 바다(대륙붕)는 수많은 플랑크톤으로 하여 고기들이 넘실댔고 그래서 동물의 왕이라는 고래의 천국이었답니다.

지구에서 고래잡이를 처음 했던 사람들.

이때 **온갖 고래무리가 떼 지어 온갖 소리를 내고 하늘로 물을 품어** 올립니다. 10m도 더 높−이. 분수처럼 **쏘아올린 하얀 물줄기쇼−!** 이때 고래의 움직임에 따라 바람에 날리는 **오색의** 무지개, 와! 그래요! **하늘의 해**(火)**와 해**(海)**의 물**(水)**이 만나 이루어진 황홀함, 이것이 한국인의** 바람의 옷이 되고 **우리의 고유한** 색동옷이 된 것이지요.

영국의 계관시인 윌리엄 워즈워드(1770−1850)가 그의 시 〈레인보우〉에서 "**무지개를 보노라면, 내 가슴은 뛰노나!** …" 라고 읊었던 것처럼, 먼 옛날 **고래의 바다**에, **마법 같이 아름다웠던 수많은** 무지개는 이 땅 사람의 심장을 울리고 맥박을 뛰게 하여 **한국인의 그리움**이 되고 **꿈**과 **풍성함**과 **낭만**과 **순수**가 되었습니다.

"**눈에 눈물**이 없으면, 그 영혼에는 무지개가 없다. **마음이 평화로**

우면, 어느 마을에 가서도 축제처럼 즐거운 일들을 발견한다." 이 말은 인도의 속담입니다. 영혼이 맑고 평화로웠던 이 땅의 사람들! "한국인은 **흥이 많고 낭만적이고 심성이 밝고 착하다.**" 라고 말하는 이유는 오롯이 풍요로웠던 우리 땅과 그때의 바다와 고래에 있었지요.

그래서 몽골인은 유독 한국을 코리아라고 부르지 않고 '솔롱고스'라고 말합니다. 그들의 선조가 **고구리나 대진**(大振: 문화를 크게 떨치다, 발해)을 **솔롱고, 솔롱고스**(肅良合 Солонго, Soronggos) 즉 **'무지개의 나라, 해 뜨는 나라'**라고 불러 왔기 때문이지요. 비밀스러운 몽골역사를 담은 *몽골비사는 **솔롱고스라는 단어 옆에** 高麗(고리)라고 한자로 표기하여 이 땅의 사람들이 알록달록 **무지개옷의 겨레**였음을 기억하게 합니다. 몽골(元)제국의 제1황후가 되었던 고리 출신 **기황후를 '솔롱고 올제이 후투그'**라 이름 지은 것도 무지개**겨레를 잊지 못해서**였을 겁니다.

고래의 분무 무지개 출처: 코리안신대륙발견 모임, 하늘무지개 출처: 나무위키

왜, 오색 무지개 인가?

'**빨주노초파남보!**' 아니 누군 '**보남파초노주빨!**'이라고도 하지요.
그러나 사실 무지개는 207가지의 색깔이 있다고 합니다.

지금은 일곱 색깔이라고 말하지만, 무지개 색깔은 **문화**(文化)**에 따라 민족 · 국가마다** 다르지요. 미국의 무지개색은 6색(남색 제외), 이슬람권에서는 4색(빨강 · 노랑 · 초록 · 파랑)이지만, **옛 독일과 멕시코 원주민**(마야인)**은 옛날 우리와 마찬가지로 오색으로** 무지개를 보았고 **유럽**도 뉴턴(1642~1727) 이후에 7색이라 했지만, **이전에는 5색**(빨강, 노랑, 파랑, 초록, 제비꽃색)으로 나누었다고 합니다.

　　그런데 **또 이상했습니다!** 왜, 우리의 옛 선조께선 무지개를 **7색이 아닌 5색**으로 여기고 지켜왔을까? 우리가 색깔에 취약한 열등한 민족이었을까? **색맹은 서구인이 우리보다 10배나 더 많다는데,**… 무엇보다 선진 서구의 대표언어라는 **영어가 노랗다의 표현이** 'yellow' **단하나뿐**인 것을 우리는 '노랗다, 샛노랗다, 누렇다, 뉘렇다, 노르스름하다, 노르탱탱하다, 누르끼리하다, 노르틱틱하다….'등 **무려 25가지 이상으로 세분화하며 자유분방한 의식과 감정을 표현했던 한국인**이었는데…?

　　그런데 **더 이상한 것**이 있었습니다. 우리의 '오방색'에 정작 무지개에서 보이지도 않는 '**하양과 검정**'이 왜 있을까? 그리고 일반적으로 사람이 제일 좋아하는 색이 빨강과 파랑이라고 하는데, **왜**, 상감마마의 모자나 감투가 **검정**이고 글자는 왜, **검정**을 기본으로 쓸까? 어째서, 아메리카나 유럽이나 **옛날에는 무지개를 5색**으로 보는 문화였을까?

　　이 의문들은 지금껏 풀지 못했던 숙제였지요.

"누군가 나의 소중한 것을 뺏으려 할 때, 목숨을 걸고 싸워야 한다. 지금이 그때다.
우리가 지켜야 할 소중한 것, 그것은 우리의 역사(歷史)다." ─역사의병 다물

미국의 6색 무지개색 초기 애플로고 출처: 나무위키, 검은 고깔의 복건과 오색동옷
출처: 수피아, 흑등고래의 세상보기, 반구대 암각화에는 가장 많은 것이
왜 '하늘로 치솟는 고래 떼들'일까? 출처: 경향신문

오 방 색, 천손의 색(色)

아, 유레카('알았다'의 그리스어)! 그것은 인류의 신석기문명을 시작했던 우리의 첫 출발이 해양문화에서 비롯되었기 때문이었습니다. 아, 세상에서 가장 큰 동물이 넘실대던 바다, 그(The) **바다**에서 가장 먼저 고래를 잡았다는 **이 땅의 그**(The) **선조의 해양문화**(The)를 잊었기 때문이었지요!

동물의 왕(신=검) 고래떼의 **검정 머리**에서 뿜어내는 신들의 근원인 **해**(海)**의 하양 물보라**(spray)는 하늘의 신(神)인 해(☀)를 만나 마술처럼 색깔이 피어오릅니다. 빨강, 노랑, 파랑의 무지개의 바다! 이렇게 인류의 문명을 시작한 천손은 **神의 색**(흑·백)에 **인간의 색**(삼원색)을 더하여 **세상의 색을 오색**으로 나타내었던 것입니다.

그래서 **神의 나라**에서는 검정색과 흰색이 기본이 되어 하양저고리에 **검정치마**, 하양옷에 **검은 저고리와 검은 모자**를 썼던 것이고 여기에 **인류의 문화를 시작했던** 황인종(노랑)이 땅의 색(노랑)이 되고 중심색이 되어 '천지-현황(玄검을현 黃누를황)…'!

북한의 청년학생협력단의 신의 옷 출처: 국립민속박물관, 태양새 삼족오 출처:
5회분 4호묘, 땅의 강자 곰(애리조나주 동물보호소) 출처: 영국 미러

이렇게 **세상의 중심**(中心)에서 판을 짜고 세상을 움직였던 천손의
오색, 오방(五方)**문화가 탄생**되었던 것이지요.

그래요. 우리 땅 동(東=木+日)쪽은 지구상에서 **나무**(木)**가 가장 무성**
하고 바다엔 **물고기와 고래**가 판을 치고 해안엔 **조개**가 풍성했던~,

생명체의 천국이었지요!

그래서 *파랑(靑-東-목-창조, 생명)은 **생명의 탄생**과 **사람의 문명의
시작**을 상징하는 땅을, *노랑(黃-중앙-흙-근본)은 **모든 산업의 근본**(根
本), 땅(과 바다)에서 **첫 농사**(와 어업)를 비롯하여 **모든 씨가 개발되고 시
작되었던 세상의 중심**(中心)이었음을, ***빨강**(紅-南-불-열정, 기쁨)은 **사
람의 문명**(文明)**을 창조했던 남쪽**(마) **땅의 불**(火)**같은 열정**을 나타내는
색이었습니다.

여기에 ***하양**(白-西-금-순결)은 세상의 모든 빛(光)을 합쳐 세상을
밝히는 해처럼 온갖 도구를 만들어 **세상을 밝혔던 천손의 밝고 맑은
신**(神)**의 성정**을 그리하여 고대인의 **태양숭배와 경천애인**(敬天愛人)**의 순
결한 마음**을 드러낸 색이지요. *검정(黑-北-물-지혜, 성스러움, 최상의 위
엄)은 끝없이 높은 하늘과 깊은 바다처럼 세상의 모든 색(色)을 포용한
현묘(玄妙)**한 색**으로 땅의 족속들은 감히 엄두도 못 낼, **하늘겨레의 신**

(神)같은 고귀함과 성(聖)스러운 위엄, 그리고 **지혜**를 나타낸 색이었지요!

지엄한 검정고래의 색! 그래서 흰 말과 **검정 말**, 흰 소와 **검정 소**, 흰 닭과 **검정 닭** 등을 신성하다고 여겼지요. 이렇게 **검은 옷은 어른의 옷**이 되고 구중궁궐 **임금님의 용상** 앞에는 **전돌**(검정 돌)을 깔아 지엄한 신의 영역으로 지존의 위엄을 상징하였고 **하양 종이에 검정먹으로 글을 써 지엄한 땅의 신의 권위로서 제사**(祭)를 지냈던 것입니다.

이렇게 되자, 검정 색의 검(곰)이란 말 자체가 지엄한 신(神)이 되어 **임금님의 지엄한 모자의 색**이 되고 겨울잠을 자며 해처럼 부활을 하고 사람처럼 직립하여 팔을 쓰는, 동물의 강자를, **곰**(神)**과 비슷한 곰**(熊웅, bear)**이라 부르며 신격화**하면서 '**곰**(곰토테미즘)**의 자손**'이라 말해 왔던 것이지요. 또한 하늘에서는 **검정 가막새**(곰악새〉까마귀)**가 신조**(神鳥)가 되어 우리가 **삼족오**(태양새)**의 후예**라고 전하는 것이고 다른 국기와는 달리 **우리의 태극기에 유독 검은 색**을 드러냈던 것입니다.

혹자는 '한겨레는 단지 **염색기술이 부족**하고 **한**(恨)이 많아 흰(白) 옷만을 즐겨 입었다'해서 **백의민족**(白衣民族)이라 불렀는데 무슨 말이냐?'라고 합니다.

그러나 이는 **일제가 한겨레의 오묘한 문화를 폄훼**했던 말이지요. 하양은 **빛의 색**이고 **해**(sun)**의 색**으로서 옛날엔 신(神)의 색이었습니다. 그래서 '**동서고금을 통해 신을 모시는 이들이 모두 흰옷을 입었던 것**'이지요. **백의를 숭상했다는 것**은 인류의 문화를 밝게 열었던, 신(hero)들이 나온 나라라는 상징이었고 **하늘과 밝은 해를 공경했던** 천손겨레였다는 숭고한 상징이었습니다.

색(色)전문연구가들은 '여러 **문헌이나 고분벽화** 등을 통해 고조선이나 고구리(려), 훗날 고리(려) 때만 해도 단색의 흰옷을 찾아보기 힘들고 **겨레의 오방색**(청홍흑백황)**을 기본**으로 하층 신분에서부터 왕족에 이르기까지 **다양하고 화려한 색깔의 옷이 있었다**'고 말합니다.

그래서 남제 김민기 선생은 "우리 겨레가 써 왔던 색깔, 빛깔, 맛깔, 때깔, 성깔 등의 '**깔**'이란 색이 **어울려**(和) **빛나는 상태로 퍼져있는** 동방의 색을 말함이며 우리말의 영향을 받은 **라틴어의 [깔]이 칼라** (colour)**로 된 것이다.**" 라고 말하지요.

맞아요! **和**(어울림)란 '벼(禾)를 먹던 사람(口)들의 화목한 어울림'을 나타낸 말이었으니, 우리말의 접미사 '깔'은 **해**(太陽)**문명과 해**(海바다) **문명이 어울려**(和) **이룬 세상**(시원문명)**의 바탕**을 말했던 것입니다. 그래요. 하늘과 바다에 온– 색으로 충만한 상태, 이것이 인류문명의 바탕(깔)**이 되어 세상 밖으로 나갔던 것이지요.**

이러한 문명의 주인이었기에 한국인은 음식도 깊은 바탕과 어울림을 이루어 **맛깔지고** 옷의 색깔도 **맵시 있게 때깔**을 내고 IMF나 지나와 재팬의 경제보복처럼 나라에 큰일이 생겼을 땐, 하나가 되어 **한겨레의 성깔도 낼 수 있었던 이유**이지요. 외국 나가 보세요. 우리처럼 맵시 있는 색깔 못 내고 옷과 음식 또한 오묘하고 깊은 맛깔을 느낄 수가 없고 **음악과 춤은 물론 철학과 기술의 표현·감정 또한 오묘하고 깊어** 따라올 수 없어요. 이것이 '우리 역사(한류)의 깊이'이지요! 아무나 우리처럼 하나가 되어 '**대~한민국–**' 이렇게 못해요!

수산리 고구리고분벽화 재현품과 통일신라 비단벌레로 장식한 재현품 출처: 국립민속박물관, '東이 트며 깔을 보이다'출처: shutterstoc, 유럽인의 드레스, 지나의 붉은 색 사랑 출처: aisen puku

이래서 지금의 한류(K-wave)도 있는 것입니다.

라자루스 가이거(독 언어학자)는 인류가 가장 먼저 쓴 색깔 단어가 **검정색**과 **흰색**이고 그 다음이 빨간색, 노란색, 녹색인 반면, 청색은 인류 역사에서 **오랫동안 홀대받은 색**이었다고 합니다. 고대 히브리어 바이블이나 힌두교 베다, 아이슬란드 전설, 코란, 고대 지나소설 등을 조사한 결과, 색깔을 언급하는 구절에서 '하늘이 파랗다'라는 **표현이 극히 적었음**을 또한 강조합니다.   .

바다에서 많은 것을 얻었던 우리 땅과 달리, 척박한 환경에 과학문명의 총체인 **배가 없기에 바다를 개척하지 못하면서** 부족한 먹거리로 하루하루를 연명했던 저들에겐 넘실대는 바다의 파란색과 바다를 닮은 푸른 하늘은 **우리처럼 풍요와 희망의 색이 아니었을** 겁니다.

그래서인지 한국인의 *오방색의 밝고 아름다운 정신은 저 서쪽 지나땅에선 더 이상 지켜지지 않았지요. 오로지 **복(福)**과 **재(財), 길(吉)만**을 바라며 온통 *빨강에만, 그것도 우리처럼 밝고 맑은 빨강이 아닌 검붉고 무거운 빨강색에 미쳐 날뛰었던 것으로 저들 지나족의 진정한 정체성이 어디에 있었는지를 알게 합니다.

*노랑은 **문명의 근본이며 뿌리의 나라였던 천손 하늘나라**(인류의 시원문명을 일으킨)**에 대한 두려움**으로 쓰지 못했던 색이었지요. 비록 지나의 왕이 황제를 내세우며 썼다지만, 백성들은 단지 **비싼 황금의 색**이라 하여 좋아 했을 뿐, 함부로 사용하지도 못했던 색이라고 합니다.

　무엇보다 신의 나라에서 나온 신의 색인 **검정**과 흰색에선, **신**(천손)**의 나라에 대한 저들의 반감과 두려움이 얼마나 컸었는지**를 알게 합니다. 그래서 하늘과 지혜의 색인 *검정색은 북쪽**(한국)**의 색**이라 하여 **범죄와 반동**과 같은 **부정적 의미**(黑市흑시: 암시장, 黑人흑인: 호적 없는 사람)로 쓰고 광명의 색인 *흰색은 오히려 **죽음의 색**이 되어 **흰색봉투에 부의금**을 넣을 정도로 혐오를 해 왔던 것이지요.

　여기에 **하늘과 바다를 닮아 창조**, 생명, 탄생을 상징하는 *푸른 (靑)색은 **두려움의 색**이었다고 합니다. **지금**은 지나도 '**바다의 중요성**'을 느껴서 조선의 '**이순신**'을 가르치고 바다에 항공모함을 띄우고 하지만, 예전 **고리 때**까지만 해도 바다는 온통 한국인의 바다였다고 합니다. 더구나 **생명의 색이고 동**(東)**쪽의 색**인 *초록색은 **불륜**과 바람난 **매춘부**의 색으로 버림받았으니, 이거 뭐-죠?

　저 지나족은 분명 하늘나라색 *오방색이 두려웠던 것이지요.

오색옷은 하늘나라의 자부심, 당당함

이러한 바다의 오방색문화는 뜬금없이 우리에게 전해졌던 것이 아니라, **인류의 문명을 시작했던 바닷가** 소도의 금줄문화로 이어져 우리의 문화에 면면히 이어왔던 **자부심**이었습니다.

그래서 우리의 오색문화는 **출산뿐만 아니라 산신당, 서낭당, 서낭목, 장독이나 상량식** 등에 둘러치고 그리고 **무녀의 옷, 장수의 옷**… 등으로 이어져 왔지요. 대만의 석학 서량지 교수가 *중국사전사화(1943)에서 "동방의 오행사상은 **동북아에서 창시**된 것을 (지나가) 계승한 것이다." 라고 했던 이유입니다.

무엇보다 우린 (천손)**아이들에게** 색동옷을 입혀왔습니다. *한국민속신앙사전에는 '금줄(신줄)에 고추, 솔가지, 숯, 백지 등을 매달았던 것은 **오행의 기운을** 갖춘 **신성과 금기의 공간을 알리어 삿된 것이 침범하지 못하도록 함**이었다. 그래서 새끼줄은 노랑(黃), 솔가지는 파랑(靑), **고추는 빨강**(紅, 赤), 백지나 헝겊은 하양(白), 숯은 **검정**(黑)으로 오방색을 상징했다.'라고 기록하여 **천손의 탄생을 축복**하고 천손의 아이들이 '**오색무지개의 기운을** 타고 태어나고 **훌륭하게 자라라**'는 조상님의 비나리(축복)였음을 알게 합니다!

이렇게 오방색 수수께끼는 다—, **지구상에서 가장 컸던** 고래, 고래 토템에서 시작된 이야기였습니다. 그런데 고래의 땅, 신의 땅에서 벗어난 사람들은 **신의 색인 검정**과 하양을 무지개에서 까먹게 되고 이 땅을 지켜온 우리 또한 **까맣게** 지워먹은…, **바다의 역사**였지요!

천손의 탄강 금줄 출처: 네이버 지식백과, 한국민속신앙사전, 소향 다래원 예절교육 출처: 한겨레, 용인 한국민속촌 입구 직원의 고운 한복 출처: https:// www.vouloir.kro.kr, 제주현감행차 재현 출처: 연합뉴스

세계인의 상식을 벗어난 **옛 선조의 전투복**, 적으로부터 **숨는 보호색**도 아니고 발소리마저 죽이는 **약자의 모습**도 아니었던 오색옷! 맞아요! 세상의 지엄한 왕인 고래가 뿜어내는 세상의 색 **무지개색**으로, **지엄한 얼룩범**(tiger)**의 화려함**으로 하늘나라 **전투복**을 갖추고 꽹과리와 징, 장구, 북 등 **세상**(천지자연)**의 소리**로 고래 소리를 흉내 내며

고래고래 지르면서 신바람으로 전투에 임했습니다.

오방색은 동 · 서 · 남 · 북을 문명 · 문화로 **아울렀던**(여럿을 조화하여 한 덩어리, 한 판으로 이끌었던) 이 땅 사람들의 자부심이며, **세상의 모든 것을 시작했던** 천손의 색이었지요. 그래서 하늘의 신성을 부여받은 **천손의 지엄한 권위**로, 힘과 지혜와 용맹을 갖춘 **당당한 강자**로서, **문화를 시작했던 주인**(主人)**의 색**이었던 오방색을 내세우고 적을 위압했던 것입니다. "우리 땅은 **문명을 일으킨** 동방의 하늘나라, 천손의 군사이다. **게- 물-렀거라!**" 이렇게!

이것이 우리의 **무관의 전투복**은 물론 **무당의 옷**조차도 화려했던, 이상했던 이유이며 **고구리벽화**에서처럼, 먼- 옛날 한국인이 지나갔던 만주고 몽골이고 티베트며 **길**(실크로드)**마다** 지금도 오방무**지개색**으로 펄럭이는, 남들은 알 수 없었던 이유였지요. 그래요.

고향과 어머니를 그리워했던 색이었습니다!

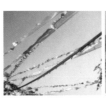

무녀의 옷 출처: MissyUSA Blog, 티베트 오방색 다르촉(Tharchog) 출처: 한국티베트문화연구소, 한복은 성폭행 예방옷 출처: KBS1, 미국 유명 여성지 'elle'가 한복을 '코리안기모노'로 했음을 알리는 'LA스토리' 출처: 대한민국정책브리핑

'한~복, 입장불가?'

한복디자이너 이혜순 씨는 한복을 곱게 입고 신라호텔(파크뷰)을 들어서다(2011.4.11) 제지를 당합니다. "**한복과(=)츄리닝은 안 된다!**" 제 나라 제 땅에서, 그것도 **우리나라를 대표하는 S호텔의 지배인의 눈**에는 보물 같은 우리 옷이 그저 천덕꾸러기로 보일 뿐이지요.

고유문화 얘기만 해도, **그 순간 국수주의자**로 몰리는 이상한 국가에서 이런 자들이 문화사업의 지도자로 있는 것 자체가 **혼줄 놓은 우리 문화의 현주소**이지요! 너무 아픈 사랑입니다. 3만 $을 넘는 선진국이라면서도, 대학을 나온 부모조차, 심지어 우리나라의 관광가이드마저 제 나라의 **기초적인 문화**(한국? 배달? 우리나라? 아리랑은 무슨 뜻인가? 등)**조차도 모르면서** 외국인에게 **한국을 알리고**(?) 있구요.

이렇게 스스로 제 문화를 내팽개치고 살아가는 사이
'**한복은 일본군의 성폭행을 막기 위해 임신한 모양의 옷**을 만들려는 데서 유래되었다'는 무자격 태국인 관광가이드의 모멸(KBS, MBC-TV 2016)과 또 '외국에서는 **한복을 '코리안 기모노**'라고 불리고 있는 현실을 개탄하는 익명의 글이 한국인의 자존심을 짓밟습니다.

그동안 우리 것(문화)을 내팽개쳐 놓았던 **우리 모두의 죄**(罪)이지요. 아직도 정치, 외교, 경제, 문화, 스포츠, 관광 등에서 **우리가 당하는 불이익**(코리아 디스카운트. 코리아 패싱)이 이와 무관하지 않는 것입니다. 이개(狗) 우리나라이지요!

> "**나는 세계적 작가를 원하지 않는다. 다만 대한민국을 가장 사랑한 작가였다는 소리를 들으면, 나는 완전히 성공한 것이라 생각한다.**" -소설가 조정래

쪽빛(藍남)은 우리 동방의 색

그래서 자주 쓰는 말이 있지요. **'쪽빛 하늘, 쪽빛 바다!'** 그래요. 쪽빛 하늘 아래, 쪽빛물이 배어들 것만 같은 탕탕하고 거친 쪽빛 바다에서 동물의 왕인 고래와 생사를 겨루며 열었던, 해양문명에 **대한 자부심의 색!** 그래서 하늘빛을 닮고 맑은 바다를 상징하는 쪽빛 옥(玉)색은 **하느님의 신성과 영생불멸을 상징하는 지존**(至尊: 지극히 존귀한 분)의 **상징**이라 하여 우리 겨레의 사랑을 받았습니다.

예전 할머니세대까지도 **첫째 혼수품이** 쪽염색된 옷과 아청이불 그리고 옥가락지와 옥패물이었다고 할 정도였습니다.

'쪽'이란 그래서 파란 색을 일컫는 우리말이지요.
우리 겨레가 천연염료 중 가장 많이 사용하는 것이 쪽잎이었다고 합니다. **쪽빛의 역사는** 5천 년도 훨씬 전, **아니 1만 년에 가까운 바다의 역사**였을 지도 모르지요. 인류 역사에서 오랫동안 홀대받은 색, 지나에서는 두려움의 색으로까지 되어 멀리했다는 청색!

반면, **한머리땅을 중심으로 한 동북아시아에서 청색옷을** 전통적으로 즐겨 입었던 것은 바다문화를 시작했던 자부심에서였을 것이며 무엇보다 단군조선 2대 부루단군(BCE2238)께서 **푸른색 옷을 입게 했던 기록**(*단군세기-癸卯三年九月 下詔編(辮)髮 蓋首服靑衣)에서 자부심의 마음을 확인합니다. 그래서인지 산뜻한 쪽빛의 감청(紺靑) 또는 감색(紺色: 검은 쪽빛), 아청(雅靑: 우아한 청색)에서 제남색(霽藍色: 누런 쪽빛), 가지색, 군청색(群靑色), 암청색(暗靑色) 등 유달리 **파란색의 표현**이 많이 전합니다.

"너-무 아픈 사랑은 사랑이 아니었으면…!" -가수 김광석

장수주(더쪽 대표) 쪽 연구가는 천연염료 중 **가장 많이 했다는** 쪽
~~~~~~~~~염색**에 우리 겨레의 과학과 문화의 정체성이** 있음을 말합니
다. '**뛰어난 살균력과 방부·방충기능으로 곰팡이균은 물론 벌레를
억제**하기에 청결함은 물론 가려움(아토피)과 냄새 문제를 해결할 수
있었지요. 이러한 쪽문화는 1**조갯가루와** 2**콩깍지** 3**볏짚** 등을 태운 재
를 4**시루**에 넣어 물로 우려 낸 5**잿물**을 넣고 여기에 6**발효라는 과정**
을 거쳐 나오는 것'이라고 합니다.

이젠 아시겠죠! 그래요. 콩의 원산지이며 벼를 처음 재배한 땅도,
조개도 다– 우리 땅의 역사. 그래서 떡시루와 같은 **시루문화**가 우리
에게만 있었던 것이고 **발효**(fermentation)**의 시작**이 **바닷가 문화**(조개)
이고 그래서 된장, 간장, 발효식초, 젓갈, 막걸리 심지어 삭힌 홍어와
김치 등 **온통 발효문화 투성이인 이 땅**…, 그럼 아시겠죠!

반면, **크고 넓은 바다를 보지 못해 푸른 바다를 두려워했던**, 무엇
보다 **발효라는 문화조차 생소했던**, 그래서 온통 **붉은 색만을 편애했
던 족속**이 저 지나(china)족이었는데, 오히려 우린 '**쪽의 원산지도 지
나땅**(?), **쪽문화도 지나에서 온 것**(?)'이라 가르치고 있으니…,

이쯤 되면 사대주의를 넘어 **오스카상급 코미디** 아닙니까?

옥색치마 출처: 윤해영 한복, 감청색 바지 출처: 베틀한복, 쪽 출처:
블로그 제동아이, 쪽 염색 과정 출처: 더쪽 장수주

청출어람(靑出於藍), 요람(搖籃), '요람에서 무덤까지'

'청출어람'은 '靑出於藍 而靑於藍'(청출어람 이청어람)을 줄인 말이지요. **'푸른빛은 쪽**(람)**에서 나왔으나** (쪽을 발효하면, 원래 초록색의) **쪽보다 더 푸르다**(靑)'라는 뜻에서 유래되었습니다. 요사이는 단지 '제자가 스승보다 더 뛰어남'을 뜻하는 말로 알려져 있지만, 본디 **선조의 문명보다 더 높은 것을 창출하고자 했던 겨레의 창의력과 자부심의 표현**은 아니었을까요?

'인류의 문명과 역사를 같이 했을 것'이라는 쪽, 쪽빛! 그래서인지 오늘날도 **전 세계적으로 가장 많이 사용되는 색 중의 하나**이지요. 3000여 년 전, 이집트 피라미드 안에서 발견된 투탕카멘(18왕조의 파라오)의 미이라가 **광대뼈와 편두의 동북아시아인의 모습**이었던 것이 이상했었는데, **미이라를 쌌던 천 또한 바로 쪽물을 들인 아마포였다는 사실**에서 **이 땅을 떠나 '이쪽, 저쪽'으로 갔던 겨레의 먼 문화의 자취**를 느낍니다.

그래서인지 우리는 모든 방향에 쪽을 넣어 말해왔습니다. **'이쪽, 저쪽, 위쪽, 아래쪽, 안쪽 또 동쪽, 남쪽, 북쪽, 좋은 쪽…'** 온통 천지가 푸른 바다의 쪽빛이었지요. 그 옛날 **상투** 틀고 이 땅의 **삼베**(麻)**옷에 쪽빛을 물들여 입은 사람들이 동서남북으로, 바다로, 초원**으로 퍼져나갔음을 알게 합니다. 세상문명의 근원이었던 **東方 한국인의 색**이었지요.

'요람에서 무덤까지!' 언젠가 한 번쯤은 들어 본 말일 것입니다. **요람**(搖籃)이 젖먹이를 흔들어 놀거나 잠재우는 바구니(cradle)를 말한다지요? 그러나 이 또한 원래는 '사물의 근원지나 발생지'를 일컫는 비유어였다고 합니다! 그래요. **이 땅의 아가**(떠오르는 해)**가 탄생하면,** 쪽빛의 천으로 감싸 쪽빛바구니에 넣어 흔들어 재웠던 것이지요. *요람*(搖籃)은 옷을 **남색**(藍쪽)**으로 물들여 입던 사람들의 문명의 발생지를 기억하자**는 자부심에서 나온 말은 아니었을까?

그러나 **당신님들**(선조)**의 문화를 뛰어넘길 후손에게 기대했던** '*정출어람*'은 정체성을 모르는 자들에 의해 하인들의 편함만을 강조한 '개량한복'으로 변하여 **품격을 떨어뜨리고, 무덤까지 잊지 말라던** '*요람*'도 **이젠 다 잊히고** 다만 '추억'이라는 꽃말로 쪽은 우리의 말라버린 정체성을 재촉합니다.

한국이 지켜내야 할 보물, 우리 옷

누구는 세계에서 가장 긴 역사의 옷을 스키타이인 복식이었다고 하나, 이 또한 한국의 태고역사를 살피지 못한 **맹견**(盲見: 눈 먼 생각)**일 뿐이지요.** 2010 세계문화계 정상의 모임인 '**C20 패션쇼**'때 다이애나 비(英)의 옷의 디자이너 지밀 이펙치와 〈미소니 그룹〉의 빅토리오 회장으로부터 '**한국이 지켜내야 할 보물**'이라고 극찬을 받은 신비의 옷 (하늘옷)이 한복이랍니다.

그러나 **우리는 우리 옷에 대해서도 아는 것이 없기**에 '아비를 아비라 부르지 못하는 홍길동처럼' 서양옷에 밀리어 '옷'이라 부르지 못하고 '한복'이라고 초라하게 말하고 스스로 츄리닝 취급을 할 뿐….

박선희 교수(상명대 사학과)는 '**고대중국과 고대한국의 직기**(베틀) **구**

조상의 차이는 저 지나보다 **고대한국이 오랫동안 고유하고 발달된 직기로 직물을 생산했음을** 의미하며 **고조선 시대의 직물과** 동시대의 중국에서 출토된 직물을 비교 · 분석한 결과, **고조선에서 생산한** 모직물, 면직물, 마직물, 비단섬유가 **현대섬유에 더 가까웠다**'고 하여 **한국인의 의생활의 역사가 훨씬 오래**였음을 알려줍니다.

지금도 천을 감는 것에 가까운 인도와 중동지역의 옷은 차치하더라도 "**유럽 원주민들도 동방에서 온 기마정복민족인 고구려인들 즉 아발스**(The Avars: 아바이들, 4C 서양에 알려진 정복민족 고쿠리)가 **유럽**에 **도착하기 전까지는, 옷감을 재단하거나 재봉하는 개념자체가 없었다.**" 또한 "**유럽 평민의 드레스**(둘러써), **넥타이**(옷고름) 등이 고대한복**으로부터 변형된 것**이며 '한복이 양복의 원형'이었다." 라고 한 고 변광현 님의 말이 이제는 이해가 갑니다.

그래요. 우리 땅은 약 **1만4천~1만 년 전의 세계최초의 섬유질 신석기토기가** 출토(1987, 제주 고산리)되어 세계를 경악시킨 혁명 같은 땅이었음을 기억합니다. 이 땅의 선조는 일찍이 섬유의 특징과 성질을 제대로 파악하여 **마**(麻)**섬유로 고래잡이 그물과 밧줄을 만들어** 최초의 고래잡이를 시작하였고 **인류최초로 삼베옷과 비단옷을 지어 입고 닥나무로 세계최고의 종이를 만들고** 또한 **섬유질을 섞어 황토집을 지**어 오셨던 분들이었죠.

또한 옛 우리 선조의 땅이었던 북경 교외에서 출토된 **3~5만 년 전 산둥인의 뼈바늘**과 무려 1만8천 년 전의 인류최초의 첫 도량형기구였던, 인류최초의 자(尺)가 나온 땅(2014 충북 단양군)이었습니다.

세상의 기준을 세우고 **표준화**를 하며 **재단**(재거나 맞추고 자르다)했던 신비로운 땅이었군요! 여기에 우리의 도구에서 검(劍), 집과 배 등 모든 전통적인 것에 **조립식과 짜맞춤을 기본**으로 했던 땅이었으니⋯!

맞아요! 이 땅의 선조께서 섬유질을 연구하여 **실을 만들고 천**을 짜고 **자**(尺)**로** 재어 **부분으로** 나누고 **실로** 꿰매어 **복식제도**(옷과 모자와 신 등)**를 이루어내셨던** 것이지요. 이 나라가 바로 '**신선들**이 입었다는 그 (The) **옷**'과 '**고귀한 사람들**이 썼다는⋯

그(The) **모자**'의 그(The) 나라―. 맞습니다.

아, 유럽의 영어권이 Food(食)·Shelter(피난처: 住)·Clothing(衣) 순으로 말하고 지나족 또한 **식·의·주**라 하여 **먹는 것을 삶의 우선**으로 했음에 비해, 우리가 '**의·식·주**'라고 말해 온 것은 사람의 상징적 차이를, **염치와 부끄러움과 도덕의 시작인 옷**(의)에 두었던 고귀한 천손의 문화를 알려주는 것이었지요. 그래서 인간의 **철학과 도**(道)가 동쪽, 동방에서 나왔다고 하는 것입니다.

무엇보다 우리에게 **마**(麻)**로 삼베옷을 만들어 처음 입혀주셨던** 분이라는 어머니 마고(麻姑: 삼베 천신)가 전해지고 **옛 지도자나 종교인들이 이 마**(麻)**옷을 입었다**고 전해지며 또한 실 짜는 여인인 직녀(織女)가 견우 (牽牛)와 만나는 전설과 신라의 **마의**(麻衣)**태자** 전설에서 눈물을 흘렸던 것이 **다** 옷을 처음 만들었던 조상**으로부터 비롯된 이야기들**이었지요.

오죽하면, 쇠(金)의 성질까지 파악하여 **세상에서 가장 강하고 견고하고 실용적인 전투옷**이라는 쇠옷, 고구리의 '**찰갑옷**'에서, 부여는 옥 (玉)으로 만든 옷 '**옥갑**'(玉匣)까지 만들었으니, 들리지 않으십니까?

"이 나라가 어−떤 나라인데…!"

그러나 6천 년 전, 중국땅에 존재하지도 않았던 한족(漢族)이 감히 시원의 땅 **한국에 문화를 전수한 대국**이었다며 **한복과 한글 등을 제 문화**라고 주장하니 제 것을 사랑하지 않은 우린 무슨 벌을 받을지?

지금, 그 숱한 보물들을 지켜내지 못해 주객이 전도되어 뒷방의 난쟁이로 만신창이가 되어버린 한국의 역사! 그래서 우리 한국인은 지금 '우리'라는 유대감이 사라지고 전부 **이방인이 되어 고독하게** 살아가고 있는지 모릅니다.

한국인의 춤

지구인의 춤이란, 대개 **관능적인 사랑**의 표현이거나 **격정적인 몸짓**으로 힘을 모아 **적을 위압하는 몸짓**이 일반적이지요. 온몸을 흔드는 스페인춤 탱고, 쿠바의 엉덩이춤, 손춤, 발춤, 혀를 내미는 얼굴춤, 전진과 후퇴를 하며 위압하는 춤들….

그러나 **지구에서 유별나게 독특한 춤**을 추는 이들이 있습니다. 정중동(靜中動)의 절제된 춤사위에 내포되어 있는 화려함과 애절함, 그리움과 한 그리고 신명과 숭고함으로 외국인들은 원더풀을 외치며 **"사람이 어찌 이렇게 춤을 출 수 있는가?"** 라고 감탄합니다. 특히 원과 곡선의 **살풀이춤**이나 **한삼춤**은 숭고(崇高)하고 깊은 **우주의 기운**을 내뿜는듯한 신비함마저 일게 하여 **종교적인 춤**이라고까지 말합니다.

승천을 꿈꾸는 고래를 닮고 싶어 '솟을대문'을 만든 사람들, 하늘로 오르는 신선(神仙)이 되고파 범종(절의 큰 종)에 '비천상'을 만든 사람들, 그리고 새가 되어 태양을 가까이 하고 싶어 '솟대'를 세운 천손의 사람들! 그래서 우리의 춤은 새의 날갯짓 이전에 고래가 물위로 둥실대는 모습을 닮은 신선의 어깻짓춤이 되었을 것입니다.

살풀이춤과 한삼춤의 기원

그런데 우리나라에만 전하는 신비로운 춤이 있습니다!
살풀이춤이나 처용탈춤을 비롯한 우리의 전통탈춤이나 승무에서 휘날리는 **한삼춤**(소매 끝에 흰색의 천을 길게 덧대어 추는 춤)**의 유래**에 대해 세계는 **"왜 천을 길게 늘이냐?"** 라며 궁금해왔지만, 우린 답변을 해주지 못했습니다. **한국인임에도…!**

'한국춤의 어머니'라 불리는 한영숙님은 '살풀이란 **맺힌 것** 또는 **얽매인 것을 풀어내기 위한** 것이고 흰색의 천은 **모든 색깔이 날아가 버린 원초적인 넋**을 상징하는 것'이라고 말하는데, 우리에게 왜 이런 춤들이 전하는 것일까요?

이정희 도살풀이춤 보존회 회장 출처: 송재현 사진, 승무 출처: 한국예술종합학교, 처용무 출처: 문화재청, 북대서양 페로제도의 집단적 고래잡이 출처: 핫핑크돌핀스의 해양동물이야기

김성규 회장은 '이 모두 우리의 **고래문화에서 비롯된** 것이었고 **살풀이굿의 기원**은 작살로 죽은 **고래의 작살풀**이었으며, **춤새**는 알라스카 하늘에서 본 오로라(aurora)의 모양에서 유래되었다'고 주장합니다.

그래요. '인류 최초의 고래사냥꾼'이었던 우리의 선조는 **세상에서 제일 큰 귀신고래와 대왕고래**를 좇아 동해안을 따라 오호츠크해와 알래스카(지금은 남의 땅!)까지 오게 됩니다. 지친 고래를 향해 드디어 고래의 심장에 작살을 꽂으면, 고래의 피는 분수처럼 하늘로 솟구칩니다. 그때 '오로라'를 보게 됩니다. 그 고래를 뭍으로 끌고 오면서 **고래의** 피몸부림을 온몸으로 또다시 느껴야 했던 고래잡이들…!

우리에게 **가장 많은 오로라**(*삼국사 *삼국유사 *고려사 등에 711회 cf지나: 292회)**기록**이 전하는 것은 **우리 겨레**에게 오로라(뜻-고래의 영혼)**는 특별한 의미였음**을 짐작하게 합니다. 지금은 '태양풍 입자가 대기권의 공기분자와 충돌하면서 생긴 현상'이라며 과학으로 이해하지만, 수천 년 전, 알라스카를 오가면서 본 오로라는 **작살로 죽은 고래의 영혼이 오색으로 흩어져 하늘로 오르는 춤**으로 여기며 신의 영혼을 보듯 집단적 엑스터시(ecstasy: 무아의 도취상태)**에 몸을 떨었을** 것입니다.

   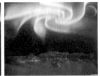

극광 오로라 출처: 천문동아리 미르, 오로라 빌리지, 2005 Rikimaru

"한국인은 자국의 文化에 대해 이야기한 적이 거-의 없었다."
-비토리오 미소니(이탈리아대표)

바다의 왕으로서 **숭배의 대상**(토템)**이기도 했던 고래**, 그래서 사람과 고래가 호환(맞바꾸어)하여 환생한다고 믿었던 그때 사람들은 '**고래의 한을 풀기 위하여서는 오로라 모양의 춤을 추어야 한다**'고 생각했을 것입니다. 무려움을 떨쳐내기 위해 오색**의 천**을 기둥에 달아매고 누구는 두려움으로 **고래뼈로 된 탈로 얼굴을 감추고** 고래를 몰 때 내던 **시나위**(즉흥적이고 불협화음을 내는 악기의 합주)**가락**을 재현하며 고래의 영혼처럼 **소매 끝에 천을 덧대 길게 늘이며** 고래와 인간에게 있었던 독하고 모진 기운(煞살: 사람이나 재물을 해치는 나쁜 기운)**을 없애기 위해** 혼신을 다해 온몸으로 몽환적인 분위기 속에서 춤을 추었을 것입니다.

그래서 우리의 춤이 기예의 출중함보다 **망아경**(신명)**에 빠져 자신의 내면을 표현**하는 데에 집중했던 것이지요.

우리에겐 〈유네스코 세계문화유산〉(2009)으로 등재된, 제주도의 **전통 굿마당인 '영등굿'**(영혼을 오르게 하는 굿)이 전해집니다. 한때 천박한 무속으로, 미신으로 지탄받았던 **한국 유일의 해녀굿**이지요. 오로라처럼 오색의 천을 달아 휘날리고 방황하는 고래의 영혼**을 달랬을 영등굿**의 모습은 **알래스카 이누티티의 오로라 무속**(巫俗)**과 거의 일치**하고 아메리카 **태평양 연안의 고래잡이 인디안의 샤머니즘과 유사**하다고 김성규 회장은 말합니다.

이것이 우리의 무속이 해안지대에서 **왕성하게 이어져** 왔던 이유이며 그래서 **자연**(바다, 고래)**과 인간의 원초성에 대한 이해**가 있어야 '한국춤의 멋'을 이해할 수 있는 것입니다.

바다문화를 몰랐기에 줄곧 외면만 받아왔던 **우리의 춤**이었지요.

"여러분, 지금부터라도 한스럽게 맥을 이어온 우리 춤에 **'얼쑤'**하며 **추임새를 넣어주심이 어떻습니까?"** '얼쑤~' '얼쑤~'

종교의 싹(萌芽, Sprouting)이 튼 땅

인간의 4**종교는** 3샤머니즘(원시종교형태)**에서 비롯되었고** 샤머니즘은 2 토테미즘(totemism: 특정 자연 대상물과 인간이 신비적 · 친족관계가 있다는 믿음의식)**에서 발전하고** 그 이전 1애니미즘(animism, 精靈사상: 모든 것에는 영혼이 있다)**을 기초로** 하였다고 합니다. 하지만, 샤머니즘, 토테미즘, 애니미즘 그 어느 하나도 확실히 정의된 것은 없습니다. 왜냐하면, 그 **근원과** 연결고리를 알지 못한 학자들의 연구··· 쉽게 말하면, 인류문화의 연원지인 우리 땅**을 배제**한 연구결과였기 때문이었지요.

애니미즘, 두려움의 시작 -종교의 싹(萌芽, Sprouting)

인간이 **유랑하면서 사냥**할 때는 그냥 먹기 위해서 하루하루를 정신없이 살았습니다. 그땐 **종교가 무엇인지도** 몰랐지요. 그러나 **정주**(집 짓고 정착)**하여 농경과 목축을 하면서**부터 여유가 생기자, 인간과 인간 외의 것을 분리해서 생각했습니다.

이 땅의 호모사피엔스들은 이 세상은 해, 달, 별, 산, 강, 동물, 나무, 돌 등의 **영**(靈)**들이 조화를** 이루고 있다고 생각했었지요. 심지어 우주를 관장하는 천지신명에서 **산육신**(産育神 삼신할미), 각 방위를 지켜주는 **오방신**, **용왕신**, 곡식의 신이며 특별히 벼의 신인 **곡령신**(穀

靈神), **가택신과 조왕신**(부뚜막신, 불의 신), 변소를 지켜준다는 **측신**(廁神), 원한을 불어 일으키는 **원귀**(寃鬼)까지…!

무엇보다 죽음으로 **육체를 벗어난 넋혼들**이 전지에 가득(애니미즘) 차 있어 이 **사령**(死靈: 죽은 영)**들이 살아 있는 사람들의 화복**(禍福)**에 관계**가 있다고 믿었지요. 그래서 인류학자 W.B.스펜서는 인간에게 **두려움과 공포**를 주는 '사령숭배야말로 **가장 오랜 신앙**이었다'고 말합니다. 막연한…! 두려움들…!

그래서 '**샤머니즘**은 1애니미즘을 **기초로 한다**'고 하며 인류학자인 E.B.타일러(英)는 '애니미즘적 사고방식이 **종교의 기원**이며 **종교의 근본원리가 되었다**'고 합니다. 그래요 **아바타의 감독이 그렇게 찾으려 했던 땅**이 바로 '우리땅'이었지요.

애니미즘적 분위기 출처: 영화 아바타, 프랑스 피레네 지역축제의 곰토테미즘
출처: 내셔널지오그라피, 카지흐스탄의 새토템 샤먼 출처: 중앙일보,
인디언 샤먼 출처: 노중평, 박문호의 자연과학세상

토테미즘, 두려움의 극복

이러한 두려움을 극복하기 위해 사람들은 그 지역의 정령들을 지배

하는 특정한 자연 대상물(토템)을 사람의 편으로 만드는 생각을 해 냈지요. 그래요. 2토템신앙으로 발전한 겁니다. 우리에게는 곰, 범, 새(봉황, 삼족오, 오리, 닭), 거북 등 그리고 잊혀진 고래 토테미즘이었지요.

그런데 뭐니뭐니해도 모든 토템을 넘어서는 **최고의 숭배의 대상**은 세상을 **밝고 따뜻하게 관장**하고 생명을 주는 해였을 겁니다. 그래서 자유롭게 공간을 날며 땅과 **하늘**(해)**을 이어주는 새**는 삶과 죽음은 물론 다른 세계에 대한 소망을 의지하는 토템이었지요. 새란 [사+이]에서 온 말로 **땅과 하늘 사이**에서 **천계와 현계를 연결하는 매체**였을 뿐 아니라, 해(○)처럼 둥근 알을 낳았기에 하늘의 큰 알(해)**로 이어주는 중개자**라고 생각했습니다.

고구리, 백제, 신라가 **새 날개와 깃털 모양**으로 관식을 꾸미고 쌍영총 등 고구리벽화에 삼족오(세 발 새)가 유난히 많이 그려진 것은 태양숭배와 관계된 새토템이었지요.

그리고 **인디언 대추장이 깃털을 두르고 새 형상을 한 샤먼**이 유독 많고 **시베리아**(코리야크족)**의 샤먼**(巫무. 제정일치자)**이 까마귀**로 분장하고 **알타이신화에 등장하는 까마귀**, 제사를 지낸 뒤, 울타리 곁에 **까마귀밥**(이밥)을 놓는 우리의 풍속 등은 저승과 이승을 오가는 사자인 까마귀가 하늘(저승)에 있는 조상에게 음식을 가져다주길 바라는 마음 등으로 **두려움을 이겨내고자 했던 토템**이었습니다.

그리고 '**범**'과 함께 이 땅의 강력한 지배자였다는 '**곰**'(bear)**은 중요한 토템동물**이었지요!

마치 죽은 듯이 동면하다 **해처럼 부활하여 힘의 지배자로 군림하며 죽음과 삶의 두 세계를 오가는 곰은 신(神곰)의 신비로운 위엄 그 자체**였습니다. 그래서 **위엄을 갖추어 신(곰)처럼 불렀던 이름이 바로 [곰]**이었지요. 고리의 일연은 *심국유사를 통해 우리의 범과 곰 능의 토템이 한겨레의 고유한 문화코드였음을 일러주고 있고 우리의 조상께선 '**곰이 하늘로 올라 북두칠성**이 되어 우리 겨레를 보살핀다'고 믿었습니다. 고구리의 '각저총 벽화에도 곰'이 그려져 있는 이유이지요.

샤머니즘, 시원문명의 전파

그리고 이런 **강력한 토템물**이 되어 **신과 인간을 연결시켜주는 영매역할을 해 줄 존재(샤먼)**가 있어야 했습니다. 그래서 '**샤먼**'은 **토템동물의 계승자**로서 **곰가죽**을 걸치고 며칠을 굶주림과 추위를 견디며 춤추는 사이에 전에 못 보았던 세계를 보게 되어 **무리에게 신의 뜻을 전했다**고 합니다.

일찍이 강원도 양양 오산리에서 출토(1977)된 **8천 년 전의 곰 모양의 토우**와 북한 검은모루유적지에서 출토된(북한 중앙력사박물관) **수만 년 전의 곰배 모양의 괭이, 돌낫, 보시기** 등과 그리고 만주 홍산(배달)문명지에서 나타난 **많은 곰 관련 유물들**은 샤먼의 원형을 알 수 있는 무속적인 유물이었던 것입니다. 그래서 곰가죽이나 새머리를 한 샤먼이 집단과 함께 엑스터시(망아, 황홀경)에 빠져들어 신이나 악령 또는 조상신과 같은 **초자연적 존재(신)와 직접 교류**하며 메시지를 전달

하고 병을 치료하는 **샤먼**에 의한 3**샤머니즘**(무속)이 생겼던 것이고 **이 무속이 체계화 되면서** 4**종교로 이어졌던 것**이지요. 그래서 '**곰이 단 순한 토템 이상의 의미가 있다**'고 하는 것입니다.

세계의 고고학계와 인류학계가 대-**혼란에** 빠졌던 것이 이런 때문 이지요. 인류의 샤머니즘이 **서양학자에 의해 처음 관찰된 곳이 시베 리아였기에** 기원지라고 한 것이었을 뿐, **사실은** 우리 땅**을 거점으로 시베리아 지역으로 전파된 것**이었음을 윤복현 교수는 일러줍니다.

당시 **우리 땅의 열린 지식인들** 다시 말해, 자연과 하나 되어 조화 로운 삶을 추구했던, **영적인 스승들이 떠난 문명·문화의 길이었기 때문**이었지요. 그래서 베링해협을 거쳐 **아메리카로**, 시베리아 지역 을 지나 **스칸디나비아반도에 이르는 광대한 영역으로 전파된 샤머니 즘현**상을 학자들은 '**샤머니즘 문화파동**'이라고 합니다.

이것이 바로 "Lux ex Oriente !"(빛은 동방에서!) 라는 로마속담의 근거인 것이고 차이나가 갑자기 홍산문명의 '**곰유물과 곰이란 동물**' 에 엄청난 애정을 쏟는 이유이지요. 세계에서 가장 **오래된 문명**(홍산 문명)**의 주인**(?)은 물론 샤머니즘 문화파동의 주체(?)까지 가로채 **문화 의 스승**(?)**으로서 진정한 중국**(中心國)이 되고 싶은 '거지'요.

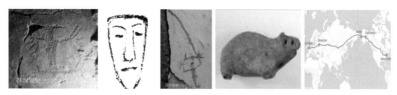

울산 암각화의 샤먼 인물상, 키르기스스탄의 사이말리-타쉬 암각화의 샤먼 출처: 경상일보,
강원도 양양 출토 곰토우 출처: 경향신문, 러시아 유라시아 횡단철도노선 출처: CNN

잊어버린 종교의 고리- 고래

그런데 무엇보다 우리에게 철저히 잊혀진 **애니미즘**과 **토템**이 있습니다. 바다에 살지만, 들짐승처럼 새끼를 낳는 신성한 동물을 잊었기에 **인류는** 샤머니즘의 강력한 고리(link, 고래)를 잊으면서 **샤머니즘의 고향을 잃고** 인류학자들은 **샤면의 기원**을 막연히 북쪽의 **시베리아 지역**으로 보고 방황하게 된 것이지요. 우리의 겨레가 **북녘**(만주 홍산지역)**으로 이동하면서 잊힌 남녘땅의 고래애니미즘과 고래토템**입니다.

이 토템을 푸는 것이야말로 인류의 샤머니즘의 수수께끼를 푸는 연결고리(키)를 얻는 것이고 우리가 전설처럼 잃어버린 **바다의 역사**와 **용궁과 용** 그리고 물을 울타리로 살았던 **'우리나라(井)'를 기억나게 하는 것**일 겁니다.

〈반구대암각화〉 왼쪽 면에는 새끼를 품은 어미고래를 따라 **수십 마리의 고래들이 수직에 가깝게 하늘로 승천하는 장면**은 이승과 저승, 속계(俗界)와 영계(靈界), 인간과 신의 세계를 초월하는 영험함을 느끼게 합니다. 무엇보다 최소한 8천 년 전, 고래를 따라 러시아땅이 된 **캄차카반도**와 미국땅이 된 **알래스카**로 오갔던 이 땅의 선조들은 지구상 가장 큰 동물이 작살로 몸이 찢기며 죽어가고, 출렁이는 바다가 온통 핏빛으로 물들고, 거친 호흡으로 붉은 핏물이 솟구칠 때, 이때 오로라가 **하늘에서 피어나는 것**을 보았습니다. 오로라는 **죽은 고래의 혼이 오색으로 흩어져 하늘로 오르는 것**이라고 생각했지요.

두려움에 떨었을, 인류최초의 고래잡이들!

경외감을 넘어 초자연계와의 직접 교감으로 **집단적 엑스터시**(ecstasy:

무아경지의 도취상태)에 몸을 떨고 **신앙심**을 불러 일으켰을 것입니다. 종교 이전의, 샤머니즘 이전의, 토테미즘 이전의, **애니미즘이 이–렇 게 시작**된 것입니다.

지구상 가장 강력했던 두려움. '애니미즘'이었지요!

그래서 **3000년 전 코리안 온돌 4기가 발굴된 아막낙섬**(알라스카)**에 서 발굴된 고래뼈 탈**은 고래의 영혼으로부터 피하고 싶었고 인간이 해결할 수 없는 영역에 대한 두려움에서 벗어나고픈 표현이었을 것입 니다. 이미, **3만5천 년 전 '너 자신을 알라!'**며 **인류최초로 얼굴돌**(수 양개 유적지)**을 새겨 놓고 10만 년 전 사슴 정강이뼈에 얼굴**(충북 청원군 두루봉동굴)**을 조각했던 사람들의 후예였지요. 그래요! 어느 곳보다 일 찍 '자의식'**(자신의 존재 인식)**은 물론 나와 남을 넘어 '우리'라는 존재의 의미마저 분명히 인식했던, 진정한 호모사피엔스**(Homo sapiens 사유하 는 인간)**들의 땅**이었기에 두려움도 맨 처음 알았던 것입니다!

그래서 바다에 살면서 새끼를 낳는 신이한 동물, 노래를 부르고 인 간과 교감을 하는 **지구상 가장 큰 동물에 대한 두려움을 극복하기 위 해,** 사람들은 고래뼈로 만든 '**고래탈'을 쓰고… 고래가 되고 고래사람** 이 되어서 **죽어 고래**가 된다고 생각하며 '**고래장'**을 치렀던 사람들…, 지구상 가장 강력한 토템이 이렇게 나온 것입니다.

반구대 암각화 출처: 연합뉴스, 승천을 꿈꾸는 고래 출처: 오마이뉴스, 극광 오로라 출처: 천문 동아리 미르, 오로라 빌리지, 아막낙섬의 고래뼈 탈 출처: 코리안들이 신대륙을 발견했다!

샤머니즘은 '계급발생 이전, 수렵 · 채집단계에서 생성 · 발달했다'는 학설이 지배적입니다. 그러나 서양의 학자들은 수렵 · 채집을 당연히 육지에서라고 생각하고 시베리아에서만 찾았을 뿐, **바다에서의 수렵은 기억에서 지워버린 것**이지요.

여기에 육지의 수렵조차 꼭 필요한 것이 '개'였는데, 바로 개를 처음 가축화한 분들이 우리 땅의 사람들이고 **가축화된 개를 이끌고**, 우리 땅의 **발달된 무기와 도구를 갖고** 시작한 것이 **수렵다운 수렵**인 '맘모스 수렵이었음을 간과했었던 것입니다.

그리고 점차 맘모스가 사라져 가자, 이 땅의 사람들은 낙심하지 않고 **힘을 합쳐 넘실대는 바다**(최소 BCE6천 년)로 처음 뛰어들었습니다. 그때부터 고래는 우리에게 가장 큰 주식이 되구요. 맘모스보다 더 큰, 지구상 가장 큰 **그 고래에 도전을 한 한국인!** 이 땅이 가장 큰 두려움 속에 가장 큰 모험으로 행해진, **지구상 가장 거대한 수렵행위의 장소**였다는 사실을 또 간과했던 것이지요.

그런데요. **고래는 아무나 잡을 수 있는 것이 아니었다고 합니다!** 문제는 계급발생 이전 사회에서, **뛰어난 과학과 기술** 그리고 **이 큰 집단의 단합된 의식과 결속이 필요**했다는 것이지요. 그래서 샤머니즘을 '단순한 신앙이 아닌, 또 민족(혈통)이나 인종을 넘어선 <u>**제국적**</u>(거대한) **고대이념이자 정치체계였다**'고 말하는 것입니다.

우리의 **옛 지도자의 요건**이 혈통이 아닌 **신통**(神通)으로서, 세습이 아닌 **선출**(추대)이 전통이 되었던 것은 인종을 뛰어넘는 **거대한 체계**

의 집단을 결속시키고 **주술**(呪術)**의 능력**으로 이끌 수 있는 강력하고 지혜로운 **샤먼**(해같이 밝은 사람)이 필요했기 때문이었지요.

이 땅의 사람들은 **중개자**(샤먼, 무)를 세워 제(祭)를 올리며 신령과 만나 소통하고자 했지요. 칼 바이트(독 H. Kalweit)는 인류의 태고의 시원무당, 광명의 무당을 '**화이트white 샤먼**'이라 했습니다.

대자연의 신성을 느끼게 하여 인간의 순수감정을 잃지 않게 해 주고 **조화로운 신성으로 일체의 삿된 기운을 제어**하며 인간과 신명의 원한을 풀어 **광명의 세계로 이끌어** 주고 **대우주**(하느님)**의 가르침과 조화를 구하려는 큰 스승들**이었다고 합니다. 지금의 인간의 세속적인 길흉화복을 점치는 '**블랙black 샤먼**'(세속적인 무)이 아니었지요.

샤먼, 여성과 바다

그런데 인류학자들은 '**최초의 샤먼이 여성**'이었다고 하며 샤먼이 어촌 **민간에 뿌리 깊은 신앙으로 존재**하고 **샤먼의 온몸이 갈기갈기 찢기는 체험**을 하는 등의 **수렵민적 관습**이 남아 있다고 합니다. 〈상해사회과학원〉 왕홍쟝 연구원 또한 "**최초의 샤먼**은 **여자**였다. 남자도 여자샤먼으로 치장해야 샤먼이라고 했다. **청**(淸) 궁정에 기록된 **샤먼이 모두 여자**였다." 라고 하여, 우리가 **미신**이라고 멀리 했던 원시샤먼과 샤머니즘에서 **인류가 잊어버렸던** 최초의 엄마(여성, 마고)를 찾게 합니다.

맞아요. 원래 무(巫)가 여자로 시작되었고 훗날 남성시대가 되면서 남자무당을 뜻하는 **격**(覡: 박수)이 나왔기 때문이라는 것이지요.

왜냐하면요. '엄마'는 생명을 잉태하고 키우면서 우주의 소리(율려)를 느낄 수 있는 존재였기 때문이지요. '무(巫)란 하늘(一)과 땅(_)을 연결(ㅣ)하는 사람(人)입니다. 그래서 **여성이 샤먼**이 되어 작살에 꽂히어 괴로워하고 몸이 갈기갈기 찢기는 고래의 고통을 대신했던 것입니다. 이때 **사람의 두려움과 고래의 원한**을 하늘로 올리기 위해 **솟대**(ㅣ)를 세웠다고 하구요. 그래서 **무**(샤먼)**가 굿**을 할 때는 언제나 **솟대**(ㅣ)를 세우고 했다고 합니다. **바다문명에서 샤머니즘이 나왔다**는 증거들이지요.

이렇게 옛날 **한국인의 첫 어머니**(마고)**로 시작**되었던 이 땅(井)에서, **고래는 어신**(魚神)**으로서 한**(恨)**을 대신**하고 하늘에 오르며 무지개가 나오고 **음악**이 되고 어쩌면 **용**(龍)**이 되어 해**(여의주)**를 삼키고…** 이렇게 **토템을 연결**지어 **신바람**(신명)**을 일으키고 산 사람들**, 그래서 '풍이'(風夷)라 했고 '풍류문화'라 했던 것이지요.

제주 칠머리당 영등굿 출처: 네이버 포토뷰어, 색동소매 무당의 부채와 방울 출처: *무당내력
(서인영교수), 인디언 화이트샤먼 출처: nell attesa, 미국학생들의 미국교과서
'한국은 중국의 신하 국가다'출처: 바른역사알리기

샤먼의 고향

아, 유레카! '**이 땅의 신교**(풍류)**문화**에서 인류의 샤머니즘이 **유래된**

것'이었습니다. **한국의 샤머니즘**이 오방색 무지개옷을 펄럭이며 오색 **깃발**을 휘젓고 **부채로 바람**을 일으키는 등 세계에서 **가장 화려하고 신명나고 역동적**인 이유가 '**바다문화**'에 있었지요. 그래요. 가장 강력했던 애니미즘이 나온 곳(바다)에서 강력한 토템이 나오고 가장 강력한 샤머니즘과 샤먼이 나왔던 것은 지극히 자연스러웠을 것입니다.

물질과 욕망에 물들지 않았던 **순수한 우리 고유의 샤머니즘**이 이 땅을 벗어나 종교적 패배를 당하자, '불교'와 '유교'와 '선교'로 **갈라지면서 신교**(풍류도) **본래의 의미**가 잊히고 **고래도, 용도, 봉황도, 오리도, 칠성신앙도** 조각조각 갈라져 잊히고 **풍류도 신바람도 잊혀져** 이젠 버려야 할 무속이 되고 말았던 것입니다.

종교학자들은 '**동아시아에서 종교가 발생했다**'라고 하며 일생을 샤머니즘을 연구했던 칼 바이트 박사는 "인류의 **모든 종교**는 샤머니즘에서 **기원했다**" 라고 합니다. 그 샤머니즘이 토템을 넘어 **애니미즘에서 연원**되었다면, 그 **강력하고 거대한 두려움의 시작이 되었던 땅**은 어디겠습니까?

바다문명이 시작되었고 **농경과 수렵이 시작**됐고 '**애니미즘**'에서 '**토테미즘**', '**샤머니즘**'은 물론 '**그**(The) **고리**'마저 찾을 수 있는 곳! 그래요. 우리 땅(井)이 '종교의 시원지'였다는 것이지요. 그런데 종교의 시원지란 바로 '인류의 시원지'라는 것입니다! '왜, 우리 땅에서 인류 초기의 문화들이, 그것도 **유별나게 우리 한겨레의 기층문화**(基層文化, 서민대중문화, basic culture)**에 그렇게 많이** 나타나는 지', 이젠 아실…!

노영찬 교수(미 조지메이슨대 종교학)는 그래서 "**무속은 종교나 의식이 아니라, 한국인의 의식과 감정 속에 깊이 들어 있는 마음의 바탕으로 바라봐야 한다.**" 라고 역설하고 소설가인 노중평 씨는 "우리가 무낭을 전시하고 신명을 저버릴 때, **굿을 취재하려고 온 사람들은 대부분** 미국, 영국, 독일, 네덜란드 등 **외국의 인류학자거나 신화**(神話)**학자**였습니다. 왜냐하면 **전 세계의 샤머니즘**을 취재하다가 '**최종점**'에 다다르게 된 곳이 한국(한나라)이었기 때문이지요." 라며 우리가 지금 '무엇'을 버리고 있는지를 일깨웁니다. 공교롭게도 이 땅의 샤먼과 한국인들이 지나간 길에 지금 세계를 잇는 횡단철도가 놓이고 있네요.

한겨레의 통과의례 – 굿, 우리

신(神)과 인간(人間)과 자연(自然)이 하나였던 시절!

'자연과 인간은 둘이 아닌 **하나**이며 너와 내가 **우리**이고 우리가 **자연이고 우주이다. 그래서 우주만물에는 정령이 존재하고 신과 인간은 하나**(神人合一)이며 그래서 사람이 곧 하늘(人乃天인내천)이며, **온 세상 사람 또한 평등**(사해평등주의)하다. 우리는 **하느님의 품성으로 태어난 세상의 맏이**(天孫)로서 **하느님의 품성을 지켜야** 한다'

바로 한국인이 잊어버린 천손(天孫: 하늘 자손)의식, 한겨레의 공동체의식입니다. 그 시대 어느 민족도 생각할 수 없었던 마음이 우리의 '**굿**'안에 있었기에 **굿은 제천의식에서 가장 중요한 통과의례**였습니다.

황루시 님은 *팔도굿에서 "한겨레가 굿이나 굿잔치를 벌이면서 섬긴 '님'(신, 하느님)은 위와 아래가 없었다. **모든 님은 하나요, 한울타리**(우리)였다.” 라고 합니다. 그래요. 신(神)의 세계도 위·아래가 없는데, 아무려면 **사람 사이에 위·아래가 있겠느냐.** 더불어 **신과 사람 사이에도 위·아래가 없을 터**, 우린 **같은 님이면서 모두 같은 사람**이라는 것이지요. 그래서 인간은 **결코 신의 지배를 받는 존재가 아니라는 열린 마음**(open mind)의 사람들, 이 열린 사람들의 축제가 바로 ‘**굿**’이었지요!

그러하기에 이 땅의 선조는 **남**(내가 아닌 것)을 **진정으로 사랑**하고 자기내면을 성찰하고 마음을 열지 않는 한, 신은 절대로 응답을 하지 않는다고 믿었습니다. 그래서 **내 안에 있는** 신성(하느님)**을 찾아 하늘**(⚊)**과 땅**(⚊)**의 이치에 미쳐서**(|, reach, crazy, 신명) **깨닫는 사람**(人)이 되었던 이들!

　　　　그래요. 굿의 본질은 소통에 있었습니다.

큰 우주자연의 이치를 깨닫기 위해서는 **소통이 필요**했지요. 들의 것들과 소통하기 위해서는 **들굿**으로, 바다의 것들과 소통하기 위해서는 **바다굿**으로, 왕이 나라 안 백성과 소통하기 위해서는 **나라굿**을 했었다고 합니다. 이때는 **4대 봉사**(4고조부, 3증조부, 2조부, 1부모)라 하여 제사를 받지 못하던 **5대 이상의 모든 조상**(뜬 조상)**까지도 불러들여 대접**하며 소통하여 문제를 해결하고자 했습니다.

이것이 교활한 일제가 ‘**조선혼과 전통문화 말살정책**’을 통해 무엇보다도 ‘**나라의 안녕과 풍요를 기원하고 소통을 통한 이 땅의 화합과 상생의 정체성이 뭉뚱그려져 있는 굿**’을 미신(迷信: 헛되고 바르지 못한 믿음)**으로 폄하하며 없애려 광분**했던 이유이지요. 그래서 지금 몰지

각한 **블랙샤먼**과 **종교인**으로 인해 인간을 지배하는 신을 **청하여 개인의 기복**(祈福: 복을 바라는)이나 **푸닥거리**(악을 쫓음)나 **해원**(解寃: 원을 푸는)의 **제례과정** 정도로 알고 있는 것이 우리의 '굿문화'일 뿐입니다.

한국인의 명품문화 절 출처: 뉴욕일보 취재부, 절(악천사 대적광전) 출처: 부산일보, 소통의 의미 출처: 굿모닝충청 이은희(서예가, 캘리그라피), 종교 백화점 인도에서 아이의 울음을 듣는 사람(우리)이 몇이 될까? 출처: 중앙시사매거진, 명품 말 '우리'출처: mbc

조화로운 우리를 찾고 소통을 위해서는 '**정화의식**'이 필요했습니다! 그래요. 절을 하고 마음을 비운 후, 신명난 춤을 추면서 **어린아이가 되어** 우주만물과 소통(疏通)하며 만물의 존재가치를 인정하는 '**조화로운 우리**'가 되기를 소원했었지요. 고리 후기 고성이씨 이암(李嵒)이 엮었다는 *단군세기(三六大禮)는 '**절이란 상대방을 공경하는 마음에서 자신을 비우고 낮추는 것**'이라고 일깨웁니다.

〈국제뇌교육종합대학원대학교〉 이승헌 총장의 말은 **우리가 잊고 있던 천손의 마음**을 깨닫게 합니다. "**절**이란 하늘과 땅의 기운을 겸손히 받아들이며 '**얼**'을 **깨치는 행위**였습니다. 결코 나와 내 가족의 복(福)을 빌려는 이기적인 마음이 아닌 '**인류의 첫**(마)**문명을 시작한**(개천)**제 뿌리에 대한 자부심**'과 그러한 '**천손임을 잊지 않겠다**'는 다짐과 정화(淨化 Purification)의식이었기에 그래서 제사에서도 남녀의 차이가 **없었습니다.**"

그래요. 절은 본래 종교적인 것도 건물을 일컫는 말도 아니었지요. 이렇게 **이 땅의 사람에게 '절문화'**가 무엇보다 중요했던 것을 알고서 **불교와 변질된 종교**가 들어와서 **사찰**(건물) 자체를 절이라 불러 **우리의 소중한 정신문화였던 '절의 의미'**마저 **빼앗으며** 종교로 변질시켰던 것이지요. 그래서 지금 절이 불교와 관련된 말인 줄 알면서 **절 자체를 부정**하고 제사를 **미신행위**로 생각하며 얼빠진 사람으로 살아가고 있는 것이지요. **절은 소통을 기원**했던 **우리** 천손겨레의 소중한 명품(名品)문화유산입니다.

이렇게 **'조화로운 우리'**가 되기 위해 소통을 원했던 사람들의 말엔 온통 '우리'였지요. '내 나라(my country), 내 아빠(my mother)'라 하지 않고 **'우리나라, 우리 아빠, 울 어매, 우리 남편, 우리 아내, 우리 사위, 울 메느리, 우리 마을, 우리 회사…'** 그런데 혹자는 '우리 남편? **남편과 아내를 공유하냐?'** 라며 역정을 내는 **문외한**을 대하면, **제 문화의 정체성**을 모르면서 겨레의 공동사회의 소통이 이루어질지… 그저 '소이부답 심자울'(笑而不答 心自鬱), 그저 웃으며 답하지 않을 뿐…,
마음만 절로 답답−해지네요!

'우리'라는 말에 전해지는 진정한 뜻은 단순한 '나'의 복수이거나, 또한 집단주의를 밝히는 '우리'가 아닌, '수만 년 전, 우리 땅에서 **너와 나를 가르면서 누가 높거나 낮거나를 따지지 않는 조화로운 마음으로 서로를 보듬**으면서 **인류의 문명을 시작**하며 **신바람**(festibal)**나게 소통**하며 삶을 즐겼던 **우리**(울: 울타리+이: 사람들)**를 기억하자'**는 다짐이었습니다. 우주만상과 함께 **조화로운 주인**(主人)**으로, 대인**(大人)으로, 신(神)으로 살아왔던 천손의 자부심이 아니면, 가질 수 없는 품격이었지요. 그래요. '우리'란 소통을 강조했던 천손겨레의 고유한 명품(名品)언어유산이었습니다.

인류의 첫 축제(festival)의 땅—천제문화 굿

'축제'란 축(祝: 빌다)과 제(祭: 제사)를 말함입니다. 태고의 시대에는 '문화의 주도권을 누가 갖고 있느냐!'에 따라서 제사권이 주어지는 것이 천하의 불문율이었다고 합니다. 그래서 최고의 문화국(천제국)에서 제(祭)를 올리고 함께 빌며 신(神)과 소통하여 밝은 삶을 약속 받아 함께 어우러져 즐기는 것이 축제의 본질이었지요.

그리고 축제를 통하여 신과 소통하는 과정이 옛날의 '굿'이었다고 합니다. 굿이 언제부터 시작되었는지는 알 수 없다고 하지만, 옛 삼한(단군조선)이 무너지고 훗날 이 땅에서 다시 부활한 삼한(마한, 진한, 변한)의 제천행사나 일월맞이굿이 농사의 시작(음5월 단오)과 마칠 때(음10월)를 맞아 두 번 행했던 사실은 이미 농경이 발달한 정착사회부터였음을 알게 하여 장구, 북, 꽹과리, 징 등의 악기를 농경사회(비—장구, 구름—북, 천둥—꽹과리, 바람—징)와 연관 짓기도 합니다.

그러나 장구, 북, 꽹과리, 징이 화려한 오방색의 원색옷을 입고 연주되었고 이들 소리가 고래(울음소리의 흉내)와 관련되어 나온 악기라는 점, 무엇보다 처음 인류가 물가와 바닷가를 끼고 살았다는 점, 그리고 정적인 육지와는 달리, 바다에서의 풍어와 고래에 대한 기대와 흥분, 생사를 넘나드는 순간의 쾌감, 무사생환과 어획에 대한 기쁨 등은 **비교할 수 없는 흥이고 큰 소통이었을** 것이니, '**굿**' 또한 샤먼처럼 해양문화와 농경문화가 함께 일어난 곳(井)에서 시작된 것임을 유추해 볼 수 있지요.

여기에 **색동옷**(고래문화)을 입고 **제물**(콩과 벼)을 차려 놓고 **바닷가**에서 해와 달이 뜨는 **동쪽**을 향하여 장단에 맞춰 **악기**(북)를 두드리고 춤을 추면서 **하늘문**(천문)이 **열릴 때**, 춤추며 신을 맞이하고('舞天') **절하며 맹세한다**('東盟')는 점에서 〈굿의 기원〉을 살필 수 있고 콩(豆)을 처음 재배하고 인류의 문화를 시작한 이들(천손)이 **하늘제사**(천제)**에서 천신했던 오랜 의식에서 유래**되었음을 짐작하게 합니다.

그래요. 천제(天祭: 인류 시원문명의 나라의 하늘제사)문화와 굿문화는 떠돌이 유목민이 아닌, **농경과 바다에서 어업을 위주로 살았던 동쪽 해 뜨는 나라의 정착민들의 문화**였습니다. **음악**(소리)과 **춤**이 나오고 **시**(詩)와 **문자**가 나오고 **천문과 과학**이 나오고 **사람의 의식주**(衣食住)가 시작되고 그리고 **이 모든 문명의 기준과 법**(法)**이 나왔던** 정착민의 축제였습니다.

안타까운 것은 **천명을 받은 천제**(天帝: 시원문화를 시작한 하늘나라의 임금)로서 소명의식을 갖고 지냈던, 본래의 장엄했던 천제문화(天祭文化)의 원형은 태−곳적 마고시대를 시작으로하여 한인 7대(3301년), 한웅 18대(1565년)를 이어 단군조선(2333년)까지 이어졌지만, 47대 고열가 단군(BCE108)을 끝으로 진정한 **천제**(天帝)**의 나라가 붕**(崩)**하면서 함께 사라져** 버렸다는 것이지요!

이후 지나땅에서 너도나도 천자(天子: 하늘의 아들)를 자칭하며 **천제(天帝)의 혼도 본질**(소통의 굿문화)**도 없는 왜곡된 천제**(天祭)의식을 행하면서 변질되어 전해지면서 우리에게 까맣게 잊혀버렸던 것이고 우리 또한 천제나라로서의 위용과 위엄을 빼앗긴 후 **단지 정치적인 행사로만** 명맥을 이어왔기 때문에 우리 본연의 정체성을 잊고 말았던 것입니다.

하보경 명인의 춤 출처: 김명곤의 세상이야기, 바다굿(서해안 대동제 굿) 출처: hch.cha.go.kr,
제주칠머리당 영등굿 송별제 출처: m.cha.go.kr, 토원책부(1907년 마크 아우렐 스타인
이 영국 반출) 출처: YTN-TV, 하늘이 내린 춤꾼 고깔 쓴 이매방('승무')

우리의 축제는 '굿을 통해 **나를 버리고 우리로 큰 하나가 되어** 크게 어울리는 마당축제'였습니다. 너와 내가 **한 울타리 안의 하나**이기에 승자도 패자도 없는 **진정한 상생의 축제**였지요. 맹자가 말했던가요? '**대인**(大人)은 **갓난아이의 마음**을 잃지 않은 사람이어야 한다!' 그래요, **갓난아이**가 되어 '**동이**(우리)**가 밤새 술 마시고 춤추고 놀았다**'고 전해졌던(*삼국지 위지동이전에) 것이 바로 그(The) 굿축제였지요.

지금처럼 **술주정**이나 부리고 **요상한 춤**으로 추태나 부리는 것이 아닌, **내 안에 있는** 신성(하느님)을 **되살려내기** 위해, 장엄함과 경건함 속에 **꿈과 멋** 그리고 **슬픔과 한**을 담아 **신명을 내며 천신과 자연신과 하나가 되고자 소통**했던 진정한 자유인으로서의 몸짓이었지요.

그래서 한국의 춤은 다른 민족과 달리, 흥(興) 속에 **우주적인 장엄함과 비장함, 인간의 고뇌와 신명**이 보인다는 것입니다. **우리의 춤이 본디 시원나라의 굿에서** 비롯되었기 때문이지요.

이러한 **굿의 성격**을 이 땅에선 '축제의 이름'으로 나타냈습니다. 부여와 마한은 **영고**(迎鼓: 북을 두드리며 신을 맞다)라 했고 동예는 **무천**(舞天: 하늘문이 열리길 원하며 무녀가 하늘을 향해 추는 춤), 고구리는 **동맹**(東盟: 동쪽하늘에 대한 맹세), 신라와 고리는 **불굼ㅎㅎ니**(밝은 신을 영접함: 팔관회)라 했습니다. 그런데 **舞天축제**가 사실은 동예 **이전의 '고조선의 축제'**였음을 윤용구 실장(인천시립박물관)이 '둔황의 문서'의 〈토원책부〉에서 밝혀내지요!(2005) 온통 우주적인 고뇌였습니다.

노중평 역사천문학회 회장은 그래서 '지금 무녀가 **갓이나 고깔을 쓰고 추는 춤**을 거성(擧星) 즉 **성인이 움직인다** 라고 했다'고 합니다. 그래요. 천제나라의 성인이 쓰는 모자가 **갓과 고깔**이었다는 것이지요! 서초동 **'예술의 전당'의 지붕**이 무슨 디자인일까요? 그래요. 성인의 나라를 뜻하는 **'갓'**입니다. 이런 혼(魂) 있는 분들이 아직 사회 곳곳에 계시기에, 우리나라가 이 정도로 버티고 있는 것입니다!

교회 건축(헌금)까지 한, 기독교 집안의 양혜숙 교수(이화여대, 한국공연예술원 이사장)는 **"굿 안에는** 한국문화의 거의 모든 것들**이 녹아 있다. 무당이 주는 부정적인 인식을 바꾸기 위해 한국의 샤먼문화**를 최초의 인류문화로 간주한 시원문화축제인 〈샤마니카(Shamanika) 프로젝트〉를 시작한다. **한국공연예술의 뿌리**를 샤먼의식(shaman ritual)인

'굿'에서 **찾아야** 한다.” 라고 하면서 우리가 인류의 시원문화인 굿과 샤먼문화를 멸시하는 이 순간에도 지나(China)는 오히려 **우리의 문화를 빼앗아** 중화족의 자부심으로 만들고 있다며 문화주권의 무관심을 안타까워합니다.

바로 지나의 '**탐원공정**' 인류문명의 근원(뿌리)을 **차지하자**(뺏자)**는 획책**이지요! 이러한 계획 아래, 지나의 수장은 미대통령을 앞에 두고

“한국은 **중국의 신하 국가였다!**”

라고 말했던 것입니다. 이 모든 공정이 끝나고 지나의 **경제마저 21C 초거대 공룡이 되면**, 그땐 우린 어떤 모습일지?

축제를 잊은 고독한 영혼, 한국인

세상에서 **우리가 절-대 잃어버려서는 안 되는 것들**이 있습니다. 그것은 어머니(조상)와 함께 누렸던 **마음과 끈**이지요.

한겨레의 굿축제나 제례문화는 짧은 역사의 유교문화가 아닌, **신교**(神敎)**에 뿌리를 둔 신바람**에서 유래된 것이었고 수천 아니 **수만 년을 내려온 아름다웠던** 화이트샤먼의 문화였습니다.

이렇게 이 땅의 문화가 퍼져 **세상의 종교와 철학**(인문학)**의 바탕을** 이루지만, 역사가 잊히면서, 피와 살과 혼을 주신 **조상**이 잊히고 **굿과 축제가** 사라지고 **풍류의 마음**(낭가사상)이며 자유인으로서 **신바람**(신명)**과 흥이** 시라지며 '**소리**'를 잊고 우주의 리듬(맥박. 질서)인 '**율려**'(律呂)를 느끼지 못하게 되자, 지금은 나와 너를 이어주던 '우리'**마저 사라지고** 그래서 **자신조차 힘들어 하는 땅이 되고 만 것이지요!**

이렇게 **축제의 핵**(祝과 祭)이 사라지고 **축제의 원동력**(소통)을 상실한 이 땅은, 조상의 축제들을 온통 미신으로 만들어 놓고 아름다운 문화를 쓰레기통에 내던져 버립니다. 그래서 지금, 역사와 겨레를 무시해야 존경받는 **이상한 나라가 되고 축제 없는 사람들**이 되어 적금을 부어가며 **외국을 기웃**거리고 있는 것이지요.

〈세계3대축제〉라는 리우카니발(브라질)에서 **광란의 춤과 가두행렬에 열광**하고 뮌헨(독일)의 맥주축제에서 **함께 취하는 척**하고 스페인의 토마토축제에선 **먹는 것 가지고 던지는 야만인**이 되어 **세계화했다**(?)고 하며 프랑스의 니스카니발에서는 **밀가루 범벅이 되어 문화**(?)**의 고향 서양에서 문화**(?)**관광…했다**고 자부하…!

근데, 이거 아세요? 과거 니스카니발의 전통이 쓰레기와 섞고, 오물까지도 던졌던 것을 〈독립카니발〉에서 '**밀가루 던지기**'라는 새로운 방식으로 바뀐 것이라는 사실을! 그러니 오물 뒤집어 쓰는 문화를 낭만으로 배우고 온 것입니다! 그런데 이들의 **축제**(祝祭)**에 하나같이 본질인 祝**(빌다)**과 祭**(제사)는 있습디까?

어떤 고매하고 숭고(?)**한 자**는 '상대의 문화도 존중해야 된다!'나? **명성황후를 무참히 살해**(1895년)**한 칼을 소중히 간직**하고 있는 후쿠오카의 **구시다 신사**나 **세계대전을 일으킨 A급 전범을 신격화**하여 제를 지내는 도쿄의 **야스쿠니 신사**에서 옷깃을 여며가며 참배하고 오고 재팬의 〈마쯔리축제〉에 가서 **우리의 선조를 힘들게 한 재팬의 신에게** 소원을 빌면서 좀비(무뇌인간)가 되어 오고 10월이 되면, **할로윈 데이**(미국)다 하며 홍대거리와 이태원의 각종 클럽에선 **영혼 없는 귀신들**

의 광란을 하고…, **유치원마다** 우리 천손아이들에게 온통 **좀비나 귀신분장**을 시키느라 난리를 부리며 '문화(?)교육'을 했다고 합니다.

똥, 오줌은 가려야 **같은 겨레 아닙니까?** 그래서 아베(수상)는 한국인을 '얼빠진 사람들'이라고 했던 것입니다. 한국사람들, **정신**(몸에 붙어 있는 신)**들 차려야** 합니다! 정신이 병들면 뭐죠?

구시다 신사 출처: 진도르프, 침략전쟁을 미화 · 동경하며 2차대전 참전군복을 입은 야스쿠니
참배객 출처: 제주의 소리 ⓒ권철, 밀가루 범벅 니스카니발 출처: *축제와 전통의
발명-김미성, 할로윈 데이 뉴욕지하철의 좀비와 귀신 출처: 제니 한

그리곤 '**우린 왜 축제가 없냐!**'는 푸념 속에, 장쾌한 문화나 고고학적 상식도 없는 정부관료나 정치인에 의해 **이벤트성** 지방역사와 **특산물 홍보**나 가수들의 춤과 노래… 영혼 없는 축제로 '**문화사업**'했다며 혈세를 탕진하고 '한국 **5천 년**(? 만년이 넘어요!) **역사**에서 가장 풍요로운 시기를 맞이했다'며 **걸신**(乞神: 음식에 굶주린 귀신)**들린 자들**처럼 몰려다니며 온-통 **먹자 축제**뿐이고 온통 쓰레기판…! 누가 그러더이다. "쓰레기 속에 있는 자는 쓰레기며 많이 먹는 것 또한 죄라고!"

혼(魂)이 텅 비어(beer) 외로운 한국인들!

축제의 본질도 유래도 기원도 모르는 〈외교부 홈페이지〉에서 '대한민국 축제'를 치니(2019 설날) 내년 K-pop 월드축제' 달랑 하나…, 오히려 외국의 축제를 신바람 내며 소개하고 있으니…?

고독의 시인 김현승은 기도합니다. "가을에는 /기도하게 하소서. / 낙엽들이 지는 때를 기다려 내게 주신 /겸허한 모국어(母國語)로 나를 채우소서."

어쩌면, 낙엽이 지듯 **많은 가치관이 퇴색**한 지금, **겸허한 모국어** (우리의 정체성)로 **한국인이** 굿의 마음을 찾아 **우리를 채우지 못한다면**, 우린 **제 얼굴도 모른 채, 영원히 고독한 삶을** 벗어나지 못할 것입니다. 사랑하는 한국인이여, 이제는 우리에게서 사라진 것들에 대해 회상해야 하며, **우리의 고독을 함께 치유해야** 할 때입니다.

"한국인이 버린 것은 무엇일까?"2015 서울세계불꽃축제 후 한강공원 출처: 그린카드, 고독한 뒷모습, 서울 탑골공원의 노인 출처: ⓒ뉴시스, 고독사회 출처: 연합뉴스, sbs 심야극장

지구상 가장 역동적인 축제

그렇다면, **큰 하나가 되었던** 축제의 땅은 어디였을까-요? 우선 **바람** (風)에 배의 돛을 뜻하는 凡(범)이 들어있는 것은 '**바람이 바닷사람들의 문화**'였음을 알려줍니다. **바람**(風)**을 가장 역동적**(dinamic)**으로 느낄 수 있는 곳, 바람을 타며 혼연일체가** 되지 않으면 안 되는 곳, 그래서 **최대의 기쁨과 카타르시스를** 느낄 수 있는 곳이 **어디겠습니까!**

그래요, 거대한 고래와 사투를 벌였던 '우리나라〿의 바다'였지요. 고래가 들어오는 날은 긴장과 흥분, 기쁨과 감사가 어우러진 온 마을의 축제였습니다. 고래잡이의 **영웅담과 흉내 내는 몸짓에 환호**를 합니다. 인류문명의 미스터리였던 **굿과 첫 축제**, 그리고 **한국인 특유의 풍류정신은 해양문명의 집단적 흥**에서 처음 유래되어 **천손문화로 형성**되었음을 알게 합니다.

발달된 온갖 도구와 기구로써 **처음 배**를 만들어 지구상에서 가장 컸던 고래를 잡던 고래의 후예들, 땅에선 처음 **개를 비롯해 가축을** 길러내고 **목축을 시작**하고 처음 **콩과 쌀과 잡곡을 키워 천하의 민족들을 이롭게** 했던 '**홍익(弘益)의 땅**', 그래서 **당당함과 풍요로움** 속에서 **신명과 신바람**으로 가장 역동적인 인류의 첫 축제를 **시작했던 사람들**이었지요. 이들이 모여 살아있음에 감사의 **제를 올리며 하늘과 태양의 후예**임을 다짐했던 땅…,

신바람이란 **인간이 신**(우주자연)**의 기운을 받았다는 것**입니다.

가장 역동적인 곳, 바다 출처: 짐심무, '한국인의 신바람을 온 몸으로 연기하는 배우 유준상, 천손이 지나간 길, 티베트의 오색줄 출처: 경향신문, 신의 모자, 갓 모양의 서초동 예술의 전당 출처: 가교

신명으로 神이 된 사람들

이렇게 **인류의 첫 문명·문화을 시작**했던 이 땅의 사람들은 **뛰어난 문**

명과 신바람(굿)문화를 갖고 미개했던 서쪽의 중원땅과 서역으로 퍼져 나가 세상을 밝히며 성인(聖人, saint)이라 불리고 신(神)이라 불립니다.

〈인류학자들〉이 흔히 말하는 '세계에서 가장 오래 된 인종으로서 **편두직모**(偏頭直毛: 평평한 뒷머리 곧은 머리털)**를 한 사람들**'이란 바로 **단 정히 상투를 틀고 갓을 쓰고 사람의 도리를 깨우쳐 하늘과 땅과 사람 의 조화로운 꿈을 그렸던 이**(夷)들이었지요. 그래서 *후한서 동이열전 에서도 '이(夷)는 동방사람이며 뿌리'(root 인류의 시원민족)라고 했던 것 입니다.

그때 **세운 뿌리머리, 북두칠성을 향한 하늘머리**를 수메르어는 'SANG DU'(상두 saĝ-du; saĝdu)라고 했고 **상두(투)에 관**(冠)**을 얹은 우 두머리 왕**을 'SANG-GA MAH'(상감마-마: 마고나라에서 온 제일 높은 신) 라 했다고 합니다. 이들에게도 상투는 **높은 지배계급**이나 **어른, 무 사**(뛰어난 무기로 훈련한 사람)**의 상징**으로 인정되어 훗날 영어의 **세인트** (saint: 성스러운)나 독일어의 **장크트**(Sankt), 라틴어계의 **산타**(Santa)의 **어원**이 되었다고 하지요.

이렇게 상투 위에 갓(관)을 쓴 사람들이 퍼져나가 열악한 환경의 사 람들에게 **수퍼맨**으로 보이며 '서양의 God[갇 신]이 되고 이 땅의 굿 [굳]축제는 good[굳- 좋다]이라는 **최상의 단어로 유래**되었다고 강상 원 박사와 임재해, 최양현 등 많은 학자들은 말합니다.

"어제와 똑같이 살면서 다른 미래를 기대하는 것은 정신병 초기증세이다."
-아인슈타인(노벨 물리학상1921)

국립민속박물관 광화문 앞에 모인 군중들(1894.9.1) 출처: L'Illustration Journal, 상투가 잘 어울리는 연기자 박보검 출처: 연합뉴스, 지배계급 신의 상징 '갓'출처: 한국4H 신문, 호조참판 최익현, 대마도 귀양당시 최익현 출처: 위키백과

지금 세계에 전해지는 황금왕관은 14개!

그 중 **10개가 우리나라**에 있습니다. 그것도 **신의 보석이라는 곡옥**까지 달린, 비교가 안 될 만큼 **화려한 금관들!** 무슨 뜻일까요?

신을 뜻하는 금(검)관. 그래요. 신들의 나라를 이었기 때문입니다. 그리고 옛날 **모자는 아무나 쓸 수 있는 것이 아니었다**고 하지요.

옛 우리나라는 '모자(갓)의 나라'였다고 합니다.

조선 말 이 땅을 찾은 서양인 시를르 비리(프)의 기행문(*뜨르 두 봉드 1892)에 **"조선은 모자의 왕국이다.** 세계 어디서도 이렇게 **다양한 모자를 지니고 있는 나라**를 본 적이 없다." 라며 **모자의 천국**으로 소개했던 기록은 한국인에게 모자(갓)와 상투가 어떤 의미였는지와 함께 요즘 해외에서 불고 있는 '갓 열풍'의 근거를 알게 합니다.

그래서 혹 전장에 나가 시신을 찾지 못했을 때, 그의 옷과 함께 **꼭 검은 갓을 넣어 무덤**을 썼다는 이야기는 "내 머리는 잘라도 머리카락은 사를 수 없다!"(吾頭可斷 此髮不可斷) 라며 구한말 단발령에 맞선 최익현(崔益鉉 1834~1906)과 전국에서 올린 상소가 쉽게 생각하듯이 '신체발부는 수지부모'라는 **효(孝)의 뜻만은 아님**을 알게 합니다.

60년대 서울 청계천 주변 출처: Heejung Park♡나라사랑, 서울의 야경(한강의 기적)
출처: KBS뉴스, 교토 기온 마츠리(축제) 출처: 물고기파이시스

먼 옛날 서쪽으로 가 **갓을 쓰고 서양문명을 태동시킨 수메르**를 그래서 '검은 머리의 사람들'이라고 합니다. **이 땅의 갓을 쓰고 나간 사람(神)들은** 마치 산타클로스처럼 벼와 콩, 귀리 같은 생명의 종자들을 갖고 메소포타미어(원뜻: 두 강 사이)지방에 나타나 **우르**(URU 우리 땅)라고 부르며 **편두풍습**을 지키고 **상투**를 얹고 **지금도 우리만이 하는 샅바씨름**하고 살면서 **수메르문명**을 일으켰다는 말씀이지요.

잘 아시다시피 **수메르문명**으로(→) 지중해문명(이집트, 그리스·로마)이 탄생되고 **지중해문명**(→)이 **서양문화**에 자양분을 공급했다면, 결국 井동이의 문명이 세계문명의 '**탯줄**'이었고 결국 세계문명의 '**종자**'였던 것이었지요. 인류의 문명을 결코 **파란 눈의 사람들**이 주도한 것이 아니었습니다.

우리가 **20C 최고의 경제기적**이라는 '한강의 기적'을 이룩할 수 있었던 것도 다 신명, 신바람의 유전자가 있었기 때문이었지요.

그래서 '**한국사람은 신명이 나면, 못할 것이 없다**'는 말이 있는 것입니다. **미치다**에는 '매혹되다, 홀리다, 몰두하다, 열광하다, 날뛰다, 실성하다…'란 뜻이 내포되어 있는 것으로 보아, 어쩌면, 어쩌면…

신바람이야말로 **흩어진 마음들을** 치유하고 **행복한 우리 사회를** 만드는 열쇠가 되는 단어일지 모릅니다.

지금 우리는 재팬이 신에게 제사를 지내는 신사의 축제(祭)를 왜 **마츠리**(まつり)라 하는지, 그리고 한국인의 귀에 왜 '(신을) **맞으리!**'로 들리는지를 깨쳐야 하며 그래서 '잃어버린 우리의 문화정체성'을 찾아 **우리를** 신명나게 하는 지도자와 스승**이 필요할 때**입니다. 얼마 전, 투자왕 짐 로저스의 "**한국인 특유의** 역동성이 **사라졌다**"는 충고를 아프게 생각해야 할 때입니다.

조상과의 소통의 역사, 족보

'**족보**'(族譜)는 한 집안의 뿌리(조상)와 소통하는 역사책이었고 그래서 **글과 종이라는 문화가 함께 했던 것입니다. 천손의 뿌리를 잊지 않겠다**고 하늘겨레답게 **세로쓰기**(위에서 아래로 쓰기)와 **문명을 일으킨 동쪽의 조상에 감사하며 기재**(왼쪽 쓰기, 서←동)하여 후손에게 전한 것이 족보였지요. 거의 모든 나라에 〈족보제도〉가 있으나 **체계화된 족보는 '우리나라'**뿐이라고 하지요.

안타깝게도 큰 역사를 잊은 천손은 소통의 역사의 시작인 첫 시조 마고 어머니(모계사회)를 잊으면서 **소통의 정신마저 잊게 됩니다!** 따라서 훗날, **남성중심**(부계)**의 호적**으로 변질되어 **딸**(출가자)**의 이름을 올리지 않는 우**를 범하게 되면서 지금은 없애야(?) 할 대표적인 전근대적 봉건유물로 지탄을 받게 된 것이지요. …벌레 잡겠다고 초가삼간 태우는 격이지요. '**족보**'는 천손의 명품문화입니다!

한국의 친족사회와 족보를 30여 년 연구하고 있는 시마 무스히코(嶋陸奧彦 東北大 문화인류학) 교수는 '조선이 부계중심사회로 전환되는 17C 말까지만 해도 **제사를 모시거나 재산을 상속하는 데 있어서 남녀의 차별이 없었다. 딸이 제사를** 지냈을 뿐 아니라 **외손도 친손과 함께 족보**에 나란히 올랐다. 장자상속 전통도 18C 중반 이후에야 생긴 것이다.'

다시 말하면, 조선의 오랜(?) 전통이라고 생각하는 가부장제가 일반화된 시기는 만 년이 넘는 **긴 역사에서 겨우 300년 정도밖에 안 된다**'고 하여 우리가 몰랐던 우리 겨레의 성정체성을 일깨웁니다. 그래요. 우리야말로 **성평등 사상**으로 남녀의 소통이 **가장 잘 이루어졌던 나라**였습니다.

*발칙한 한국학의 저자인 J. 스콧 버거슨은 묻습니다. '한국인들은 자신들의 전통을 왜, 스스로 폄하하는가'

"**자존감**(自尊感, self-esteem: 자아존중감)!
스스로 존재해야할 이유가 있고 사랑 받을만한 가치가 있다고 믿는 마음이다.
자존감이 있는 민족이나 사람은 자부심(自負心) 또한 높아
다른 민족의 존경을 받는다.
그런데, 자존감은 제 조상의 역사(歷史)와 문화(文化)에서 나온다.
우리 한국인에게 역사는 있는가?" - 역사의병 다물

8부
천손이 잊은
도(道)와
탯줄 솟대

8부: 천손이 잇은 도(道)와 댓줄 솟대

먼 옛날, 해님의 땅에는 **'솟대'**를 세워 세상을 울리려는 '큰마음'이 있었다. 박은식은 **혼(魂)**, 정인보는 **얼**, 최남선은 **조선정신**, 신채호는 **낭가사상(郎家思想: 개인의 수양과 더불어 만인이 함께 잘 사는 세상을 이상으로 삼는 주의)**이라 하고 육당 최남선은 **'밝은 뉘**(누리)의 음이 변한 것이 **부루**(풍류)였다'고 하고 단재 신채호 역시 '한겨레의 수두제(소도, 솟대) 신앙이었다'고 하여 우리 고유의 태곳적 광명정신을 일깨우고 있다.

다행스럽게도, 천재석학 최치원(신라 857~?)은 〈난랑비서문〉에 기록으로 남겨 **우리가 정신문화의 선진국**이었음을 알게 했다.

"우리나라에 현묘(지극히 신묘)한 도가 있으니 말하기를 '풍~류'(風流)라 한다. -중략- 이는 실로 유·불·선(도교) **삼교를 포함**한 것으로, 많은 사람들을 교화시키고 있다."(國有 玄妙之道 日風流 -중략- 實乃 包含 三敎 接化群生-*삼국사(기) 진흥왕조)

본디 풍~류(風流)란 술 마시고 소리나 하는 다분히 현실도피적이거나 퇴폐적인 것이 아닌 **'바람의 흐름'**처럼, 너와 나를 따지지 않고, **혼연일체**(우리)가 되어 정을 나누는 마음(떨림), 바로 종교를 잉태하기 전의 도(道)였고 조상의 영적인 지혜였다.

어느 학자는 **바람(風)은 하늘에서 부는 것**이니, 거칠 것 없이 자유로웠던 천손의 문화에서 유래된 것이라 한다. 그래서 **강한 신을 불러내 자신의 이익을 위해 세상의 조화를 깨뜨리는 것이 아닌, 자연은 물론, 인간관계에 있어서도 **운치와 멋스러움을 갖춘 자유로운 영혼들의 높은 정신적 향유**를 의미하는 것이었다.

그래서 유교의 도덕적 굴레와 불교의 현실도피적인 고행 그리고 도교의 방만함에서 벗어난, 해처럼 **밝고** 물처럼 **자연스럽고** 바람의 흐름 같이 **자유로운 신명의 마음!** 조선 선조 때 문신 정철이 그의 가사 〈상춘곡〉에서 종교 저 너머를 보며 소원했던 '**풍월주인**'(風月主人: 자연과 조화를 이루는 참사람)**의 세상**이었다. 맞다. 저 유명한 칼바이트(독 H. Kalweit)가 "유교, 불교, 선교, 도교, 이슬람교, 기독교는 모두 샤머니즘에 연원을 두고 각 지역과 문명에 따라 **갈래가 나누어졌다.**" 라고 했던 실체가 바로 도道였고 풍류였던 것이다.

한국인이 잃어버린 풍류(도)

이렇게 개인의 수양으로 우주에너지를 얻어 만인과 더불어 잘 사는 **홍익세상**(弘益世上)**을 이상으로** 삼았던 '**풍류도**'는 1만2천 년도 더 오랜 한국인의 시조이며 인류의 어머니(마고)의 나라 마(남쪽)땅에서 해처럼 끊임없이 생명이 솟는(蘇소) 터(途도), 소도를 정하고 우주와 통하는 생명안테나, 신이 내려오는 장대인 **솟대**를 세우고 샤머니즘과 함께 전해오면서 **환인·환웅시대의 수련**으로 이어지고 세상으로 퍼져나가 **엄청난 영적 능력으로 세상을 울리게** 했던 인류의 소중한 정신문화였고 우리의 정신문화의 핵(核)이었습니다.

배달나라를 개척한 '**제세핵랑**'과 삼신상제를 수호하는 관직(출처: * 태백일사)인 '**삼랑**'으로 이어지고 13세 흘달단군에 이르러는 단군께서 고조선 전역에 소도를 많이 설치하면서 '**국자랑**' 혹은 '**천지**(天指: 무궁화)**화랑**'으로, 여자낭도는 '**원화**'(源花)로 이어지고 북부여에서는 '**천왕랑**', 고구리의 **선인도랑**, **조의선인**, 백제의 **무절**, 신라의 **화랑**, 고리의 **재가화상**(출처: *고려도경)을 거치며 '낭가사상'으로 겨레를 지켜오면서 **풍류도**(신교)를 잊지 않고 전해왔던 것이지요.

그래요. 종교의 분화 이전의 실제(道)가 우리 땅에 있었고 그것은 **도**(道)**로서 풍류의 성격**이었다는 말이지요! 그래서 세상은 **신선의 도가 있는 땅**이라 하고 학자들은 '우리의 **풍류도**는 인간의 영역(종교)을 뛰어넘었기에 **신도**(神道), **선도**(仙道)라 했으며 환웅임금 또한 **신웅**(神雄)이라 했고(*삼국유사) 단군왕검 또한 **선인**(仙人)**왕검**이라 하며(*삼국사기) **신**(神)·**선**(仙)으로 표현했던 것'이라고 합니다.

이렇게 동방 한겨레의 깊은 '**신교**(신도, 풍류도)**의 역사**'는 인류의 **시원문화의 혼**을 담고 **우주사상의 원형**을 담아 인류문화의 뿌리와 줄기로서 이어져 온 천손의 문화였으니, 실로 '**우리 천손의 역사는 만 년이 넘는 낭가, 풍류에서 시작되었다**'고 해도 과언이 아닙니다.

평생을 우리의 참역사 찾기에 헌신하셨던 **고 박성수 교수님**은 "이 풍류도가 바로 **한국인의 대표적인 정서였던 풍월도**이고 우리가 스스로 **변질시킨 신교**였고 한국인이 잃어버린 정신이다. 우리의 신교는 단순한 기복형(복을 비는)의 신앙이 아니고 **자연과의 합일을 통한 자연친화적 흥**(興)**의 풍류 속에서 수도를 전제로 한 구도형**(求道: 깨달음을 추구)**의, 종교를 넘어선 신앙**이었다." 라고 밝히시며 '한국인이 빨리 **이**

아름다운 믿음을 다시 찾아야 할 것'이라는 말씀은 알게 합니다.

'왜, 한국인에게 유별난 문화 DNA가 전해왔는가?'

〈상고사학회〉의 율곤(고 이중재) 회장님 또한 우리의 풍류도는 종교 이전의 도였다고 합니다. "갓(冖)을 쓰고 세상을 보는(示) 모습이 종(宗)이듯이 **종교(宗敎)란 하늘을 보지 못하고** 인간의 이기적인 마음으로 **인간이 만들어 놓은 것이다.** 반면 '도'(道)는 목숨(首)이 다하는 순간까지 진리(辶)를 깨우치는 겸허한 모습으로 이미 인간이 태어나기도 전에 **대자연에 조화롭게 있었던 것이다.** 그래서 우리의 **신교 즉 풍류도는 종교가 아니고 도(道)인 것이었다.**"

홍산문명지에서 출토된 여신(마고)수행상 출처: 코리안루트를 찾아서, 태양의 잉태.
우주의 기운 출처: pxhere, 차크라 출처: OSHO

그러나 풍류도의 수련법조차 맥이 끊긴 지 오래 되어 모든 것이 미신으로 생각되는 이즈음, 올 여름 풍류도를 수련할 수 있었던 것은 행운이었습니다.

〈콩밭수련원〉! 근처엔 콩밭 하나 없는 곳! 그렇지만, 인류태초의 곡식이라는 '콩'(太)은 옛날 엄마 뱃속에서 **탯줄을 통해 생명에너지를 공급받았던 배꼽**이었으며 '콩밭(太田)'이란, **엄마**(우주)의 소리(음파)를 듣고 안정과 평화를 얻었던 곳 소위 단전(丹田)을 말함이었지요.

옛날 **엄마**(우주)**와 연결되어 있던 배꼽부근**에는 산스크리트어로 챠크라(chakra: 바퀴, 원) 즉 해처럼 생긴 '해신경총'이 연결되어 있어 제2의 뇌라는 장의 소화를 돕고 순환을 원활히 하며 **몸의 70~80%의 면역력을 키우는 등 생명을 유지하는 주요한 기능**이 있었습니다. 그래서 예부터 **신궐**(神闕: 신이 드나들며 거주하는 곳)이라 했지요.

콩밭을 일구어 오신 변형석 원장님은 말합니다.
"**풍류도**는 엄마와의 탯줄을 끊으며 잊었던 배꼽주위의 기능을 **엄마**(우주)**의 소리**(음파)를 듣게 함으로써 인체파동원리를 기억시키고 **생명에너지를 회전시켜** 원래의 우주적 기능을 되찾는 가장 원초적이고 본능적인 수련법이었을 것입니다. 그래서 개인의 수양으로 안정과 평화를 얻어 **마음의 주인이 되고 몸의 주인이 되어 겨레의 혼을 되살리고** 나아가 만인이 함께 잘 사는 '**홍익세상'을 이루는**, 그것도 현실의 삶 속에서 행하는 수련법이었지요."

저로서는 왜, 많은 고전에 천손인 '이'(夷)들이 **엄청난 영적능력이** 있다'고 했는지, 이 땅의 시작이 **왜, 풍류도였는지**를 알게 했고 "배꼽에 힘주라! 배꼽 놓치지 마라!" 라고 하신 선조의 진정한 뜻이 무엇이었는지를 느끼는 기간이었습니다. 그래서 "나도 풍류를 배우는 학생이래~요." 라는 원장님의 한없이 낮은 어투에서, '너와 나를 가르지 않고 많고 적음과 높고 낮음을 나누지 않는 **바람 같이 자유로운 영혼과 해**(차크라)**와 어미**(마고)**처럼 품는 진정한 풍류의 마음**을 이심전심으로 느낄 수 있었기에 참-으로 감사했던 수련생들이었지요.

그래서 한국인의 **엄마**(마고)**의 누각**에서 기원된 우리의 '**마루**'는 한국인에게 **자연과 하나 되는 참사람, 참주인의 길**을 일깨웁니다. 그래요. **만물과 소통하며 사랑**으로 바라보셨던 '**엄마**(마고: 한국인의 시조모)**의 마음**'을 발함이지요. 이 마음이야말로 세상에서 가장 행복한 참주인의 마음이며 진정 세상의 꼭대기에 선 사람의 마음이기에 그래서 **마루**는 '정상. 꼭대기'란 뜻도 있습니다. **사방이 열린 공간의 루**(樓閣)**와 정자**(亭子)가 우리에게만 전해진 까닭이지요.

그런데 참으로 희한한 것은 제13차 APEC 정상회담(2005) 회의장이 하필 **바다**(풍류)**문명이 시작된 부산**(釜山) 앞바다의 '**누리마루**'(세상의 꼭대기)였을까…? 세상의 정상들에게 인류의 문명·문화가 꽃피던 참주인의 땅, 태곳적 많은 인종이 어울려 살면서 **종교 이전의** 참사람들의 현묘한 도(풍류도)가 있었던 '누리마루에 청사초롱' 다시 밝히며 모여 "큰 솥(釜부)에 들어가 **풍류와 같은 '큰 우리**'를 도출하라!" 라는 마음(마고의 생각의 씨)을 전하려 했음이 아니었을까?

고운 최치원 출처: zum, 영주 부석사 마루 있는 누각 출처: 장재영싸이홈, 마루 없는 난간에 기대어 두보가 눈물을 흘렸다는 악양루(지나의 3대누각) 출처: 耳谷齋, 솥모양의 '누리마루'출처: 陳陸鋒

풍류도의 시조 풍씨들

태호(太昊: 크게 밝다) 복희씨, 기록으로는 **우리의 배달나라 5대 태우**

의 환웅(3528~3413BCE)의 막내 아드님으로 '우사'(雨師: 농림수산·해양 장관)라는 관직을 맡으며 **낭가사상의 효시**(?)로 풍(風 바람)씨의 시조로 알려져 있고, 지금은 **태극·팔괘·음양·오행의 창시자**로, 지나의 **문화**(culture)**의 신**으로 왜곡되어 추앙받고 있지만, 실은 만 년 이전 이 땅의 **고래잡이** 바람의 후예였음을 알게 합니다.

우리에게 전해졌던 **풍백**(風伯)이며 **하백**(河伯)이며 **류**(柳유)**화** 등의 이름에 바람의 후예의 모습이 전하며 지나인의 자부심으로 한국을 비롯한 세계인의 사랑을 받고 있는 **제갈 공명**(CE181~234 臥龍선생) 또한 바람의 후예였습니다. 그는 **대대로 우리 땅이었던 산동성 낭야군** 양도현 출신이었고 **제갈**(諸葛) 성씨의 선조 또한 동이의 후손인 **갈천씨**(葛天氏)였다고 하지요. 갈천씨는 풍씨 가문의 일족이었기에 그 족장들이 하늘에 음악으로 제사를 지낼 때, 늘 '부채'(風)를 들었다고 전합니다. 또한 '갈'(葛)이란 칡으로서 굵고 오랜 뿌리문화로써 온통 세상을 덮었던 풍(동)이의 후예임을 자부했던 상징적 식물입니다.

그래서인지 **삼고초려**(三顧草廬: 마음을 얻기 위해 세 번 찾음)와 칠종칠금(七縱七擒: 마음의 복종을 얻음), **출사표**(出師表: 나라와 민족을 지키려 출병할 때 임금께 올리는 충정의 글) 등의 정서가 한국인을 감동시키나 봅니다.

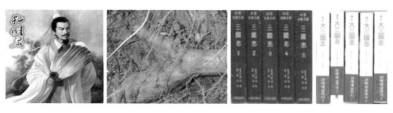

제갈공명과 부채 출처: CUZBAY, 칡 출처: 김형만 오마이뉴스, 한국인이
세 번 봐야 무시 안 당하는 책 '대심국지'

허구의 삼국지, 한국인의 블랙홀

우리나라에서 *바이블(?) 다음으로 많이 팔린 책이라는 *삼국지!
'적어도 세 번은 읽어야 **품격과 교양**을 갖춘 사람'이라며 **대학시험**은
물론 **입사면접**과 **일상대화**에서 사건과 일화를 마치 우리의 역사인 양
인용하곤 하지요.

            그런데 '**우리가 알고 있는 삼국지의 역사**'란

진수(陳壽 CE233~297)가 지은 정사 *삼국지(三國志)가 아닌, 명(明) 초
기, 극도의 중화주의자 나관중에 의해 **한국인**(동이)**에게 눌려 있던 지
나**(한)**족의 기개를 고양시키고자**(동이에 대한 문화적 열등감의 굴레를 벗어나
고자) **중화주의**(漢) 입장에서 **허구와 과장으로 정략적으로 기술된 창작
대중소설**이었던 *삼국지연의'(*三國志演義. 연의: 재미있게 꾸민 책이나 창극)
이거나 청(淸) 초기, 모종강이 *삼국지연의에 또다시 창작을 한 *삼국
지통속연의(三國志通俗演義)였다고 합니다. 우스운 것은 이 *삼국지연의
가 한국교수(405명)에게 다시 읽고 싶은 책, 2위로 선정(교수신문 2018)되
었다는 것이지요. 이것이 '우리나라'가 변하지 못하는 이유입니다.

  〈상고사학회〉의 고 이중재 회장님은 정사 *삼국지마저도 인구
1000만 명에 불과한 지역토호들의 자잘한 싸움이었을 뿐, **바람**(風)**처
럼 호쾌한 중국**(中國: 문화와 힘의 중심국가)**의 역사란 애초에 없었다**고
합니다. 〈고구려역사저널〉의 성헌식 칼럼니스트 또한 **고대지나**(중국)
의 영역은 생각보다 작아 지금의 중공내륙을 서울시에 비유한다면,
고대지나는 가장 작은 **중구 일대** 정도였고 그 나머지는 우리(동이) 겨
레가 활동하던 무대였다고 말하지요.

그래요. **고구리**에게 여러 차례 패하며 영토를 잠식당했던 후한(後漢)이 망하고 생긴 **위**(220~265 조조), **촉**(221~263 유비), **오**(222~280 손권) 삼국을, 왜곡된 기록 속에 기껏 60년도 견디지 못했던 소설 속의 어설픈 삼국을 강대국(?)이었다고 여기고 **정작 705년**(혹은 900년)을 **장엄하게 이어온 천제국 고구리는 보잘 것 없다**면서 스스로를 축소하는 마수에 빠지게 되면서 모든 것이 '중국문화'가 되었기 때문이지요.

그래서 이을형 박사님(스카이 데일리)과 성헌식 칼럼니스트(고구리역사저널)는 안타까워합니다. *삼국지의 백미라는 **'적벽대전'**(제갈량이 동남풍?을 이용하여 화공?으로 조조의 백만? 대군을 물리쳤다는 전투)마저 정사에도 없는 허구였고 유비와 관우, 장비의 **'도원결의**(桃園結義) **의형제'** 사건마저도 허구이며 관우는 출신지(산서성 남부 운성)와 망명지(涿郡〉范陽郡)로 볼 때 분명 **고구리 사람일 수밖에 없다**는 것이지요.

여기에 **무조건적 충성의 캐릭터**였던 관우는 (정통성을 위협받던 明王주문장에 의해 정치적으로 이용되면서) 뜬금없이 **지나의 무신**(武神)으로 둔갑된 인물입니다. 조조에게 **패해 사로잡힌 적도 있고, 여몽에게 사로잡혀 아들과 함께 목이 잘린**, 그래서 관우의 묘(廟사당)에 여(呂)씨 성의 사람은 못 들어간다는 **저주를 남긴 패장**임에도 '주머니 속 구슬 꺼내듯 적장의 목을 베어 가져왔다'는 등 허구의 언어수식과 49kg(82근)의 '청룡언월도'(수백 년 후 당, 송 때 만들어진 검)라는 **허황된 상징물**에 **비현실적인 적토마**까지 조합하여 조작한 허구의 무신이었을 뿐이라고 하구요. 당시 (청룡)언월도란 무기 자체도 없었으며 게다가 90kg이 넘었을 거구(2m 이상)에, 최소 20kg가 넘는 갑옷무장에, 49kg의 검… !

이 무게를 견딜 말은 이 세상에도, 저 세상에도 없다고 합니다.

장강 바위 적벽 출처: 위키백과, 허구였던 관우의 청룡언월도 출처: 나무위키,
후베이성 징저우시의 관우 동상 출처: 후베이성

"뭐 **재미만** 있고 **교훈을 배우면 그만** 아니냐구요?"
여보세요-들-! 그 재미와 지나의 입장으로 만들어진 술수와 과장
속에서 한국의 역사와 정신이 질식되어가고 그래서 **우리 사회가 열
등감에 젖어 사회통합에 저해**가 되고 **밖으로** 정치와 외교, 경제와 군
사적인 면에서 **불이익을 당한다면**, 어떻게 해야 하나요? 먹고만 사는
입은 함부로 놀려선 안 되는 법-!

지금 나관중의 대중통속소설 *삼국지(통속)연의는 **정사**(진수의 *三
國志)**로 둔갑**하여 시원문명을 열어 세상을 이끌었던 동이(東夷)를 마치
장기판의 **졸**(卒: 하인)**처럼 마음대로 주물렀다**는 식의 주객이 완전 전
도된 허황된 인식으로 고착시켜, **동이의 존재**를 지우고 동이의 영웅
이며 진정한 동양의 **군신**(軍神)이고 **무신**(武神)이었던 배달나라 14대
치우천왕을 사라지게 함으로써 '지나를 거대한 中國(? 전하의 중심)으로,
마치 오랑캐로 둘러싸인 **화려한 문화굴기의 대국**으로, **세상의 주인
으로** 탈바꿈시키면서 **대인·군자의 나라**'로 알게 합니다.

그래서, 우리는 '삼국지(통속연의)'를 마치 성서처럼 **금과옥조**로, **한 겨레의 경전**으로 떠받들어 **한국인의 필독서**로 강요하고 굳이 시험에 내며 우리 사회를 **거대한 집단최면** 속에서 얼간이 좀비를 재생산하면 서, **한국의 장쾌한 역사**는 물론 **심오한 문화와 영웅들**을 모두 지나의 역사로 빨려들게 하는 한국인의 블랙홀이 되고 만 것이지요.

동묘개원식(1976)을 자랑스러워하는 우리 관리들 출처: 서울사진아카이브, 동대문구 동묘 무신 관우 출처: 유장근 명예교수(경남대 역사학), 붉은 도깨비의 기원 출처: 블로그 겨레하

서울의 1번지 종로구 숭인동에는, 일제조차, 한국인의 웅혼했던 혼이 중화사상 속에 묻혀 살아나지 못하게, 헐지 않았다는 **지나식 사당 '동묘'**(東廟)가 있습니다. 대한민국 보물(?) 제142호 안에는 뜬금없 이 지나의 후한 말 오(吳)의 태조 손권(182~252) 휘하의 장군인 **여몽에 게 사로잡혀 목이 잘린, 촉한**(蜀漢: 유비의 국가)**의 패장 관우가 동양의 무신**(武神)으로 모셔져 있고 〈문화재청〉은 10억의 대한민국 혈세를 매년 붓고 있으니… 차라리 지금 동묘가 **도깨비시장의 화장실**로만 생 각하는 이가 많은 것은 차라리 다행은 아닐지…?

지금 이 시간에도 한국인의 혼(魂)을 좀먹고 있는 삼국지-!

"아아, 우리 겨레여! 마치 자루 속에 갇힌 것 같구나~
누가 능히 이 어둠을 열어주나?" -정약용 *述志

도(道)의 분화, 종교

그러나 우리 땅을 벗어나면서, '우리'(전체의 관계와 조화)는 사라져버리고 온통 '나'(이기주의, 불통)를 앞세우게 된 것이지요. 점차 **관계가 끊어지고 소통이 되질 않았습니다.** 왜냐하면, 뭐니뭐니해도 **인간에게 가장 중요한 것은 기후**이고 이에 따른 환경에서 오는 삶인데, **모든 것들이 풍족했고 사회시스템이 갖추어져** 있던 우리 땅을 벗어나면서 삶의 모습이 녹녹치 않게 되었지요. 오직 제 먹거리를 위해 투쟁했어야 할 뿐, 이제 '우리나라'에서처럼 **군자의 풍류로만, 삶을 유지할 수 없었기** 때문입니다.

그러자 '우리'를 잊고 '조화'를 잊으면서 **부분을 강조하고, 자기의 상황 중심의 종교**가 나타나게 됩니다. 흔히 '이상적인(?) 종교'란 **누구에게나, 어린애. 어른, 믿거나 안 믿거나 다 좋아야 하는 것이어야 한**다고 생각하지만, 그렇게 되지 못한 이유가 여기에 있습니다.

그래서 인(仁)을 내세웠던 **공자**는 유교를, 자연의 순리(道)에 따르라던 **노자**는 도교로서, 자비(慈悲)를 말했던 **석가모니**는 불교로서 분화되었던 것이지요. 이렇게 조화롭던 이 땅의 道(풍류)는 장소와 시대와 상황에 따라, **본질을 벗어난 배타적인 모습**이 되어버린 것이지요. 그런데 이분들도 다 옛 한국인이었음을 우리는 모릅니다.

불교의 석가는 옛 한국인

〈상고사학회〉의 고 이중재 회장님께선 일찍이 '**석가**(624?~544BCE)**가 동이인**'이었음을 강조하셨지요. 또한 강상원 박사님과 안창범 명예교수(제주대)를 비롯하여 여러 학자는 '석가모니의 **씨족적 근원**이 인도 계통이 아니라 **繼承인 단군조선족**'이라 주장합니다.

샤카(Śākya)족인 석가의 족보 *석가씨보(釋迦氏譜)는 **석가의 성(姓)**을 '구담(瞿曇), 사이(舍夷), 감자(甘庶), 일종(태양 종족)'이라고 기록하고 더구나 *석가보는 구담은 일명 **사이**(舍夷=東夷), 사이는 **외국귀성지호**(外國貴姓之號)라 하여 토박이가 아닌 외국에서 들어 온 귀한 성이라 했으며, 감자는 **묘족**(苗族: 씨앗, 동이)**의 후예**라 하고, 석가는 **단종**(단군), **찰제리**(利帝利: *삼국유사에 신라계 왕)라고 상세히 밝히고 있기 때문이지요.

그래서 빈센트 스미스(英사학자 Vincent Smith)는 먼 옛날, 석가(샤카) 족과 고리족은 동쪽에서 이동했으며 몽골리안 중에서 **한겨레의 일파인 고리족이 네팔지역으로** 이동한 것으로 추정하면서 '석존몽골인설'을 주장합니다. 샤카족 또한 **단군조선의 일파로서 철문화**를 갖고 중앙아시아에서 **첫 유목기마족인 스키타이**가 되었던 옛 한국인들로서 **석가모니** 또한 **한국인 동이의 일파**였지요. 그래서 불교에 심취한 당의 헌종(憲宗)에게 한유(768~824 당 3대문장가)는 '무릇 **불(부처)은 본래 이적지인**'(夫佛 本 夷狄之人) 즉 夷狄 즉 북쪽 동이, 만주인이라고 아뢴 것입니다. 불(佛)에 **우리의 상징인 활**(弓)이 있는 이유이지요.

한글학자이며 사학자이신 강상원박사님은 *옥스퍼드**(Qxford)**사전**(p509)에서 '석가모니가 **단군의 자손**으로 기록되어 있음을 밝혀내고 〈상고사학회〉 고 이중재회장님은 *불교의 뿌리역사에서 '불교는 인도가 아닌 **天竺國(천축국)에서 발생했고 당시 동이의 강역이었다.**'고 하시며 **불교도 석가도** 조선(朝鮮)이라는 사실을 안 일제가 식민사관의 일환으로 천축국을 조선이 아닌 **인도로 조작했다**는 것을 밝힙니다.

　*아! 고구려의 저자 허성정님은 〈서토의 동북공정〉 강의에서 '**불교의 상징으로 알고 있던** 卍(가슴만)도 불교의 표식이 아니라~
원래 단군조선의 문장'(紋章 a crest)임을 주장합니다.

　'중원의 **중산왕**(하북성 중산)**의 무덤**에서 출토된 BCE10C경의 **도끼날에** 卍이 이미 나타나고 또한 '천자건방 중산후'(天子建邦 中山后)라 하여 (중산왕 스스로가) **천자**(단군)**가 세운 나라의 중산제후**로 표기하고 있는 기록 또 홍산문명(배달국시대 문명)의 근원지인 내몽고 **적봉시에서 출토된** BCE24C 도자기에서도 卍 표시가 **나타나는 점** 등을 들어 **불교**(BCE6C) 발생 이전에 **이미 고대조선에서 쓰인 문장**'임을 밝힙니다.

　여기에 〈불타의 32 대인상〉에서 '불타는 전신이 황금색'이라 한 것은 **석가가 흑인이나 인도인이 아닌 황인종**(the yellow race)이었기 때문이요, **두상**(頭上)에 **우리 겨레의 고대 풍속인 왕의 '상투'**가 있는 것 또한 황인종인 동이계통이었음을 말합니다.

　그래서인지 부처 가까이서 보필하며 수행하던 10대 제자들 중 설법을 뛰어나게 잘했다는 '**부루나**' 존자가 그린 41세 때의 석가모니의 **초상**은 우리가 우리를 얼마나 몰랐던가… 뒤돌아보게 합니다. 그 분은 곱슬머리의 검은 인도인이 아닌 완연한 **황인종의 동이인의 모습**이었습니다. 인도 통치시절, 영국에서 가져가 현재 〈대영 박물관〉이 소장하고 있지요.

하북성 중산국왕의 도끼, 내몽고 옹고트 석붕산 도자기의 卍 출처: *서토의 동북공정, 달성
비슬산 유가사 국사당 출처: 신기승의 伸天之路, 부루나가 그린 41세의 석가모니(돈황
출토) 소장: 대영박물관, 오룡거를 탄 해모수(해머슴)단군 출처: 김산호 화백님

송호수 교수 또한 그의 저서 *위대한 민족에서 "1956년 11월 네팔
의 카트만두에서 **세계공통 불탄일을 양력5월15일**로 확정했다. 그렇
다면 **4월 8일**이란 역사적으로 확실한 세계공통의 불탄일이 아니었
다." 라고 말합니다.

안창범 명예교수는 우리나라에서 지어져 인도로 전해진 *서응경
이란 경전에만 유달리 **석가탄신일이 음력 4월 8일**로 되어 있음을 밝
히면서, *한단고기와 *북부여기에 북부여(후고조선)의 마지막 **천제 해
모수**(단군)께서 57년 임술 4월 8일에 하늘에서 **강림**하신 것으로 기록
되어 있는 점과 *고려사(24대 원종12년 4월조)에 "4월 8일의 행사는 **본
래국속**으로 관장한다." 라는 기록 등을 들어 4월 8일이 본디 석가세
존의 탄신기념행사가 아니라 **겨레의 지도자인** 해모수단군의 탄생(강
림: 화백회의를 통한 추대)을 기리는 원래부터 내려오는 우리 겨레의 국
속이었으며 **대웅**(大雄) 또한 석가를 지칭하는 것이 아니라 겨레의 큰
어른이신 '한웅'을 나타내는 말이었음을 주장합니다. 빙고!

옆구리에서 태어나자마자, 일곱(7: 한겨레의 숫자) 발자국을 걷고 외쳤다는 '천상천하유아독존'(天上天下唯我獨尊)이라는 말씀을 두고 혹자는 '하늘과 땅 사이에 오직 나만이 존귀하다.'라고 해석하면서 너무 오만하다는 둥 비난하는데, 이는 석가모니(샤카무니)가 천손겨레의 후예로서의 당당하고 자유로운 마음을 읽지 못한 유치한 해석일 뿐이지요. 어찌 평범한 사람보다 못한 오만함을 말했겠습니까!

"내가 존귀할 수 있음은 내가 있는 곳이 세상의 중심(주인)이기 때문이며, 자신(주인으로서)의 실존을 깨닫는 것이 모든 깨달음의 시작이다." 라는 천손의 진리를 일깨우는 첫 말씀이었지요.

그래요. 열반 3개월 전 제자에게 남겼던 유명한 유훈과도 통하는 것입니다. '법등명 자등명'(法燈明 自燈明) 즉 "진리(法)를 등불 삼고 의지하며 자신(自)을 등불(燈) 삼고 자신에 의지하라." 이렇게 석가모니는 태어나고 죽는 순간까지 당당한 주인의 마음을 밝히라는 천손이었습니다.

놀—라운 것은 석가가 태어나기 훨씬 전, 〈한국인의 3대 고유경전〉의 하나인 *삼일신고 신훈(信訓)에 이미 똑같은 조상의 가르치심이 있었습니다. '강재이뇌'(降在爾腦), 즉 (네가 찾고자 하는 것은) 이미(爾) 너의 뇌 속에 내려와 있다! 그래요. '너의 뇌 속에는 세상의 주인으로서 살았던 선조의 생각과 경험이 이미 전해져 있으니, 근원적인 답을 너 자신을 주인으로 해서 스스로 찾으라'는 같은 말씀이었지요.

그래요. '천손'(하느님의 직계 자손)으로 태어나 세상의 주인(主人)이라는 자부심으로 살아가는 한국인으로부터 참선이 시작되었다는 말이니 누구의 종이나 노예로 살아가는 자들은 도저히 이해 못할 말입니다.

도교의 노자는 옛 한국인

도교의 시조로 '**도덕경**'(道德經)을 남겼다는 노자(老子 570?~479?BCE),
"도는 **함이 없지만**, 하지 않는 일이 없고 하늘은 **도를 본받으며** 도는
자연을 본받는다."(道常無爲 而無不爲 天法道 道法自然)

그래요. 그 유명한 '무위자연'(無爲自然)입니다.

낮잠을 자다 태양의 정기를 받아서 잉태하고 72(?)년 만에 옆구리에
서 **수염이 허연 할아버지**(老)로 **태어났다는 노자**를 사마천은 *사기에
서 초(楚)의 땅 고현 여향 곡인리 출신으로, **아버지는 한 씨 성의 동이
인**, '**한건**'(韓乾)이었다고 합니다. 훗날 노자 스스로도 **자신이 동이인임**
을 밝히기 위해 동방(木)의 아들(子) '**李**'**씨란 성**을 써 **이이**(李耳)로 바꾸
고 **이**(李)**씨 성**(姓)**의 시조**가 된 것이지요. 아버지가 태양(日)의 정기를
뜻하는 '**한**'(韓)**씨 성**이나, 동방의 아들을 뜻하는 '**이**'(李)**씨 성**이 모두
천손겨레를 상징하는 성씨였고 초 또한 동이인의 국가였다고 합니다.

그러하기에 초(楚)의 시인 **굴원**도 그의 불후의 명작 *초사에서
'**초와 자신이 동이인**인 전욱고양의 후예로 단군성조인 동황태일(東皇
太一: 동쪽에서 역사를 시작한 제일 높은 황제)**을 받들고 있음**'을 밝히면서
지나의 도교문화가 **우리의 고대문화에서 기원**하였음을 알게 했던 것
이지요. 그러나 태초에 수련을 통해 자기 실체를 깨닫는 우리의 선도
(풍류도)와는 달리, 지나의 선도는 오로지 **양생술**(養生術), **불로장생**을
추구하는 신선술로 변질되었으니 우리 천손의 생각을 어찌 이어 갈
수 있었겠습니까?

석굴암 석가모니 출처: 오마이뉴스, 노자 출처: 박병역 기자, 공자 출처: 中纪委网站,
성균관 공자 위패 "대성지성 문선왕" 출처: 경기인터넷뉴스 ⓒ한철수
기자, 마지막 광복군 김준엽 출처: 스브스뉴스

유교의 공자는 옛 한국인

공자(孔子 551~479BCE)는 흰옷 입고 백색을 숭상했던 **동이**(東夷)**의 마
을인 산동성 곡부에서 '은'**(동이의 나라)**의 망국민**인 공방숙의 손자인
숙량흘(魯의 하급무사)이 70살에 16세의 **무녀였던 안징재를 맞아 태어
났음**을 *사기(史記)의 〈공자세가〉는 전합니다. 재야사학자인 박문기
님도 저서 *맥이에서 공자의 조상과 세계 및 골상학적인 분석(편두)
등을 통하여 공자 역시 동이인이었다고 합니다.

"천하에 도(道)가 있다면, 내가 세상을 바꾸려 하지도 않았을 것이
다."라며 스스로 도(道)를 **통했다**(?)**고 자부**하고 지나의 혼란했던 춘
추전국시대의 질서를 **인**(仁)**과 덕**(德)**을 내세운 도덕정치**로서 세상을
바로 잡겠다고 철환천하(轍環天下) 했던 공구(丘, 공자의 애 때 이름)!

"역사를 빼앗으려는 자의 독설과 폭력보다 백 배 더 무서운 것은
제 역사에 대한 소름끼치는 침묵(沈黙)과 무관심과 무식이다."
-역사의병 다물

그래서 '덕불고 필유린'(德不孤 必有隣 *논어 '里仁篇') 덕은 외롭지 않으니, 반드시 이웃이 있게 마련이라고 했지만…, **덕이란** 시사에 따라, 장소에 따라, 지위에 따라 변하는 것을…, 변치 않는 도(천손의 참 뜻)를 설파했으면, 외롭고 허망하지는 않았을 텐데 말입니다.

이것이 '**큰 도**(천손의 도)**가 없어지니** 인의가 나타났'(大道廢 有仁義)라며 노자가 공구의 **인의사상을 비판**했던 이유이지요. 아마도 세상에 떠도는 말, "어찌 손바닥으로 **하늘을 가리려 하는가?**"라는 말은 **인류 문명을 시작**한 천손 동이의 높고도 깊으면서 넓은 사상을, 공자의 얕은 뜻으로 바꾸려 했던 어리석고 무모한 행위에, 노자가 하고 싶었던 말은 아니었을까?

무엇보다 **충**을 중시하고 **효**(孝)를 강조했던 공자였건만, **제 조상의 도**(道)**의 나라를 무시하고 변치 않는 도의 본질을 벗어났기에,** "**주**(周: 공자가 한족의 국가로 생각했던)**의 문화를 따르겠다.**" 하면서 **제 뿌리를 부정하고 조상을 바꾸고 정체성을 부인했던 것**이지요! 그래요. 제 애미 · 애비를 바꾼 자, '**환부역조**'(換父易祖)! 하늘이 무너져도, 절대 있을 수 없는 일을 해낸 자입니다.

심지어 조상의 역사마저 개골창에 던져버리지요! 그가 지었다는 역사서 *춘추(春秋)는 '제 조상인 이(夷: 천손 동이)를 융(戎: 서쪽 사람, 염소), 적(狄: 북쪽 사람, 이리)과 함께 써서 상스럽고 더럽다'라고 기록하여 아비의 조상을 야만인이라 욕보이고 '**존화양이**'(尊華攘夷: 한漢족을 받들고 동쪽의 이夷를 물리치고 제거하라)라는 **사관**(史觀: 역사서를 쓰는 관점)**의 기본원칙**을 세워 훗날 **역사 왜곡의 빌미를 제공**해 놓고 맙니다.

그래요. *상서(尙書) 요전(堯典)에는 공구(孔丘: 공자의 애 적 이름)가 우리에게 내뱉은 가장 치욕스런 말이 있습니다. **'만이활하'**(蠻夷猾夏), 미개한 夷가 한족의 夏하를 괴롭힌다! 훗날, 가증스럽고 뻔뻔했던 공구를 청(淸)말의 사상가이자 역사학자인 양계초(梁啓超)는 **정치적 목적을 위해서 역사마저도 거리낌 없이 조작했다**며 이렇게 비판했지요.

"**이(夷)를 야만족으로 만들고** 이 말조차 자신이 아닌 순(舜)왕이 말한 것처럼 꾸몄던, **가증스러웠던 공구!** 이 같은 왜곡의 시도가 **과거 2천 년간** (지나와 왜와 한국 사학계에서) **자행되어 오면서 그 독소가 미치지 않은 곳이 없다!**" 라며 공자를 비판했던 것이지요.

이렇게 지나를 높이고 근본인 동이를 멀리 했던 **공자로 인해** 지나 주위(조선의 후예)는 온통 야만인이 되어버리고 '중원(華) 중심주의'가 제창되면서 **역사의 중심(中心)이 고대조선에서 지나의 중원으로 인식**되게 했던 것입니다. 공자가 우리 역사왜곡의 원조였던 것이지요. '**공자의 폐해는 말로 다할 수 없다**'고 말들을 합니다. 그래서 같은 동이인인 공자로 인해 **위대한 천손동이의 역사와 조상이 더럽혀졌음**을 애달파 하면서 그가 진정 우리의 피(한국인)가 아니었으면 합니다.

그러나 공자는 **술이부작 신이호고**(述而不作 信而好古), '**나는 옛**(천제국 한국) 성인이나 현인의 가르침을 전술했을 뿐, **창작하지 않았다.** 옛(천제국 한국) 도를 믿고 좋아했을 뿐'이라고 하여 옛 조상의 흔적을 애써 남기고 있습니다.

> "**우리가 잘못된 우리의 역사(歷史)를 바꾸자는데,**
> **무엇을 두려워하는가?**" -역사의병 다물

또한 *예기(禮記)에는 죽기 7일 전 꿈을 깨어 "나 구(孔丘)는 은(배달국에서 가지를 친 동이)국사람이다!"(而丘也殷人也) 라고 근본을 고백하면서 꿈에 자신이 죽어 은(동이)의 유습대로 두 기둥 좌우(당간) 사이에 앉아 제사를 받았다고 하며 뒤늦은 후회를 보이지요. 조상이 두려웠던 것일까? 마지막 광복군으로 남아 **영원한 스승**으로 떠나신 김준엽 총장님의 말씀을 들려주고 싶네요. "현실에 살지 말고 **역사에 살아라!**"

하지만 스스로 받든 지나에서는 버림받아 자신(공자)의 위패마저 **모조리 없어진** 바람에 그나마 자신의 위패가 있고 향교를 운영하고 있는 **한국**(성균관)**에 와서 다시 찾아갔다고** 하니, 그의 신세도 참 딱합니다. 공구가 말했던 (도가 없는) 덕의 모습이 자신의 실체였던 것이었지요! 그래서 지금이라도 이 가련한 공구에게, **덕을 위해선 그 전제가 도**(道)**가 있어야** 함을, 왜, 우리가 덕(德)이 아닌 '**도덕**'(道德)이라 말하는가를 일깨우고 싶습니다.

조상과 조상의 역사에 대해 패륜을 한 자! 그럼에도 우린 지금, **사대모화**(큰 중국을 사모하는 좀비의 마음)에 길들여져 **공자사당을 찾아 '꽁쯔'**(공자)를 연발하며 **예**(禮)**와 덕**(德)**이 다 지나의 사상과 철학**인 양, 머릴 깊이 조아리고 허리를 굽히면서 돌아들 오네요!

이러한데 우리(사회)가 같은 동포로 살 수 있겠습니까?

"혼 없는 지도자는 지껄인다. 보통 지도자는 명령한다.
훌륭한 지도자는 보여준다. 위대한 지도자는 가슴에 불을 지른다.
그 불은 문화(文化)에서 나온다!" –우리 천손에게 다물 하비가

지나의 제왕과 사상가들, 동이

뿐만 아니라, 지나의 '문화(文化)의 신'으로, 전설적인 왕으로 억지로 모셔져 있는 5,500년 이전 **복희씨와 신농씨**며, '지나의 시조'라는 4,500년 전 **헌원씨** 그리고 **순왕**(舜王-출처: 맹자)을 비롯한 뭇 제왕들이 모두 옛 한국인(동이인)이었음을 학자들은 다- 밝혀냅니다.

동쪽 바닷가 동해사람으로 제(齊)의 왕이 된 후, **배달국의 신교 문화와 삼신관**을 한(지나)족에게 전수했던 **강태공**(太公望 姜尙: 呂尙 1211~1072BCE) **또한 동이인**(東夷之士)이었음을 *통감지리통역 외에도 *사고전서와 *여씨춘추에서도 알 수가 있으며 강태공의 변으로 죽임을 피하여 고사리를 캐고 살았던 충신의 대명사, **백이와 숙제 또한** 은(殷) 말기(BCE1100년 경)의 동이인으로, 천제국 고대조선의 제후국인 은(商), 그 은의 제후국이었던 고죽국(孤竹國)의 왕자였지요.

여기에 노자처럼 공자와 반대노선을 취하며 '**겸상애 교상리**'(兼(↔ 別)相愛 交相利: 서로를 구별하지 말고 아울러 사랑하고 서로 이롭게 해 나가자)를 주창했던 사상가 **묵자**(墨子 480?~390?BCE, 본명: 墨翟적) 또한 고죽국의 후예(출처: *四庫全書)였으니 그러하기에 '세상의 모든 백성은 하늘의 백성'이라는 천손사상을 설파할 수 있었던 것입니다.

강태공 출처: 제주관광공사, 백이와 숙제 출처: 사기열전, 묵자 출처: 더굿북,
아성 맹자 출처: 티스토리

또한 어머니의 '맹모삼천'(孟母三遷)으로 알려져 있고 '성선설'을 주장하며 "인(仁)은 **사람의 마음**이요, 의(義)는 **사람의 길**이다." 라고 하고 '왕의 권력은 **백성들이 부여하는 것**'이라고 말했던 진보적 사상가로, 공자(至聖)에 짝하는 **아성(亞聖)이라는 존호를 받고 있는 맹자**(372?~289?BCE) 역시 한국인일 수밖에 없는 마음을 드러냈던 분명 한국인이었구요. 지나사료 연구에 조예가 깊은 〈민족문화연구원〉 심백강 원장은 "맹자는 춘추시대 동이국가의 하나였던 주(周)의 후예라는 사실이 *통감지리통역(通鑑地理通譯)에 나옵니다. 주가 바로 동이족이었다는 기록이지요." 라며 공자와 맹자, 백이와 숙제, 강태공, 제갈공명 등이 우리가 잊은 조상(東夷)이었음을 일깨웁니다.

이거 뭐죠? **지나가 자랑하는 대표적 사상가들마저 모-두** 정작 지나족(옛 한족)이 아니었어요! 그래요. 사상의 핵심(核 core 중심)과 문화의 핵(core)이 중화(지나)가 아닌, **우리 한국**이었고 **겨레**(옛 한국인)**의 문화**였던 것입니다. 우리의 선조께서 왜, 차이나를 중국(中國)이라 말하지 않고 '**지나**'(支那: 한국에서 가지 친 나라)라고 불러 왔는지를 곰곰이 생각해야 합니다!

풍류도의 무예, 택견

이 풍류도의 맥을 이어온 분들이 상고 배달시대의 **제세핵랑**과 단군조선의 **국자랑**(천지화랑)이고 북부여의 **천왕랑**, 신라의 **화랑**, 백제의 **수사도**(싸울아비), 고구리(려)의 **조의선인**(皀衣仙人, 先人)이었다고 합니다.

풍류도의 무도는 승자와 패자가 없었지요. **'선배제도'**(가장 뛰어난 자가 전체 선배들을 통솔하는 수장을 맡았다)에서 비롯된 고구리의 **택견**은 신라에서는 **풍월도**, 백제와 고려에서는 **수박**(手搏)이라는 이름으로 전해왔으며 고구리와 신라는 무예의 우승자에게 '선배'(仙輩)라는 명칭으로 존경을 표시했습니다.

단재 신채호 선생은 **"조의선인**이란 **검정비단**(皁帛조백) **띠**를 두르고 스승은 **조백으로 옷**을 지어 입었다. 고구리 6대 태조태왕(CE47~165) 때 매년 10월3일(음) 하늘제사를 지내고 군중 앞에서 무예를 겨뤄 우승하는 이에게 **선배**(先輩)라는 칭호를 줬다. **선배**는 옛말 **신**(태양 같은)+**비**(지도자)에서 나온 말로 태양처럼 주위를 밝게 하는 지도자란 뜻으로 훗날 **선비**라는 말도 여기서 나온다." 라고 그의 *조선상고사에서 밝히면서 풍류도의 맥을 이어왔기에 선배 무리는 **귀천도 없었고 오직 학문과 기술로 스스로의 지위를 획득**했다고 전합니다.

지금 **택견의 우승자에게 선배**라는 명칭을 쓰는 것도 여기서 유래된 것이고 태권도나 유도의 **'검은띠'**(태양의 중심)가 바로 **조의선인**에서 유래된 것이었음을 알 수 있지요. 뜬금없이 **유도**(柔道)**의 종주국**(?)이라고 우기는 재팬의 입을 막을 수 있는 문화입니다.

무용총과 삼실총 고분 등에 전해지는 '택견' 또한 풍류도의 무예이지요. 두 고수의 동작은 **맞서기**와 **활갯짓치들기** 품새랍니다. 마치 나비가 춤을 추듯, 천의무봉이네요. 신라 역시 경주 **석굴암 입구에 있는 금강역사**에서는 택견의 **주먹질 막기**와 **견주기** 자세를 취하고 있군요. **분황**

사 모전 석탑 출입문 좌우에 부조된 **인왕**(仁王)**도 택견의 자세입니다.**

택견은 오랜 역사 속, **자연의 순리를 거스르지 않고 상생과 참을** 근본정신으로 했던 인류의 무예이지요. **상대를 제압하되 스스로 물러나게 하고 상대를 다치게 하지 않기 위해 가격할 때도 손바닥**(발바닥) 같은 부드러운 신체부위를 사용하며 **상대를 해치지 않고 배려하는 대중의 무술!** 세계 각국의 수많은 무술 가운데 최초로 유네스코 인류무형유산(2011)**으로 등재**된 것이 그냥 우연일까요?

무용총 벽화의 택견 출처 : E영상역사관. 석굴암 금강역사상 택견 출처: 경주국립박물관. '대쾌도' 대중무술 태견 출처: 충주세계무술박물관, 조선시대 유숙의 풍속도 上씨름, 下택견)

풍류인의 씨놀음, 씨름

또 우리에겐 택견과 더불어 **강변모래사장이나 동네 마당에 모래를 깔**고 늘 함성을 일게 했던 민속무예가 있었습니다. 우리의 '씨름'이지요.

이 또한 다른 투기와 달리 **서로를 해하지 않으며** 맨몸을 대고 힘을 쓰되 신체의 구조와 기능을 이용하여 겨루는 무예로 인류학자들은 씨름이 모든 동물들이 그러하듯 **자기보호와 종족보존을 위해 본능적으로 투쟁**했던 모든 동물들의 행위로 인류의 탄생과 때를 같이 했던 오랜 문화였다고 합니다.

그러하기에 씨름이 승강이질하다의 뜻인 '힐후다'를 어원으로 구개음화된 **실후다**의 명사형 **실훔**에서 **실움**〉**씨룸**〉**씨름**으로 된 말이거나, 또는 종족보전을 위한 '**씨놀음**'이란 어원에서 **씨름**으로 변한 말(구길수 씨 학설)이라는 것이 설득력을 가집니다. 먼 옛날, 우리의 조상은 사람들의 마음을 하나로 모을 수 있는 역할을 하는 **큰 어른나무** 즉 **큰 수컷나무**(웅상)에 띠를 둘러 소도(해처럼 생명이 솟는 터)를 정하고 (종족보존을 위한) 생명에너지를 겨루는 승강이질을 했던 것을 '**씨놀음**'(씨름)'이라 했다는 것이지요. 지금도 영남지방에선 서로 버티고 힘 겨루는 것을 '**씨룬다**'라고!

우리에겐 큰 어른 나무(웅상)와 함께 **소도**를 정하고 심판을 두고 상투를 한 이들이 씨름(씨놀음)을 하는 고구리 벽화도 전합니다. '**각저총**'(角抵塚)이지요. 뿔 가진 소 또는 서로 겨루다를 뜻하는 角과 몸을 닿아 밀다, 달려들다라는 抵로…, **14대 환웅이신 치우천황**(2707~2556BCE) 때 이미 행해졌던 우리의 씨름을 그린 벽화입니다.

'**뿔을 가진 소**'란 **인류최초로 갑옷과 소뿔투구를 발명**했다는 우리의 옛 할아버지이신, 동이의 영웅 치우천황을 상징하구요. 지금도 그때의 후예들이 **지나의 기주**(冀州: 북경 남쪽)**지역에 남아 쇠머리 모습으로 '치우희'라는 씨름**으로 전하고 우리 땅 역시 단오절이나 백중날, 한가위가 되면, 어김없이 행해지는 참–으로 오랜 민속입니다.

각저총의 씨름, 김홍도 풍속도화첩 중 씨름 출처: 국립중앙박물관, 치우천황 출처: 김산호 화백, 샅바, 남북한 첫 공동등재 유네스코문화유산 씨름(위에서 보면 '태극') 출처: KBS1

세상에서 가장 널리 알려지고 오랜 역사를 가졌다는 '씨름의 기원지'는 **아직 모릅니다.** 몽골의 씨름은 **부흐**(Buh)라고 하고, 러시아의 **삼보**(Sambo), 아이슬랜드에서는 **팽**(Fang), 스페인은 **루차카나리아**(Lucha Canaria), 이란은 **츄케**, 아제르바이잔의 **카라쿠지크** 그리고 남미 등 30여국을 넘게 전하고 있지만…! 그런데 '**역사가 가장 깊다(?)며 모든 문화의 중심(?)**'이라는 지나는 씨름도 없습니다.

그런데 **옛 한국인이 많이 살았다는** 스위스 산간지방의 쉬빙겐(Schwingen)과 **영국의** 코니시지역에서는 우리와 같은 **샅바씨름**이 전해지고 더구나 **인류최초(?)의 문명**이라는 메소포타미아의 **수메르문명인**의 씨름 또한 우리 고유의 **샅바씨름과 너무도 같아** 놀라울 따름입니다!

아, 유레카! 수메르문명인들이 스스로를 '웅상기가'(수메르어의 뜻: 검은 머리의 사람들)라고 말했던 것은 이들이 주변과 **다른 문화와 검은 머리**(혹 검은 모자) **다른 인종**으로 큰 어른 나무(웅상)를 심고 씨놀음을 했던 사람들이었음을 말함이었지요. **무궁화를 아끼고 봉황을 섬기고 한국인의 말을 쓰고 똬리를 틀어** 머리에 물건을 이고 **맷돌을 사용**하는 등 **우리의 문화와 너무도 같았는데**, '**샅바씨름을 하는 청동상**'을 유물로 남긴 것은 자신들이 **씨놀음을 즐겼던** 동쪽에서 온 (검은 머리로 한) 문명인이었다는 정체성을 강하게 나타내고 싶었던 **문화적 상징**이었던 것입니다.

"역사의식(歷史意識)이 없는 인간은 인간(人間)이 아니다.
죽은 몸뚱이에 불과하다." -어느 외화의 대사 中

수메르 '청동항아리 샅바씨름상', 영국 코니시 샅바씨름 출처: 윤복현 교수, 스위스 샅바씨름 쉬빙겐 출처: 한국씨름연구소, 스페인 루차카나리아, 프랑스 구렝(Gouren) 출처: 세계의 씨름

그런데 **씨름의 유래를 우승자에게 황소**를 하사하면서 농경생활에서 유래된 문화라고 하지만, 무엇보다 **'밧줄과 띠'란 거대한 집단사회**(해양문화)**를 처음 이룬 사람들**, 드넓은 바다에서 동물의 왕인 **고래와 띠를 연결하여 사투를 벌이며 당기고 밀고 했던 해양**(바람)**문화**를 처음 열었던 사람들의 문화였지요. 그래서 씨름이 전통적으로 **모래 위에서** 벌여졌던 것입니다. 지금 우리에게 전해지는 **'고싸움'**이나 **'줄다리기'** 또한 농경문화로 왜곡되고 있지만, 사실은…,

해양문화의 집단사회에서 비롯된 것이지요.

그래요. 허리와 사타구니에 둘렀던 천인 **샅바**를 '볏짚이나 삼 따위로 세 가닥을 지어 굵다랗게 드린 줄'이라고 하는 것을 보면, 태곳적부터 천을 쓰지는 않았을 지라도 **밧줄을 만들어** 고래를 잡는 해양문명을 처음 일으켰던 천손의 문화상징인 '띠문화'에서 비롯된 문화였을 것입니다. 그래요. 소도를 정하고 신성한 하늘백성 지역임을 알리는 징표로 둘렀던 **'띠문화'**, 밝은 땅의 천손아가의 탄생을 알리기 위해 쳤던 **'금(神)줄 띠문화'**, 옛날 장독대의 신성함을 알렸던 **'그 띠'**가 도구로써 인간적인 스포츠의 시작을 상징했던 것이지요.

‘씨름이 **인류의 탄생**과 때를 같이 했던 태곳적 문화’라고 한다면, '씨름의 기원지' 또한 **우리나라였**을 것입니다. **인류의 시원문명을 고스란히 간직하고 있는 땅**일 뿐만 아니라 해양문화를 시작하며 사선을 넘으며 **고래와 씨름을 벌여야 하는 사람들**에게는 누구보다 강인한 체력이 요구되었을 것입니다. 혹자는 말합니다. ‘우리가 **기마민족이었기에 다리힘을 보강**하기 위해 씨름을 했다’고 그러나 기마민족이란 **태고의 역사가 아닌** 겨우 3천 년의 역사일 뿐이지요.

　그래서 이들 바닷사람들의 당당했던 근육질의 모습을 **풍채**(風采)라 말하고, 크고 강한 체구를 **풍골**(風骨)로 말해오고, 준수했다던 **풍모**(風貌)와 **풍격**(風格)으로, 바다의 색 오색으로 치장한 옷에 멋들어진 소리를 내었던 **풍물**(風物)**소리**로 전해져 그래서 바람의 신인 **풍신**(風神)은 물론 세상의 스승을 **풍사**(風師)라 부르고, 바닷사람들의 문화가 으뜸이었음을 우두머리벼슬인 **풍백**(風伯)으로, **우사**(雨師), **운사**(雲師)보다 위로 두었던 것이고 이렇게 동이를 ‘풍이’(風夷)로 불렀던 것이지요.
　지금은 ‘풍신 났네’(조금 모자란 사람)나 ‘오빠는 풍각쟁이야’라며 여색을 어지럽게 밝히는 말로 참역사가 가려져 있기에 **씨름이 이렇게 깊은 역사와 문화가 있는 줄을 몰랐던 것입니다.**

　1만5천 년 전(최소한) **사람의 문명을 시작하여 세상의 판**(시 · 공간을 이룬 세상)**을 바꾸었던 사람들!**
　1만2천 년에서 8천 년 전, 그리고 6~5천 년 전, 그리고 이후에도 계~속 한겨레가 파~도치듯 사~방으로 퍼~져나가면서~~~

높은 문명의 종자(인 씨)를 퍼뜨리면서 판을 바꾸었던 사람들!

그래서 세상의 변화를 판으로 보고 '**씨름판**'이라 하고 한 판, 두 판, 마지막 세 판이라 했던 것이지요. 그 옛날, **세상을 크게 보시고** 세상의 판을 바꾸고자 하셨던 바람 같았던 조상님(풍 이)을 기억합니다. 이러했기에 단재(신채호) 선생께서 '낭가문화(신교)야말로 우리 겨레의 **기본**이며 **핵의 문화**이니 잘 지켜야 한다!'고 했던 것이지요.

이 또한 우리가 잊은 바다에 있었습니다!

이러한 오랜 정체성을 몰랐기에 유네스코 〈인류무형문화유산〉의 등재를 두고 **딴 국가와 공동등재** 운운했던 것이지요. 다행히 **남한과 북한만의 등재**(2018.11)가 되어 **인류문화의 정체성**을 지킬 수 있어 다행이지만, 씨름이 어떤 문화인지 이젠 자신 있게 말해야 할 것입니다.

풍류문화와 부채

'한국의 美'하면 우리에게 맨 먼저 떠오르는 것이 '**부채**'(扇 선)이지요. 분명, 동양의 문화였다는 부채! 선사시대부터 인류는 더위를 식히기 위해 **큰 나뭇잎**이나 **새의 깃털**(羽)을 모아 부채로 사용했다고 합니다.

이쯤 되면, 또 혹자는 근거도 없이 웅성거리지요. 부채는 **3천3백 년 전**, 투탕카멘 피라미드에서 발굴된 **이집트의 부채자루가 최초**(?) 아니냐고! 그래요. 나뭇잎으로도 바람을 부쳐도 부채는 부채지요. 그러니까 또 사대주의자들은 '기록상 **최초의 부채가 4천3백 년 전 순**(舜)**왕 때의 오명선**(五明扇)**이었으니 부채도 지나**(중국)**문화**'라고 하네요. 그러나 **깃털로 된 의례용 부채**였고 **순왕 또한 동이인**이었는데?

부채는 본디 지나의 고유문화가 아니었습니다! 그래서인지 **우리에게는 평소에도 늘 사용한 부채였고** 특히 **여름이 시작되면, 꼭 선물하는 것이 부채였지만,** 지나에선 부채(扇shan산)와 우산(傘 san산)을 **더운 날이라도 선물해서는 안 된다**네요. 왜냐면, **헤어지다는 散(산 san)과 발음이 비슷**해서라나…? 본질조차 쉽게 엎어버리는 지나이니 이쯤 되면, 여름에 부채가 왜 있나 싶네요!

반면 우리는 시원한 바람을 원할 때나 불을 피울 때, **더위와 나쁜 기운을 날려버리길 기원할 때**나 그리고 부채로 **소리의 장단**을 맞추고, 부채로 **부채춤**을 추고 심지어 **혼례시**(진주선, 청선, 홍선)나 **상**(喪: 상선)을 당했을 때나 신분의 높낮이를 떠나 **다양한 용도에 다양한 부채를 사용**해 왔던 사람들이었지요.

더군다나 *조선왕조실록에는 왕성한 에너지가 넘치기 시작하는 **단오날**(端午5월5일)**이면 임금이 궁중에서 신하들에게 더위를 쫓는 단오부채**(端午扇)**를 하사하고 왕실과 조정의 의식의례와 행렬에 부채가** 쓰였음을 기록하고 있습니다. 심지어 '가을에 곡식 팔아 **첩을 사고** 오뉴월이 되니 첩을 팔아 **부채 산다**' 라는 민요구절까지 낳았으니 누구보다 **우리의 부채사랑은 끝도 깊이도** 없었지요.

조깃털의 고대이집트 부채 출처: pngtree, 부채를 든 귀부인(오회분 4호묘) 출처: 이태호 교수, '굿Good공연 보러 오세요'출처: 새 전북뉴스, 명인명품 단오부채전 출처: 월간 민화

우리의 〈부채문화관〉은 '**우리 부채의 역사**'에 대해 별 고민도 없이 "**오래일 것**으로 추측**되나** 정확한 것은 기록이 **없어** 알 수가 **없다.**"고 합니다. 뭐-죠? 그러나 송(宋)의 손목이 쓴 *계림유사만 보더라도 고리인들이 쓰던 부채를 '**뾔채**'(扇曰孛발[뾔]采채)라고 기록하고 있고 이는 '**부치-다**'의 어간 '**붗**'에 명사형 접미사 '**애**'가 합쳐진 것으로 지금의 부채의 어원을 알 수 있지요.

만주 집안의 **고구리 고분벽화** 〈오회분 4호묘〉에는 부채를 든 귀부인의 인물도가 전하고 황해도 **안악 3호 고분벽화**에는 깃털부채를 손에 들고 있는 인물도가 전하며 경남 창원 **다호리**(茶戶里)**유적의 여러 널무덤**(1C경BCE)에선 총 6자루의 부채자루가 발굴되고 경산 **임당동 고분**, 광주 **신창저습지 유적 등**에서도 옻칠을 한 부채자루(1C경BCE)가 부식을 이겨낸 채 발굴되어 우리의 부채가 **참으로 오래되고 한국인**의 풍류와 더불어 일상화된 멋의 문화였음을 알게 합니다.

그런데 남제 김민기 선생은 *산스크리스트어 사전에서 "조선의 朝(아침)는 본디 됴ㅎ(좋)구나, 쬬타, 밝은, 즐거운 것이란 뜻이며 **鮮**(선)은 **부채를 뜻하는 扇**(선)이었으니 **시원한 것**과 같은 의미이다."(p600, p602) 라고 하여 조선이 **부채로 바람을 일으키듯 시원하고 좋은 것을 펼치는 나라**였음을 밝힙니다. 우리의 부채가 **오랜 풍류**(風流)**문화**에서 비롯된 오랜 문화였다는 근거였지요.

그래요. *무속에 살아있는 우리 상고사의 저자 조성제님은 '무당이 신을 청배할 때, 방울과 함께 **부채를 드는 이유**는 마고삼신의 후손으로서 소리로서 신들에게 고하고 **바람을 일으켜 마고삼신을 비롯**

한 신들을 부르기 위함'이라고 합니다. 큰―바람이 일 듯 인류의 문명 문화를 일으켰던 이 땅 물가(바닷가)의 백성들의 호쾌했던 풍류문화를 일깨우는 것이지요.

먼― 옛날 8천 년 전, 가장 큰 동물(고래)을 잡으며, **지구상 최고의 신지식인들이 들고 다녔다던 고래뼈!** 훗날, 그 뼈를 대신해서 들고 다녔을 **이 땅의 부채**를 생각합니다. 그러하기에 *삼국사(기)가 '고려 태조 왕건이 즉위하자, 후백제 왕 견훤이 축하의 뜻으로 **공작선**(孔雀 扇: 공작깃털부채)**을 선물하였다**'는 기록은 견훤과 왕건이 같은 해양문 명을 이은 풍이(風夷)로서의 자부심을 풍류문화의 상징인 부채로 교감 했던 역사였음을 알 수 있었던 것이지요.

무당의 부채 출처: 조성제, 공작선 출처: 단군, '배 위에서 말을 달렸다'는 왕건의 대누선(CG 재현)
출처: *한국의 사라진 선박, 미스유니버스(65회 우정상) 김제니의 부채와 하늘옷 출처: 도도네일

그런데 인간이 부채를 발명했다 함은 '지혜가 **담겨 있는 발명품이 냐?'** 하는 것을 말함입니다! **지혜**는 물론 **많은 과학과 기술** 그리고 삶 의 여유에서 발명된 예술…! 그래요. 접었다 폈다 하는 '**접선**'(摺扇: 쥘 부채)**이야말로 부채다운 부채**라고 말할 수 있지요.

그런데요. 육당 최남선은 천재사학자답게 그의 *고사통(故事通)에 서 "지나(중국)부채는 **원래 단선**(團扇: 둥근 부채)**뿐**이더니…,

북송 때 고려(리)로부터 접선이 들어가게 되었는데, 나중엔 **지나에서도 그것을 보고 모방**하여 만들어 그 이름을 '**고려**(리)**선**'(高麗扇)이라 불렀다. 이후 접부채가 일반화되었다." 라고 하였고 지나과학사의 세계적인 권위자인 조셉 니덤(영국왕립학회 Joseph Needham)은 *차이나의 과학과 문명(Science and Civilization in China)에서 "쥘부채는 **고려에서 처음 만들어져 차이나에 전파**되었다." 라고 하여 접선이 **최소한 고리 때** 우리에게서 **세계로 나간 발명품**임을 밝힙니다.

그러니까 혹자는 '헤이안 시대(794~1185)에 만들었다는 **가장 오래된 접부채가 재팬에 있다**'(877년)고 하여 **부채의 원조**'라고 말하나 제작기법의 **수준은 물론 종이의 질 또한 낮았던 상식의 역사**를 생각한다면, 좀 더 깊은 사고로 주장해야 할 것입니다. 그리고 본디 **접부채**가 풍류문화에서 **비롯된 격조와 품격을 갖춘 문화**였음을 생각하면, 왜의 부채는 실제 공격무기로도 쓰이고 심지어 철제로 만들어 호신용으로 썼다고 하니, **왜의 부채**는 부채의 본질은 물론 풍류문화라는 **깊은 뿌리에서 나온 문화**가 아니었지요. 그래서인지 우리에 비해 **왜와 지나의 부채**는 접히는 사북자리에서 손에 쥐고 바람을 일으키는 부분이 우리에 비해 **적고 옹색해 쥐는 부채로서의 기능성과 품위**가 떨어짐을 어쩔 수 없습니다.

헤이안 시대 부채종이 '**화지**'(和紙 わし Washi) **또한 610년 경 고구리의 담징**(승려 화가)**이 제작법을 전해준 것이 기원**이있다고 하고 재팬이 자랑하는 종이인 '**센카지**'(泉貨紙) **역시** 원류가 한국의 '음양지'였음이 밝혀집니다(김경균: 한일문화연구가, 사카모토 나오아키: 종이예술가)

왜의 헤이안 시대(794~1185) 접선(이쓰쿠시마신사 소장), 지나의 접선(인물화), 부채살 50
합죽선 출처: 한국미술센터, 브레이크뉴스, 경복궁 해시계 출처: 123RF

과연, 지나와 왜가 접부채의 기원이라고 해도 될지?

그래요. 접(는)부채의 '원운동의 발상'은 아무나 실현할 수 있는 것이
아닙니다. 많은 과학의 산물이었지요! 우리에게는 이미 고인돌을 이동
하며 얻었던 바퀴의 회전원리, 원심력을 이용한 인류최초의 **맷돌발명**,
토기를 처음 만들었던 사람들의 **물레**, 활의 줄을 이용한 **비비활대** 등
회전원운동의 경험들, 활을 처음 발명했기에 '동이'(東夷: 大위대한+弓활)
라는 이름으로 불렸던 우리의 조상(인류학자들 '활의 발명을 3만 년 전'), 무
엇보다 **하늘을 도는 해, 달, 별을 처음 관찰했던** 천손, 그래서 원을 그
리며 '**강강술래**'를 해 오고 절기를 정하고 **벼농사를 처음 시작**하고 망
망대해에서 **고래잡이**를 **처음** 할 수 있었던 우리의 조상이지요.

여기에 부채의 종이는 질기고, 가벼워야 되는데…!
무엇보다 수명이 '지천 년'이라는 **세계 최고의 닥나무 한지**와 **아름다
운 비단**이 있어 우리에서 처음 가능했던 문화였지요. 이미 **고조선에
서 만들어져** 문자를 기록하며 고구리를 거쳐 고리로 전해져 **청풍지**
(淸風紙)로도 불렸던, 인류가 만든 명품종이 '잠견지'(蠶繭紙: 비단으로
만든 종이)도 있었지만, 닥나무(뽕나무과)를 재료로 앞(양)과 뒤(음)로 한
장에 붙인 **고리 때의** '음양지'는 더불어 천하제일의 종이였습니다.

1300년을 지난 지금까지도 남아 한국인의 문화적 우수성을 입증하고 있는 *무주정광 다라니경(CE706~751 세계 최초의 목판 인쇄물)은 물론 금속활자와 인쇄술로 전하는 **최초의 기록문화는 우수했던 종이 기술이 있었기**에 가능했던 문화였지요.

한지장 장용훈 선생의 닥나무 음양지와 서책 출처: 한국문화재재단, 공청과 해록
출처: 백두산본초이야기, 해록석 출처: 화석월드

　　그래서인지 송(宋)의 서긍이 고리(려)의 풍속과 풍물을 기록한 *고리도경은 "고리인들은 **한겨울에도 부채를 들고** 다니는데, **접었다 폈다 하는 신기한 것이다.**" 라고 기록하고 송의 곽약허 또한 *도화견문지에서 "**고리에서 들어오는 사신**(1076 최사훈)**이 접첩선**(摺疊扇)을 사용하였다." 라고 하여 지나의 부채문화가 **우리보다 훨씬 뒤떨어졌음**을 알게 합니다.

　　*화계(畵繼)에서는 더욱 고리선의 진면목을 보여주지요.
"고리선에는 **종이를 사용하여 만든 것**이 있다. ‒중략‒ 접첩선과 같으나, **정교하고 치밀하여 중국의 것이 미치지 못한다.** 펴면, 폭이 3~4척(1尺: 33.33cm) 가량 되고, 접으면 겨우 두 손가락 너비만 하다. ‒중략‒ **부채에 물들인 청록색이 아주 기이하여** 중국에서 물들인 것과는 다른데, 오로지 **공청**(空靑: 시력에 좋은 염료의 광석)과 **해록**(海綠: 바다에서 출토되는 올리브초록색 광석)으로 물을 들인다." 아, 과학과 화려함으로 풍류의 극치를 엿볼 수 있지 않습니까! 그래서 우리의 부채는 **쌀 한 섬**(두 가마)**으로도 살 수 없는 것**이 많았다고 합니다.

이일영(한국미술센터) 관장은 이러함에도 왜가 **접부채의 원조로 알려져 있는 것**이 재팬정부의 전폭적인 재정지원에서 **비롯된 외교**의 결과였음을 알아내고 집을 팔아 월세방으로 옮겨가며 〈한국화가 126인 부채그림전〉을 열어(대한민국 건국 50주년 기념 1998.1.21) '접부채의 시원이 한국'이었음을 세상에 알립니다.

"우리의 접선 중 **합죽선 부채는 180°의 정확한 반원형 조형**을 품고 있지만, **지나나 왜의 부채는 전통적으로 대략 150° 또는 160°**의 조형성으로 우리와 전혀 다른데, 서양의 대표적인 인상주의 화가인 피사로(1830~1903)와 드가(1834~1917) 그리고 고갱(1848~1903) 등 서양의 화가들이 그린 부채 그림은, 모두가 재팬이나 차이나의 부채 조형이 아닌, **우리의 독창적인 180도의 반원형 조형**과 맞닿아 있다. 이러한 내용을 헤아리면, **일제 식민지 시대** 〈파리만국산업박람회〉에서 선보인(1900) **우리의 합죽선이** 재팬(왜)의 것으로 알려졌을 가능성을 추정한다."

감사합니다. **'진정한 지성으로 소중한 우리의 것을 품고 신명으로 애쓰신'** 이일영 관장의 열정에 박수를 보냅니다!

  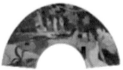

피사로(1879), 드가(1879), 고갱(1892) 작품 출처: 한국미술센터(이일영 관장), 브레이크뉴스

세계 어느 민족도 흉내 낼 수 없는 **품질과 세계최고의 아름다움**을 자랑하는 접선이었습니다. 50골(살)을 넘어 60골까지의 **정교한 부챗살은 품격 그 자체**였지요. 그 중에서도 **최고봉인 합죽선**은 대나무 껍질의 질감과 광택을 느끼고 음미할 수 있도록 일반 접부채의 살대보다 두 배 이상 얇게 살대를 깎아 두 조각을 하나로 붙인 부채로, 한 치의 오차도 없는 **정확한 면 분할**과 **정확한 간격**으로 나누어 속살을 붙이는 **세심하고 정교한 공력** 등 과학적 슬기가 있어야 했습니다!

여기에 패옥과 수실을 달아 **권력과 품위**의 상징으로서, 선추(扇錘)를 달아 **나침반과 천문시계 역할**까지 하였으니, 합죽선은 **양반의 필수적인 장신구**로서 '합죽선을 들지 않으면, 양반 축에 들지 못하였다'고 할 정도였지요. 그래서인지 민예연구가 야나기 무네요시(1889~1961)는 '조선이 영원히 전해야 할 물건은 합죽선 부채이며, 일본에는 **이런 부채가 없다**'는 기록을 남겼다고 합니다.

전주 합죽선 출처: 임금님진상품. 합죽선 출처: 안산김씨 희망나라. 선추 출처: 한국미술센터. 부채와 갓 연우진 출처: KBS2 '7일의 왕비'. 왜의 국보찻잔 이도다완 소장: 교토 대덕사

그럼에도 왜와 달리 **오랜 부채가 우리에게 전하지 않은 것**은 우리 땅이 **지구상 가장 산성화된 땅**으로서 쉽게 부식되는 것을 생각하지 않더라도, 우리에겐 부채가 특별한 것이 아닌 **일상적인 물건**이었기

에 그래서 쉽게 버리고 새것으로 바꾸었기 때문은 아니었을까요? 마치 우리가 일상적으로 써왔던 **막사발이 왜에선 국보**(26호)가 되어 귀한 찻잔 '이도다완'(井戸茶碗 · 고려다완)으로 대접받듯이 말입니다.

바람을 일으키는 **부채야말로** 인류의 신석기문명을 퍼지게 했던 한류처럼, 우리의 **오랜 바다문명에서의** 여유로운 풍류문화를 드러낸 우리 명품 조상님의 발명품이었지요! 그래서 여러분-, "이젠 그냥 접고 편다는 접선보다 **한국인의 풍류와 국적을 드러내는** '고리선'이라 부르면 어떨는지요?"

바람문화의 상징, 연(鳶)

아, 유레카! 그렇다면 또 하나의 인류의 미스테리였던 연문화가 풀립니다. 문화학자들은 **아시아에서는 이미 태고**(아-주 먼 옛날) 때부터 띄웠다고 하고 **제천의식을 끝낸 후**, 기예와 오락의 행사로 **하늘을 향해 연놀이**가 있었을 것이라고 말합니다. 그렇다면, '**연**'또한 **문명을 시작했던** 천손으로서 최초로 제천의식을 **치렀던 한겨레의 문화**였을 개연성이 가장 크다는 얘기이지요.

서양에선 로마의 도시국가 타렌툼의 과학자인 **아르키타스**(Archytas)**에 의해 겨우 BCE5C에** 발명되었다고 전하고 **지나에서는 BCE10세기경에** 처음 발명되었을 것으로 <u>**추측된다**</u>고 하는 연이지만 글쎄요? 크고 멋진 연을 말하는 것이 아닙니다.

인류최초의 연문화를 말하는 것이지요.

한국 고유의 방패연과 솔개연, 봉황연 출처: photo by kangdante, 연을 올리다 출처: 위키백과

그런데 주목해야 할 것은 '**연**'(鳶솔개=kite)이란 글자에 **한겨레의 상징인 '새'**(鳥)가 있다는 것입니다. 그래요. 지금은 멸종위기에 몰려있지만, 하늘 높이 떠 병아리를 채간다는 우리 땅의 텃새로 너무나 친숙했던 솔개(鳶)이지요.

김양동 석좌교수(계명대)는 말합니다. '솔개는 태양과 등가물로 인식하는 상징적 표현(鳥日同體化)이었기에 **새 중의 왕자**로 그래서 **으뜸 지도자**를 표현한 것이다. 솔개, 소리개, 수리는 모두 **정상, 봉우리, 으뜸**을 의미하며, 그 어원은 **태양의 고유어 '살'**에서 분화된 말이었기에 천신의 권능과 지령(地靈)의 생식권능을 복합적으로 갖고 있었다. 그러므로 처음부터 솔개는 태양조였다.'

무용총 수렵도의 절풍 모형 출처: 토지박물관, 압록강 일대 고구리 적석총 금동절풍장식 출처: 밥로스, 국보 87호 금관총 금관 및 금제관식 출처: 국립중앙박물관, 공주 수촌리 4호분과 1호분의 백제금동관의 절풍과 3 날개 출처: 한국향토문화, 한성백제박물관

생 떼쥐베리가 *어린 왕자에서 말했듯

"이 책을 누워 뒹굴면서 아무렁게나 읽어 치우길 바라지 않습니다."

그래요. 이렇게 **솔, 살과 수리**(sur(i))가 둥근 해(sun)를 가리키는 순 우리말이었기에 동·서양이 **연**(鳶, kite=솔개)**을 모두 솔개**라고 했던 것이지요. 그래서 이런 **오랜 태양의식과 풍류의 유습**이 정월대보름 날, 해와 가까이 하는 **연**(鳶 솔개)을 띄우면서 **봉황**을 상상하고 **불새**를 생각하며 **만물의 신인 해에게 소망을 담아 띄우기**도 하고 또는 **연에 '액'**(厄: 모지고 사나운 운수)**자 써** 감겨있던 실을 모두 풀어 멀리멀리 날려 보내 **태양이 태워주기**를 기도(送厄迎福)했었던 것입니다.

　그래서 동방의 천손인 고구리와 백제, 신라인은 한결같이 동물의 왕(王) 고래가 되어 바닷바람을 가르고 솔개처럼 하늘로 날아 해에게로 가고 싶은 마음에 **고래를 닮은 검은 색 모자 '절풍'**(折風: 바람을 꺾다, 가르다)에 **태양새인 (솔개)깃을 장식한 '조우관'**이라는 독특한 모자를 썼던 것이니 그래요. 솔개를 닮아 **바람을 가르고 하늘로 비상하며 광명한 태양을 가까이** 할 수 있는 연을 만들어 띄웠던 것이지요.

　이것이 우리 겨레가 처음 연을 만들고 연을 솔개라는 뜻으로 불러왔던 이유일 것입니다. 재팬 또한 사극에 반드시 **솔개의 울음소리를 등장**시켜오는 것은 자기의 근본이 새 중의 으뜸인 천손(한국)의 문화였음을 소리로써 웅변하는 것이지요.

　그래서 연을 띄우는 사내 옆에서 춘향이는 **생명의 해가 되고 자유로운 바람이 되고픈** 천손의 염원을 읽었을까? 향단이더러 **'하늘로 그네를 높이 밀어 올려 달라!'**고 외쳤던 것이…! 근세조선 때에는 **연 날리는 풍류**에 빠져 글공부를 소홀히 하는 선비들과 농사일을 게을리

하는 농부들이 생겼을 정도였다고 하고 얼마 전까지도 **학교마다 연중 행사로 연날리기와 그네뛰기**가 빠지지 않던 민속놀이였었는데….

고구리 무용총수렵도의 조우관 출처: 위키백과, 7C 고구리사신 왕회도, 8~9C우즈베키스탄(사마르칸트)
아프라시압 벽화의 고구리사신의 조우관 출처: 환문화타임즈, 대취타 새깃털 출처: 국립국악원

　연에도 **처음 아무나 할 수 없는 과학**이 있었다고 하네요. **질긴 종이와 강한 실** 그리고 **회전운동을 돕는 얼레** 무엇보다 **하늘을 향한 염원과 지혜**…, 이제 아시네요! 그래요. 인류최초로 회전운동(물레)을 익혀 최초로 **그릇**(토기)을 짓고 최초로 **실도 뽑았듯이 강한 밧줄과 끈**을 만들어 그 큰 **고래**도 세계최초로 잡아 올렸던 한국인, 그리고 천 년의 바람과 세월을 이기는 세계최고의 명품종이인 **한지**, 여기에 아름다운 **천손의 오방색**을 입히고 또다시 물레를 변형한 **'얼레'**로 줄을 풀어 하늘로 염원을 띄었던 연은 당시로는 첨단과학이었습니다.

　인류학자들은 신석기의 발명품이라는 **'바퀴'**를 낳게 한 것이 **'물레'**라고 하고 물레에서 만든 것이 **'그릇'**이었다고 합니다. 그런데 오랜 역사의 사람들이 발명했다 하여 서역땅에선 귀족이나 왕가에만 있었다던 **'맷돌'**(회전운동)**이 우린 집집마다 있었던 땅**인데, 또한 **그릇**(1만5천~ 1만4천 년 전)**도 옷**(직녀 설화)도 우리 조상이 처음 만들었다는데…!

그렇다면, 이 모든 것을 시작한 과학의 땅이 어디였을까요?

학교에선 **'삼국시대에 물레가 나왔다'**고 하고 누군 고작 **'고리 때 문익점의 아들인 문래(文萊) 물레?)가 발명했다'**고 가르치니 조상께서 웃다가 통곡하시지나 않으실지…? 부채처럼 우리에겐 물레 또한 특별한 것이 아닌 **일상적인 물건이었기 때문**은 아니었을까요?

그래요. 이제껏 세상이 풀지 못했던 놀이였지만, **연(鳶)**이란 당시 지구상 최강이었던 그래서 '천손'이라 자부했던 한겨레의 첨단과학을 원천으로 했던 창의적인 놀이문화였지요. 지금 연을 띄우는 민족은 많으나 **이 많은 과학을 시작한 나라는 '우리'밖에 없었기 때문**입니다.

그래서인지 우리에게는 **세계에서 유일한 형태의 연**으로, 바람의 강약과 관계없이, 태풍이 불어도 하늘에 뜬다는 과학적 발상으로 만들어졌다는 신의 연(鳶)이 있습니다. **'방패연'**이지요!

그런데 **방패연의 유래**는, 만 년이 넘는지, 수천 년인지 알 수 없는 **우리나라의 암각화에만 고유하게 전하는 독자적인 '검파형'**(검을 잡는 손잡이) 문양에서 비롯된 것으로 우리의 연의 기원이 다른 민족과 비교할 수도 없는 **오랜 역사**였음을 알게 할 뿐 아니라 인류 최초로 만든 검(劍)처럼 **세상을 좌우했던 이 땅사람의 자부심**을 드러내었던 풍류문화였음을 알게 합니다.

참 말씀드렸나요? **'우리나라가 인류의 문명·문화**와 더불어 놀이문화도 시작된 땅'이었다고! 하늘을 지배하는 별이 북두칠성이듯, 세상을 이끌고 하늘을 처음 관찰했던 천손으로서 북두칠성이 돌아가는 모습을 놀이화한 인류의 첫 놀이가 윷놀이였다고! 그래서 '윷놀이가 세계의 수많은 놀이의 원형'이라고 미국의 저명한 민속인류학자 스튜어트 컬린 박사(1858~1929)가 일찍이 발표했던 사실을!

이를 입증이라도 하듯, 우리나라에는 고구려인의 일상생활(5세기 경)을 그린 **장천 1호고분의 생활풍속도**가 전합니다. 〈한국지역문화생태연구소〉의 윤주 소장은 특히 북벽에는 큰 나무 아래 각종 놀이를 보며 즐기는 '백희기악장면'에서 **봉황 모양의 연을 날리는 모습**으로 추정되는 벽화를 찾아냅니다. 그래요. **새 모양의 연**을 치켜보며 **왼손엔 얼레**를 잡고 **오른손으로는 실을 잡아당기는** 모습으로 보입니다.

방패연 출처: 한국민속연협회, 남원 대곡리 검파형 문양들 출처: 한국관광공사, 집안현 장천1호분 백희기악장면과 확대 출처: 동아일보, 연줄 감는 전통얼레 출처: 임진각 전통문화체험장

그러나 이렇게 **오랜 역사 속, 많은 문화적 역량**으로 만들어진 겨레의 창의적인 유산을 봉황의 날개를 잃은 후손들은 하늘을 날지 못하기에, 요사이 연이 아닌 **연싸움**만을 〈유네스코세계문화유산〉에 등재시키려 하는 움직임이 있다 하니, 그냥ㅡ, 웃어야 할까요? 뭐 **연**도 지나에서 왔다고 알고 있으니, 정부는 또 **연싸움이나 열씨미** 장려나 해야겠군요!

세계의 미스터리 솟대

인류문화의 커다란 수수께끼의 하나 '솟대'(Totem Pole)!

선사시대 암각화에도 선명하게 드러난 하늘나무에 놓여진 새…! 학자들은 **"솟대가 시작된 곳이 인류의 시원지이고 현 인류의 고향이었다."** 라고 합니다. 얼마 전, 미신으로 몰려 죄다 뽑히기 전까지도 **서낭당**(토지와 마을을 지켜 주는 신을 모신 집), **산신당, 당목**(오색 댕기를 매어둔 마을의 수호신, 신목) 곁에서 **선돌과 장승** 등과 함께 마을 어귀마다 어김없이 세워져 잡귀를 막고 마을의 안녕과 풍농과 풍어를 보장하는 **우리 마을공동체의 신앙물**이었습니다.

하늘나무는 인간의 기원을 올리고 신의 계시나 신이 내려오는 **통로**이며 솟대에 올린 **새**는 신(하늘)과 인간을 연결하는 **매체**였지요. 이 땅의 천손은 새(鳥)가 밝은 하늘의 해와 가까이 하며 남과 북, 물(강, 바다)과 뭍과 하늘을 오가는 신물(神物)이라고 생각하여 **하늘나무**(神木, 우주수 장대)**에 새를 얹어 무당으로 하여금 하늘과 소통**하고자 했습니다.

근데요, 솟대의 기원을 두고 처음엔 재팬 주장대로 북방기원설을 말하다가 **남방도작**(稻作: 벼짓는)**문화기원설**로, **고유민속기원설** 등으로 말하지만, 아직―도 학계에서 정해진 것은 없습니다.

그런데 문자학자들은 새(鳥) 속에 **밝다**(白백)라는 글자가 있는 것은 '솟대가 **세상을 밝힌 밝은 땅**(밝달)의 **새**(鳥)**사람**(鳥夷)들의 **문화**'였음을 알리는 상징이었다고 합니다. 그렇다면 새는 **인류의 첫 신앙의 대상**이었던 해를 닮고자 했던 마음을 반영한 것이었고 또 그렇다면…,

솟대에 올려진 처음의 새가 하늘 높이 날아 빙글빙글 원(○해)을 그리는 신비로운 **수리**(eagle)나 **솔개**(소리개) 그리고 **검은 새**(삼족오)였을 것이라는 학자들의 주장이 맞습니다.

왜냐하면, 김양동 석좌교수(계명대)는 **수리나 솔개라는 말 자체도 해**(해, 날, 불)**의 또 다른 고유어인 살**(설, 솔, 술)**에서 유래**되었다고 하고 그래서 수릿날(단오)에서도 알 수 있듯이 **수리**(sur(i))라는 말 자체가 상(上), 고(高)의 뜻을 갖는 **해**(sun)를 가리키는 순 우리말이었기에 **수리, 솔, 솟은 높은**(高), **신령**(神靈), **상신**(최고神)**을** 의미했기 때문이라는 것이지요. 아, **솟대의 솟**은 높디높은 곳에 계신 상신을 의식함이며 새는 하늘 높이 날아 **해를 가까이 하는 신령스러운 매체**였습니다.

무엇보다 **솟대의 명칭이 솔대, 소줏대, 수살이, 수살잇대, 수살목**(막) 등으로 전해진 것은 **모두 해**(수리)**와** 연관이 있었기 때문이지요. 성스러운 나무를 가려 **솟대를 세우고 위에** 태양새를 **얹고 기원했던 해의 자손이기에 연**(鳶솔개)**을** 날리고 새의 깃을 세운 **조우관**(鳥羽冠)**을** 쓰고 다녔던 것입니다.

"수많은 농담과 한숨 속에 멀어져간 나의 솔개여!" –가요 솔개 中

솟대, 수리 출처: WIKIMEDIA, 솔개 출처: pixabay, 카자흐스탄 이시크고분의 샤먼(또는 여전사)의 모자핀, 고구리인의 조우관 출처: 무용총 수렵도(집안), 당 고종의 태자묘의 예빈도 (禮賓圖) 조우관을 쓴 통일신라사신(원) 출처: 김병인 우리 역사넷

또한 학자들은 하늘나무(솟대)에 올린 새가 **오리였다**고 합니다.
〈한배달〉의 김대성 부회장은 **물오리 기러기는 물속을 잠수하고 땅에**
오르고 하늘을 날면서 **삼**(三) **세계를 넘나들며 계절을 알리는 하늘심**
부름꾼이었을 뿐 아니라, **문명을 시작하여 세상을 밝혔던 죽은 조상**
(鳥夷새사람)**의 혼이 철새로 환생**하여 후손들이 사는 마을(농경)로 돌아
오는 것으로 생각했기에 힘없는 **오리**(鴨압)를 '**새**(鳥) **중의 갑**'(甲: 처음.
으뜸) 즉 **세상에 처음 나온 새**라는 글자로 쓰게 된 것이고 그래서 동
이(본토 한국인)의 땅을 **대방**(大方: 대인이 나온 곳) **외에 '시방'**(尸方: 제사
때 신의 대리인이 신과 응감했던 곳)**으로 여겼을 정도로** 신성시했던 것이
라고 *금문의 비밀에서 일러줍니다.

　　노중평 회장(역사천문학회) 또한 '오리(압鴨)는 **농경문화의 시작과 전**
파를 알리는 새로 한국인의 첫 시조(어머니)이신 마고(麻姑: 베 짜는 여
인. 신선) 삼신(할머니)**을 상징하는 새**이기도 하다. 그래서 **삼신**(마고)**이**
정착한 마을(마의 고을) **입구에 오리 세 마리를 앉힌 솟대**를 세웠던 것
이다. 또한 옛 금문자(金文字)에 **마고가 시루**(삶는 그릇: 농경의 상징) **위**
에 솟대를 꽂은 모습으로 나타나는 것은 먼 옛날 이 솟대의 나라가 **마**
고의 자손으로서 **농경**(쌀문명)**과 바닷문명**과 함께 인류의 문명·문화
를 처음 탄생시킨 터(凸)였음을 알렸던 것'이라고 합니다.
　　아, 고조선의 유물인 〈**농경문청동기**〉에 솟대의 새와 함께 농경하
는 남녀의 모습이 있고 **솟대의 명칭이 짐대**(돛대), **돛대, 진대할머니**(돛
대를 쥔), **갯**(바닷가)**대** 등으로 전하는 것은 농경을 시작했던 마고인들
이 동시에 **바닷가와 물가에서 어업을 했던 문화**였음을 알게 합니다.

여기에 〈한국고대사〉의 '꿈은 이루어진다'님은 '솟대가 있던 라'(아주 밝은 태양)의 땅은 누에(비단)를 쳤던 사람들이 있었다. 이러한 자부심으로 비단을 뜻하는 라(羅)의 옛 글자(갑골문자)가 솟대를 본뜬 모양이 되었고 우리 땅에 신라(新羅), 아라가야(阿羅伽倻), 탐라(耽羅) 등 옛 나라이름에 라(羅) 글자가 많이 나오는 것'이라고 합니다.

영암읍 망호리 소줏대, 라(羅 솟대)의 갑골문자 출처: http://www.internationalscientificorg/
Character ASP, 마고(麻姑)의 금문자의 시루 출처: 노중평의 별이야기, 농경문청동기
앞면: 솟대(좌)와 비상하는 새(우), 진도뽕할머니(마고) 출처: 진도문화원

그러고 보면, 뽕나무로 누에를 처음 키웠던 마고자손의 고을이었기에 솟대가 누에가 고개를 들고 있는 모습(乙을)이 된 것이고 그래서 이곳을 '마을'이라 하고 마고할머니를 '뽕할머니'라 불러 왔다는 노중평 회장의 말이 이해가 됩니다.

그런데 *후한서(後漢書)는 옛 한국의 뿌리나라였던 '마한(마고한국의 후방)에는 새(鳥)와 함께 북과 방울을 달아 놓은 솟대가 있었다'고 기록하여 북과 방울로 신과 소통했음을 알게 합니다. 천제를 지냈던 최초의 곡물이 '콩'(원산지: 한국)이었다고 하고 북은 최초의 곡물인 콩을 담았던 큰 가죽그릇에서 비롯된 것이고 방울은 콩의 형상을 대신한 것이니, 방울을 흔드는 행위는 인류문명을 시작한 이들이 조화롭고 자애로운 지구의 마음, 지구어머니, 마고(마고신, 엄마신)를 부르는 행위였고 그래서 '**그 울림**'(율려: 우주의 맥박)을 들으려 했던 것이었지요.

그래요! **솟대**는 콩농사로 천제를 시작했던 마고한겨레의 탯줄이며 정체성 그 자체(identity itself)였던 겁니다. 그래서 해양문명의 산물인 우리의 **고인돌과 청동기시대 무덤**에서 각종 문양이 새겨진 **방울과 거울** 등이 많이 나오고 이것들이 오늘날 전 세계의 무당들이 사용하고 있는 **명두**(明斗)**라는 거울과 요령이라고 부르는 방울과 똑같다**고 하는 것이지요.

그런데도 어떤 자는 자꾸 '**몽골이 솟대의 고향**'이라네요. 몽골인은 **농경**과 **바다문명**은커녕 **채소와 물고기조차 먹지 않는데**…! 솟대 역시 시원문화의 근원을 품고 있는 천손겨레 고유의 우주의식문화였던 겁니다. 그래서 '**홍익인간**'(弘益人間)이라는 거대한 이념이 우리에게만 유일하게 전해지는 것이지요!

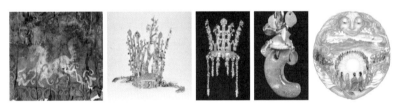

경주 천마총 자작나무 천마도(국보 207호) 출처: 가난한 여행자, 경주 서봉총 금관 출처: 국립중앙박물관, 황남대총 금관 출처: 문화재청, 나무위키, 지구어머니 출처: YouTube

아, 이제 알겠습니다. 경주 천마총의 **천마도가 (자작)나무에 그려진** 까닭이며 가야금관이나, 신라의 금관이 **왜, '出'모양의 금관**이었는지! 그것은 **천손으로서** 하늘(天)을 향해 뻗은, 영험한 힘을 가진…

우주목(宇宙木), 생명의 솟대를 알리려 했던 것입니다. 그리고 **신라왕
관에 곡옥**(曲玉: 굽은 옥)을 만들어 걸었던 것은 우리가 인류의 **시원문
명**(농경·해양)**을 시작했던 하늘겨레**(천손)이기에 씨앗생명(생명의 싹, 영
기의 싹)을 뜻하는 **'배아'**(胚芽: 임신8주 정도까지 인간의 생명체)**의 모습으로
하늘우주의 울림**(율려)**을 받기 위함**이라는 것이지요.

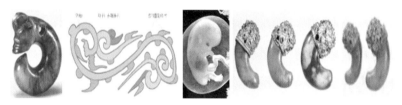

홍산문명 옥웅(熊곰)룡 출처: 국학원, 고구리의 삼실고분벽화의 영기무늬(씨앗생명)의 결합상
출처: 강우방 교수, 인간의 배아 제공: 최우성, 신라금관의 금모곡옥 출처:
국립중앙박물관, 알타이 구르칸의 곡옥 출처: 김병모의 고고학 여행

그런데 강우방 교수(이화여대)는 또 곡옥이 용(龍)의 상징물이라고
말합니다. 용은 농경과 해양문명의 산물로 우리의 문화였으니… 그
래요. 우리 땅은 **지구상에서 처음 농경과 해양문명을 시작했던, 인류
의 문명을 탄생시킨 땅**이고 문명을 탄생시킨 **그 사람들**(대인, 군자)**의
최초의 보석이 바로 옥**(玉)이었다고 하는데, 우리 땅에서 가장 오랜
옥유물(제주도 고산리)이 나왔다면, 맞아요. **'옥기를 사용한 동방의 땅
을 군자국'**이라고 한 *예기의 기록이 틀린 것이 아니었습니다.

그래요. **신라금관의 곡옥이란, 밝은 해**(☀)**문명과 거대한 바다의 바
람문명이 이루어낸 것**이고 **농경문명과 고래해양문명의 결합**으로 문명
의 시너지효과로 이루어진 것이지요.

바다와 태양을 똑같이 '해'라고 했던 유일한 사람들! 세계의 미스터리인 시원사상의 근원이 곡옥으로 나타났던 것은 아닐까!

중앙아시아의 **알타이 파지리크 고분**(5~3C BCE)**에서도** 곡옥이 발견되었던 것은 이 땅에서 시작된 **시원문화가 옛 홍산문명을 거쳐 훗날 서쪽 중앙아시아로** 샤먼이 되어 퍼져나가고 또한 초원지대의 **알타이**(알胎태: 한국사람을 배다)**에 최초 유목기마민족인 스키타이가** 되어 천손의 기층문화를 이어갔을 뿐이지요. 온통 우리의 문화였지요. 아, **바이칼의 샤먼**(巫)**이 하늘을 향해 방울을 울렸던 이유**도 모두 이 땅에서 비롯된 문화였습니다.

맞아요! 솟대는 하늘나라 한국땅에서 시작된 문화이며 **신라의 금관** 또한 (스키타이의 후예인 金씨 계통이 신라에 들어와 황금문화를 전했을지는 몰라도) 이전 이 땅의 토박이들의 기층문화였던 '**신수**(神樹)**사상, 우주목, 율려, 고인돌**(선돌)**, 천손, 콩문화,** 마고 어머니**, 태양광명사상, 해양문명, 풍류**' 등의 시원문화를 토대로 **탄생되었던 문화였지요.**

이것이 〈88 서울올림픽〉 때나 〈2002 월드컵〉 때 한국인이 보여준 열정과 신명**의 근원**이었고 〈IMF 위기〉를 최단기로 벗어날 수 있었던 한겨레의 에너지**의 근원**이었던 것입니다.

제주도의 서낭당 출처: 권혁웅, 집 안의 소도 출처: 산촌박물관, 충주 개천안 솟대문화제 행사 모습
출처:충북일보, 서봉총 신라금관 출처: 보스톤코리아, 우리의 태양 붉은 악마 출처: 연합뉴스

인류문화의 탯줄 솟대, 엄마의 고향

솟대문화는 우리 한머리땅을 넘어 1**남으로** 일본, 인도네시아, 동남아시아는 물론, 2**동으로** 아메리카로, 3**북으로** 만주와 몽골과 카자흐스탄 등 중앙아시아로 4**서쪽으로** 유럽까지 퍼져나갔다고 합니다.

알타이 지역과 북유럽의 독일지역에서는 들고 다닐 수 있는 **지팡이 형태의 솟대**가 나오고 태양신을 섬긴 인디언들은 **솟대와 함께 늘 머리에 깃털을 꽂고** 다녔고 신라와 알타이지역의 **금관에는 나뭇가지와 새**가 나오고 또 알타이 문화권의 유능한 지도자가 모두 아버지 없이 **나무 위에 새가 앉아 잉태**하는 것들에서 천손의 솟대문화의 이동을 알게 합니다.

인류의 수수께끼로, 프랑스로 하여금 예술과 문화의 자부심을 주었던 라스코동굴(Grotte de Lascaux)벽화에서 **솟대를 보고 있는 동물 복장의 사람**은 누구였을까요? 프랑스의 크로마뇽인? 아니죠! 뼈 한 조각 나온 적이 없다고 하는데…, 아마 자신들이 해 뜨는 먼 동쪽, 문화의 나라에서 온 사람이었다는 자부심을 후세에 알리고 싶었던 것은 아니었을까요?

그래요. **이 땅을 떠난 후예들은 가는 곳마다 솟대를 세워놓고** 스스로에게 물었을 것입니다. 그 답을 소설 *뿌리(roots)의 작가 알렉스 헤일리는 일러줍니다. "우리가 **어디서 왔고, 누구였으며, 무엇이었는**지, 지금의 우리를 잊지 않기 위해서 이것을 기억해야만 한다."

역사는 우리 후손의 미래이기 때문이지요.

퉁구스족 오룬춘족의 장례의 솟대, 솟대를 바라보는 사람(라스코동굴) 출처: 엘 올리버,
전통혼례 오리 출처: auction, 조정래가 추천한 '*뿌리'(쿤타킨테) 출처: 까오지의 책약(冊藥)

1971년, **세계최고의 인류학자였던 자코모**(伊 Giacomo) 박사는 그 어느 나라에서도 풀지 못했던 인류 시원문화의 수수께끼(mystery)였던 **'솟대문화'**를 대한민국의 한갑수 박사(한글학자)에게서 듣고서 마침내 현대 인류의 고향을 찾게 됩니다. 2시간 동안이나 감격의 눈물을 흘린 후, **"코리아**, 당신의 나라가 (먼-옛날) 세계에서 유일하게 최고의 선진국이었습니다!" 라고 했던 말은 **지금의 한국인이 무엇을 찾고 기억해 내야 하는지**를 일깨우는 일화입니다.

솟대 전문가인 이필영 교수(한남대)는 "선사 및 고대사회의 북아시아 솟대는 **모두 발생기원과 그 기능상의 일치점**을 보여주고 있다." 라고 합니다. 그럼 일치하는 곳은 어디일까요? 윤복현 교수는 **"솟대문화와 무속신앙의** 고향은 한반도라는 사실을 알아야 한다." 라고 답합니다.

솟대는 인류의 타임캡슐이었는데, 왜(倭)에 속아 시원의 땅에서는 정작 미신이라고 다 뽑아 불태워버렸습니다. 그것이 **세계인이 부러워하는** 시원문화**인 줄도 모르고…. 전통혼례에서 신랑이 신부집에 갖고 갔던** 기러기는 이러한 '천손의 자부심을 이어 사람다운 삶을 잊지 않겠다'는 다짐이었는데…!

마한의 신성한 터, 소도(蘇途) 서울

그래요. 이 땅(마한)의 후손들은 사람의 문명을 처음 일으켰던 자부심으로 **해처럼 끊임없이 솟는(蘇) 생명의 터(途) 소도(蘇途)**를 찾아 솟대를 세웠습니다. 그래서 사해평등의 밝은 땅(붉달), 문명(해)을 이룬 최초의 땅 아사달에 소도를 정해 **검(신)줄**을 두르고 이곳을 **햇터, 솔터, 살터, 솟터, 수두** 등으로도 불렀지요. 정치, 경제, 사회, 문화 등 모든 것에서 **맺힌 것은 풀고 소통하는 터**(신을 맞이하는 장소)!

그래서 소도 안에는 **남근상(男根象)**을 대신하는 큰 나무(웅상, 서낭나무)를 세우고 옆에는 **여음(女陰)상**을 뜻하는 돌무더기를 쌓아놓아 **천(天)과 지(地) 만물의 소통**을 상징했던 것입니다.

이병선 명예교수(부산대)는 그래서인지 고유어 '서울'의 뿌리말인 '스ㅣ불'(서라벌)을 두고 '밝은 불'이란 해석 외에, *스ㅣ는 신(神)의 고어인 술에 뿌리를 두기에 '**높다, 신령, 불가사의한 것**'으로 보고 서정범 교수, 천소영 교수는 술을 '**東: 동녘, 주인, 봄 新: 새롭다, 처음 始: 시작, 처음, 근본**'으로 보았으니 정말 탁견입니다. 이러한 뜻에 *벌(땅)을 더하니 놀라운 세상이 펼쳐집니다.

'모든 것이 **밝은 해(☀술神)**처럼 **새롭게, 처음, 시작**되었고 **높고, 신령스럽고, 불가사의했던**, 모든 것의 **주인이며 근본인 東쪽의 밝은 땅**' 그래요! **소도**(솟대를 모시는 땅)**와 서울**(스ㅣ불)은 해였고 동방에서 밝은 문화가 시작된 터가 신시(神市) 바로 소도였다는 것이지요.

소도, 신시야말로 **아프리카에서 탄생됐다(?)**는 주장은 어째서 **모든 문명과 종교가** 아시아에서 **시작됐고** 그래서 '**빛은** 동방에서!'(Lux ex oriente) 라는 로마속담과 함께 오리엔트(동방)라는 말 자체가 왜, '해 뜨는 곳'을 의미했는지를 알아야 할 것입니다.

그래서 우리의 말은 물론, 우리의 문화 대부분이 해(☀)에서 **유래**됐던 것이었지요. '*서얼*'(ㅅㅣ벌)이란 **해처럼 서로가 서로를 비추어** 밝게, 따뜻하게 하여 **생명을 준다**는 뜻에, 세상으로 뻗어나가는 **사회단위인 핵**(core)이 **처음 형성된 중심땅**(도시, 시장)이었지요. 지금 우리 땅의 도시 중 **유일하게 토박이말**(한자식 표기가 아닌)로 전해지는 '*서얼*'이라는 명칭은 **옛날 우리 땅**이 인류가 찾던, 빛이 시작된 그(The) 시원지였음을 알려주는 보물 같은 언어였습니다. 이러한 의미를 풀지 못했기에 이 땅의 역사학자와 언어학자들은 우리의 역사를 찾지 못했던 것이지요.

서울(SEOUL) 출처: 나무위키, 소도의 서낭당 금줄, 오방색 신수, 남근상, 여음상
출처: 무속과 민속신앙, 서낭당의 소도 안의 웅상 출처: 하늘꽃별나무바람

이렇듯 **소도**는 해(☀)같이 밝은 마음으로 **하늘에 제사**하고 조상을 우러르면서 서로 공감하고 **뜻을 하나로 이끌어내는 신성한 장소**였지요. 훗날 세월이 흘러 넓은 강역(疆域)의 단군시대에도 '**국민통합**'을 **이루어낸 근원 또한 소도**에 있었고 고리 말 대학자 이암은 *단군세기에서 11세 도해단군(1891~1835BCE) 때, **전국 열두 곳 명산에 국선소**

도(國仙蘇塗)를 설치하여 제사를 드렸다'라고 소중히 기록하여 **한국인에게 소도가 무슨 의미였는지를** 알게 합니다. 바로 **우리 땅이** 신들의 생명력과 소통의 문화**가 있었던 '신(神)의 땅**이었던 것이지요.

옛 한국인의 말에서 진정한 사람의 자취를 그리워합니다. *태백일사 삼신오제본기는 '소도의 제천(祭天)은 곧 **구리**(九黎, 구이, 구려)**를 교화하는 근원**이 되었다. 이로부터 화를 당하면, **함께 힘쓰고 이웃을 위하며** 있는 이와 없는 이가 서로 도우니, **문명은 나라를 이루고 개화 평등하여 온 세상에 제사의 예를 숭상**하지 않는 자가 없었다.'라고 합니다. 그래서 '밝달(배달)겨레'였습니다.

인류의 시원지를 찾다! 웅상

소도와 솟대문화를 밝혀내는 것은 '인류의 시원지'를 밝히는 것이나 마찬가지이기에 지금까지 세계의 석학들은 끊임없이 연구해 오고 있지요. 그런데 동서를 가로질렀던 소도·솟대문화를 풀 수 있고 인류 시원의 역사와 문화를 찾는 비밀열쇠와 같은 말이 바로 우리에게 생소한 '산상웅상'이라고 학자들은 말합니다.

동방의 지리서라는 *산해경(山海經)에 '**숙신**(동방 한국의 옛 이름)**의 나라에 백민, 백의민족**(해겨레)**이 살고 있는데, 큰 나무**(우주수)**를 모시면서 웅상이라 한다…**. 북에 웅상이라는 나무가 있는데 **선대**(지나의) **8대의 왕**(복희 신농 황제,요 순 등 삼황오제) **여기서 이 풍속을 취해 갔다'** (北有樹 名曰雄常先八代帝 於此取之)라고 기록한 것으로 보아…

지나의 왕이 된 이들이 **소도, 솟대**와 더불어 **웅상제도** 같은 인류의 뿌리문화를 얼마나 부러워하고 본받으려 했던가를 알 수 있습니다.

   *태백일사 중 삼한관경 마한세가에는 '소도가 세워지는 곳마다 **산상웅상**을 보게 되었다'(蘇塗之立 到處 可見山像雄常)라고 하여 산상웅상이 인류의 시원문화인 소도, 솟대와 더불어 **오랜 문화**였다는 것과, *단군세기에는 11세 도해단군 때 '경인년 원년, 천제(단군)의 명으로… 많은 박달(밝은 땅)나무를 둘러 심고 **가장 큰 소도를 정하고** 나무로 환웅상을 봉한 후 제사를 지냈는데, 이것의 이름을 **웅상**이라 했다.'고 하여 웅상이 바로 밝은 땅에서 제를 지내며 사람들의 **마음을 하나로 모을 수 있는 열쇠역할을 했던 큰 나무**였음을 알 수 있지요.

   '**산상웅상**'(山像雄常)이란 산(사내, 수컷)**의 위용**을 드러내어(山像) 우리의 밝은 땅을 지켜주는 **푯말이 될 만한** 큰 어른나무(雄常)였던 것입니다. 그래서 **환웅**(桓雄) 또한 **푯말**(桓)**이 되는 큰 나무**(雄뛰어남, 수컷)라 했던 것이지요. 그래서 **소도를 정하고 큰 사내나무**(웅상)를 세우고 **생명에너지를 겨루는 씨름**을 즐겼던 것이지요. 인류학자들은 '**씨름**'이 자기의 보호와 종족보존을 위해 본능적으로 투쟁했던 모든 동물들의 행위로 **인류의 탄생과 때를 같이** 했던 오랜- 문화였다고 합니다.

   아, 유레카! 인류최초의 문명(?)이라는 **메소포타미아의 수메르문명인**들이 **무궁화를 아끼고** 봉황을 섬기고 우리처럼 **샅바씨름**을 즐기면서 스스로를 **검은 머리의 사람들**이라는 뜻으로 뜬금없이 '웅상기가'(ùĝ검은 saĝ머리의 gíg사람-a들)를 말했던 것이 이상하다 여겼는데…?

이제 생각하니 자신들(의 조상)이 본디 동쪽 새(봉황)의 땅, 군자의 꽃이라는 무궁화가 지지 않는 땅에서 소도를 정해 솟대를 세우고 큰 사내나무(웅상)를 정해 씨놀음을 했던 검은 머리의 한국인이었다는 문화석 상징이었음을 알겠습니다.

김정양 박사(전 베를린 브란테부르크 학술원 교수)는 수메르 점토판에 **"수메르인은 동쪽 양산**(천산)**을 넘어왔다."** 라는 기록이 적혀 있다고 합니다. 또한 **"아득한 옛날, 동방**에서 학자와 건축가 등 3천 명의 전문가와 노동자들이 와 신전을 세우고 도시를 건설하고 태양력을 만들어 다스리다가 마지막 왕이 천여 명의 뛰어난 학자들과 함께 **다시 동방으로 갔는데** 수메르를 떠나면서 '**우리는 원래 밖에서 온 사람들이다. 이제** 고향**으로 돌아간다.**'라는 말을 남기며 북동쪽**으로 갔다**는 내용도 해독하였다." 라고 일깨웠었는데….

그래요. 이들은 천산에서 온 것이 아니라, **천산을 넘어갔던 옛 한국인**(알이한)이었습니다. 서양학자들은 이러한 기록을 애써 무시하며 **수메르보다 더** 깊은 문명의 고향인 '우리나라'의 존재를 부인해왔기 때문이었지요.

만주 집안현 고구리 각저총의 씨름, 수메르의 청동씨름상 출처: 개벽, 북방신화의 우주수,
세계수 출처: KBS1, 1984년 백남준이 연출한 위성쇼 〈굿모닝 미스터 오웰〉
생중계 퍼포먼스 영상들 출처: 백남준문화재단

나무와 숲을 신성시하는 우리 겨레의 **신수**(神樹: 신같은 나무)**사상**, **성수**(聖樹: 성스러운 나무)**신앙**이었지요. 이재성 화백은 늘 말합니다. "나무가 신이다. **지상에 뿌리를 내리고 하늘을 향해 뻗어 우주에** 이르고 **생명력으로 인간에게 모든 것을 베푸는 신이다**." 그래요. 우리의 조상은 **우뚝 솟은 나무**를 웅상이라 부르고 **세계의 중심축**인 우주목(宇宙木), **하늘과 지상을 연결**하는 신간(神竿)이라 했습니다.

살아있는 나무가 **물에 반응하듯이 우주의 전파에 반응**한다는 사실을 옛날 이 땅의 사람들은 알았던 것이지요. 최근 우주와 교신을 시도하고 있는 학자들의 **가장 좋은 수신기가 바로 나무**였다고 합니다. 그래서 **초기의 피라미드**나 **지구라트의 맨 꼭대기**에 우주목을 심었다는 것은 우리의 **소도문화**에서 비롯된 산상의 웅상나무를 말하는 것이고 **우리 문화의 전파**(K-wave)를 또다시 알게 합니다.

1984년 1월 1일, **초우주적 버라이어티 TV-쇼**인 〈굿모닝 미스터 오웰〉을 발표하면서 '**참여하는 사회와 소통하는 인간**'을 주제로 가상의 첫 인터넷 시대를 예언하며 '**지구촌 대통합**'을 처음 제안했던 사람이 바로 한국인(백남준)이었다는 것은 소도(솟대)문화와 소도의 진정한 혼(정신)이 어느 백성에게 있었는지를 알게 합니다. 그러나 우린 아직도 일제가 가르쳐준 대로 '귀신나무가 있는 **귀신이 나오는 곳**'이라 하여 걸음을 재촉하는 곳이지요!

> "여기 보이는 건 껍데기에 지나지 않아.
> 가장 중요한 것은 눈에 보이지 않아. 마음으로 보아야 잘 볼 수 있다는 거야."
> *어린 왕자 중에서

소도의 기원

소도(蘇塗)가 **동북아시아에서 유래**되었다고 하니, 역시 지나(차이나)는 **자기네 역사**라 우기며 인류의 시원문화를 갈취하려 하지만, 먼 훗날 그것도 사실은 우리(동이)의 후손이었던 강태공(1211~1072BCE)에 의해 **소도문화를 전수**받았을 뿐이라 하고, 또한 소도가 **고간**(高竿: 높은 장대)이라는 몽골어 발음에서 유래(?)하였다고 하나 **지나나 몽골의 역사와 민속 어디에도**, 심지어 몽골 최고의 역사서인 ***몽골비사**에도 솟대 문화가 없을 뿐 아니라 몽골인의 의식을 가장 드러낸다는 **오보**(Obo, 鄂博)**조차도** 언제, 어디서 왔는지에 대한 **기록도 없다**고 합니다.

몽골의 오보 출처: 가보고 싶은 길과 여행, 봉우사상연구소, 오색천의 신목(세르게) 출처: 경향신문 김형규 기자, 몽골의 당산나무 출처: 모산재, 캐나다의 원주민인 치 헤일리스족 출처: 댄스포스트코리아 신귀만

재야사학자 구길수 외 많은 학자들은 몽골의 오보란 남근(男根)을 뜻하는 **큰 나무**에 여음(女陰)을 뜻하는 **돌무더기를 둘러쌓은 우리의** 서낭나무(당산나무, 동구나무: 마을을 지키는 큰 나무)에서 유래된 것으로, 우리의 옛말인 **아보, 어보, 아비**에서 나온 말임을 밝혀내지요.

그래서 육당(최남선)은 조선의 **당산**(堂山)과 **조탑**(탑쌓기), 몽골의 **오보**(돌무더기)와 재팬의 **우부**, 만주의 **당자**(堂子)를 '불함(광명, 하늘, 하늘신·

하느님天神을 뜻하는 고어)문화'의 **중요한 큰 특징**으로 보면서 "불함문화권에서 **조선이 차지하는 문화적 비중이 가장 크다.**" 라고 했던 것입니다.

이렇게 남근상(男根象)의 큰 나무(웅상, 서낭나무) 옆에 여음(女陰)상의 돌무더기를 쌓는 '서낭당'이란, 생뚱맞은 서녘 서(西)가 아닌, 해가 밝게 비추다의 의미인 '**서**', 또는 신선을 의미하는 '**선**'(仙)에 모계사회의 어머니의 뜻인 '**낭**'(娘)이 합쳐진 해처럼 밝은 세상을 여신 어머니 '**서낭당**'이나 신선어머니 '**선낭당**'으로 풀이한 학자들의 의견을 따른다면, 이 말에서도 우리가 잊어버린 **모계사회의 우리의 어머니 삼신할미, 마고신선을 찾을 수 있을 겁니다.**

그래요. 마고 어머니를 모시는 집이었지요!

아, 더구나 소도의 소(蘇)자는 '**물고기**(魚)와 **벼**(禾)를 올려 제사지냈던 **사람들의 문화**'였습니다. 그래요. 소도와 솟대는 **해양문화와 농경문화, 목축 등 모든 것이 시작되었던 문화였다는 징표**였으며 인류의 그(The) 신석기문명을 일으켰던 어머니의 나라가 바닷가의 마고문화였음을 간직하고 있었던 글자였습니다. 왜냐하면, 지구상에서 배를 처음 만들어 고래를 처음 잡고 인공벼를 처음 재배하여 농경문화를 일으켜 하늘제사를 올렸던 사람들의 문화였기 때문입니다.

아직도 **혹자는 히말리아나 곤륜산이나 천산산맥 지역**을, 또는 **바이칼을** 신(神)의 땅(인류의 시원지)이라네요. 몽골이, 티베트가 **농경민족**(?)인가요? 그렇다면 **해양문명인**인가요? 그렇다면, 지나는 **농경을 처음 시작하고**(?) **바다문명을 개척한 민족**이었나요?

아니잖아요! 지나족은 **5천 년 전후에야 겨우** 동남아에서 지나남쪽에 들어와 벼농사도 아닌 **밭농사**(밀)를 하고 바다로는 **1천 년 전에야 겨우 눈을 떠** 고리(려)에게 배를 지어달라고 했던, 역사가 짧은 족속이었는데, 지나와 몽골은 **소도의 주인이 될 수 없지요.**

높은 산들이 **첩첩**하고 만년설이 **쌓여 있고 적막**하다고 무조건 **역사의 땅**이고 **신의 땅**이 되는 것이 아니라, '문화'를 바탕으로 하여 **인류의 역사를 시작해 와야** 함을 고든 차일드(호주의 언어학자, 인류학자)를 비롯한 인류학자들이 역설해 왔음에도…, 문화(文化)를 모르는 한국인이 이만큼 맹목이 되고 무서운 것입니다!

신성한 사람들의 영역, 소도

소도가 제천의식을 치르는 곳이지만, 설혹 이곳으로 **죄인들이 도망**하더라도 **국법이 미치지 못하였다**고 합니다. 제사장인 천군(천제를 주관하고 성소인 소도를 다스리는 권력자)**이 지배하는 곳**이었기 때문이지요.

지나의 사서인 *후한서 및 *삼국지 등에는 우리의 소도에 대한 기록을 전합니다. "마한, 진한, 변한 등 **삼한에서는 매년 천군을 뽑아서 소도를 설치**하여 제사를 지내고 질병과 재앙이 없기를 빌었다. **소도는 신성한 지역**이므로 죄인이 들어오더라도 잡을 수가 없었다." 라고 하여 **소도가 옛 풍습을 이은 삼한시대의 풍습**이었음을 알게 합니다.

그래요 소도(蘇塗)라는 글자 또한 **해양문화**(魚)와 **농경문화**(禾)를 시작한 사람들에게 소(蘇)**생의 기회를 주는 신성한 장소**였음을 나타낸 글자였지요. 훗날의 **화백**과 **신문고제도**가 정치권력으로 분화되는 과정에서 나타난 것이었을 뿐, 뜬금없었던 것이 아니라 바로 蘇塗(소도) 신앙에서 유래된 것이었습니다.

그래서 **신라**는 '**복본**(複本: 근본으로 돌아가)**하여** 근본인 마고(한국인의 첫시조, 삼신할머니)의 마음으로 돌아가기 위해 밝은 터에 솟대를 세우고 시작**한 나라**'였음을 역설했던 것이지요. 그러하기에 신라의 왕은 **마고삼신을 나타내는 새 세 마리의** 솟대를 왕관 **맨 위에** 올려 쓰고 고조선을 이어 **화백**(和白: 해처럼 어울려 밝히는)**정신**으로 정치를 했던 것이고 그래서 **삼신의 땅 소도**(생명의 근원지)에 혹 죄인이 들어오더라도 환골탈태하게 하여 **처음 시작하듯이** 소(蘇)생시켜주었던 것이었지요.

캐나다의 원주민인 치 헤일리스족(인디언)의 **신당**(神堂: 우리의 서낭당) **앞에는 언제나 못이 꽂혀 있다고** 합니다. 신당에 들어가 회의하기 전, 만물의 조화자로서 각자의 이기적 자아(가면)를 걸어 두기 위함입니다.

이러한 **소도**의 신성불가침문화는 **시베리아 지방과 북방 유목민족**으로 이어져 먼 훗날, 이스라엘에서는 **도피성**(cities of refuge)으로, 그리스 · 로마에서는 **아실리**(asillie 성역의 권리), **아실럼**(asylum)으로 나타나고 우리의 소도신앙은 몽골의 **오보**와 **세르게**로, 티벳으론 **룽가**로 퍼져나간 것이라고 합니다.

그래요. 이 땅의 **농경문화를 상징했던 벼이삭의** 금줄문화는 북방 시베리아에선 **동물의 털인 말총으로도** 변하고 우리 땅 **해양문화의 상징인 서낭당**(마고 어머니를 모시는 집)**의** 오방문화는 지금 **오색 띠가** 되어 어머니의 나라를 향한 노스탤지어로 펄럭이고 있는 것이지요.

국민신문고 출처: 국민신문고홈페이지, 미디어리터러티, 도피성 묘사 출처: 패스티브, 티벳의 간덴
사원의 오색(오행) 타르초 출처: marenova.elloos.com, 서낭당 오방문화 출처: ⓒ강미애

인류최초의 학교

*태백일사 삼신오제본기는 '소도의 제천(祭天: 하늘제사)은 곧 **구리**(九黎,
구이, 구려)를 교화하는 근원이 되었다. 이로부터 화를 당하면, **함께 힘
쓰고 이웃을 위하며 있는 이와 없는 이가 서로 도우니, 문명은 나라**를
이루고 **개화 평등**하여 온 세상에 **제사의 예**를 숭상하지 않는 자가 없
었다.'라고 하여 도(道)의 나라, 군자의 나라, 문명이 나온 나라답게 〈
학교의 유래〉 또한 **태곳적 '소도의 제천'**에 있었음을 알게 합니다.

　이러한 마음을 잇고자 했던 학교가 **단군조선**(BCE2333)의 '**경당**'(扃堂:
밝은 것을 일깨우는 빗장을 건 학교)이었지요. 아니 어쩌면, 그 이전 배달국
(BCE3898) 시대에서도 있던 학교였을 것입니다. '**경당**'은 신석기문명의
징표인 **소도**를 곁에 세우고 결혼하지 않은 젊은이들로 하여금 역(易)의
괘(卦)를 배워 **만물변화의 이치**를 익히고 **기예를 연마**하고 **예절**을 익히
며 가르쳤던 배달나라의 **교**(敎)유기관, 지금의 **학**(學)교였다고 합니다.

　그래서 **갑골문자 學, 敎**에 만물의 변화를 상징한다는 '**爻**'(효)가 있
고 인류의 놀이의 기원으로 만 년이 넘었을 것이라는 **윷놀이의 윷**에

효(爻)가 그려진 이유 또한 **천하를 운영했던 선조의 오랜 역사를 잊지** 말라는 것이었지요. 그래서 윷놀이를 백성과 어린아이에게 **만물의 이치를 일깨우는 첫 교육기재**였다고 학자들이 말하는 것입니다.

爻, 學, 敎의 갑골문자 출처: 양동숙 교수 *갑골문자, 윷의 爻, 출처: 숨수면의원, '학교'명칭이 나타난 수메르 점토판 출처: 가람기획, 산동의 아래 낭야성(붉은 점) 출처: byunsdd8972

그러니까 사대주의자들은 또 흥분합니다.

"인류 최초의 학교 또한 중국 아니냐?"

옛 옥편인 *설문해자에 나오는 '**상**'(庠: 은·주 때의 향학) 그리고 *예기에 나오는 주(周) 때의 '**소학**'(小學)과 '**대학**'(大學)을 학교의 시효라고 하면서 대륙의 문화라고 하나 공자마저 "주(周)는 은(殷)의 예의와 제도를 이어 받았다." 라고 했고 그 은이 동이겨레에서 분리된 국가이고 **그 문화의 뿌리가 태곳적 동방의 나라**의 해문화와 밝달사상, 소도와 솟대와 천제와 제천의식에 있었는데, 더구나 한자(漢字)라는 글조차 한겨레가 창안한 것이고 반면 제 글이라면서 한자발음조차 못해 엉뚱한 영어의 발음기호를 빌어 기록하며 발음하고 있는 주제에⋯ '**학교**'가 어찌 이런 짧은 역사의 한족(漢族)문화겠습니까?

더구나 조선의 선비 이맥(李陌 1455~1528)은 목숨을 걸고 지은

*태백일사에서 '단군왕검의 황자이신 부루태자께서 **지구의 홍수시기에 물관리법을 몰랐던** 우매했던 많은 민족과 지나땅의 우(禹: 천왕인 단군조의 신하였던 순왕의 신하로, 훗날 夏하를 세움)**에게 치수법**(治水法)을 전수하러 회계산(상해 위)으로 가시던 도중, 삼고조선(진조선-진한, 막조선-마한, 번조선-변한) 중 지나쪽의 번조선 지역인 산동성의 낭야성(琅耶城)에 '경당'을 세워(BCE2267) 배달나라의 **제세핵랑**(濟世核郎: 삼신의 마음으로 세상을 구제할 문명개척단)**의 정신을 교육**하고 태산(산동성)에 올라 삼신(三神)에게 제사를 지내며 **소도문화를 알렸다**'는 사실을 전하여 인류 최초의 학교 경당이 최소한 BCE2267 이전, 아마 까마득한 소도문화에서 비롯된 것이었음을 알게 합니다.

이를 증명하듯 지금 **상해 북쪽 형산의 '구루봉'**에는 비록 복제품이지만, 77자의 옛 문자의 비석이 전해지고 있지요. 갑골문 이전의 글자(과두문자)로 써져 아직 판독하지 못한 비석이지만, 세상은 사공 '우(禹)의 치수기념비'(?)라고 전합니다.

그러나 세상이 부루(扶婁)태자를 **북극 수정자**(水精子: 용왕의 아들)로, **창수사자**(蒼水使者: 물을 다스리는 사자)로 전하는 까닭은 **우에게 우리의 오행치수비법을 전수**한 것이 단군왕검을 대신한 부루태자였기 때문이며 그래서 역사를 아는 분에게는 '**부루태자의 공덕비**'로 불리지요. 그래서인지 지금의 구루봉이 왠지 '**구이의 수장인 부루의 봉**'으로 그래서 '부루봉'으로 들리는 것이 긴 세월을 탓하는 저의 헛된 마음뿐일까요?

*무속에 살아 있는 우리 상고사의 저자 조성제 님은

'지금도 우리에게 **홍수막이**(일 년의 홍수 등 액운을 막아 주는 일)로 또한 굿거리 중··· 창부(창수사자 보부)타령이 전하는 것이고 창부타령에 홍수막이를 넣어 전하는 것이 이때의 부루태자를 기리는 것'이라며 우리 겨레의 심원하고 위대했던 시원의 역사를 기억시킵니다.

그래요. **다른 민족과 백성에게마저 교육을 시켰던** 사해평화의 마음과 숭고한 홍익인간의 사명감을 가졌던 우리의 조상이었지요. 훗날의 **황하문명의 주체**나 저들이 말하는 **차이나문자**(한자)의 **발명의 주체**도 다 **우리 한국인**이었는데, 무슨-, **우리보다 먼저** 학교가··· ···?

우의 공덕비로 잘못 알려진 부루태자 공덕비 출처: 흑룡강뉴스, 태백일사 출처: 알라딘,
세계 최고의 대학으로 알려진 카라우인 모스크와 대학 출처: EBS 세계테마기행

그러니까 어떤 이는 수메르문명인의 **'에두바'**(edubba: 점토판의 집)라 하네요. 수메르인인 '노아'의 고향인 **슈르파크**에서 **학교 교과서와 함께 쐐기**(설형)**문자로 새겨진 점토판**(BCE2000경)**이 발굴**(1902년경)되었기 때문이지요.

그러나 학자들이 말했듯 **에두바**는 동쪽에서 고도의 문명을 갖고 갑자기 나타난 **황색인의 학교**였을 뿐이지요! 그래서인지, **이**(광의의 첫 아리안)**들이** 메소포타미아로 이동한 후 세월이 흐르고 피도 섞이자, 이 땅을 떠났던 **제세핵랑**(문화개척단)**과 홍익인간의 교육 목적도**,

강한 교육열도 많이 없어집니다. '달마다 24일은 난 학교에 다녀야 한다. **지겨운 학교**'라는 글귀가 수메르 점토판에 보이네요.

최초의 학교 경당뿐 아니라 지금 세계적으로 최고 고등교육기관인 **대학**(大學) 또한 모로코의 카라위인 모스크와(859)나 이탈리아의 볼로냐(1088)라고 알고 있으나, 사실은 **고구리 17대 소수림**(재위 371~384) **태왕**(太王: 인류의 문명을 시작한 뿌리나라의 임금) **때 설립된 국립대학인 '태학**(太學 CE372)이 세계최초의 대학이었다고 학자들(처음 북한 2016.9)은 주장합니다.

심지어 **단군왕검**(BCE2333) 때는 첫 번째 가르침으로 정종(正種) 즉 '**씨를 바르게 하여 바르게 이으라!**'는 말씀을 했을 정도였고 무엇보다 천손 한국인은 태곳적부터 유일하게 태어나지도 않은 **뱃속의 아이마저도 존재성을 인정**하고 태교(胎敎)를 시켜 왔던 사람들이지요.

그래요. 한국의 엄마들은 밤하늘의 '**북두칠성**'을 보고 자연의 정기와 성현의 글귀를 읽고 참선과 기도를 통해 **아기가 자연에 가까운 인성과 몸을 갖출 수 있도록** 하며 **아름다운 소리를 들려주고 사랑스러운 것들**을 보이고 **함께 대화**를 하면서 열 달을 교육시켰다고 합니다.

이러한 전통을 여성실학자 이사주당(李師朱堂 1739~1821)은 세계최초의 태교책인 *태교신기(胎敎新奇)에서 "태어나서 받은 스승의 10년의 가르침보다 **어미의 뱃속에서 열 달 가르침이 더 중요하다.**" 라고 기록하구요. 지금은 전화와 전란으로 소실되고 약탈되었지만, 이러한 **태교의 전통**은 포은 정몽주의 모친이 쓰신 *태중훈문, 율곡의 *성학집요 그리고 *규훈, *내훈, *열녀전, *계녀전 등에 전해져 왔습니다.

소위 '천손'(天孫)의 교육법이지요. 그래서 우리 **한국인은 태어나자 마자 1살**이라고 했던 것입니다. 소위 세계인이 이상하게 생각하는 '**한 국나이**'(korean age)이지요.

혹자는 '나이를 따지는 독특한 문화'에서 기인되었다고 치부하지만, 지금 왕족과 귀족과 선비가 **절멸**하고 상놈의 저급한 문화만이 남겨져 이것이 우리의 문화로 알고 있고 태교마저 모차르트 음악을 고집하며 **서양문화라고 하는 눈먼 사회**가 되고 말았는데, 태교가 **문명을 처음 시작했던** 고귀했던 천손의 문화인 줄 어찌 알겠습니까? 그래서 **천손은 세계인의 형님**이 되는 것이고 돼야 하는 것이지요. 한국문화가 모든 면에서 유별난 이유도 다 천손의 문화였기 때문입니다.

우리와 함께 옛날 동아시아(몽골, 재팬, 베트남, 지나의 일부)에서도 한국나이를 써 왔다고 하지만, 저들에겐 **솟대도 경당도 윷도 천손의 문자도** 없고 인류의 시원문명과 관계도 없었고 삼신의 혈통과 천부의 맥을 이어받지 못했던 족속이었을 뿐이지요.

태교신기언해 출처: 한국학중앙연구원, 단동십훈 중 '작작궁'아함'출처: EBS

또한 우리 천손에게는 태교에 이어 아이가 고개를 가눌 정도만 되면, 귀와 눈 등 오감(五感)을 일깨우고 손과 몸짓으로 신체를 활성화시키며 아기의 뇌신경과 인지기능을 발달시키면서 사람이 무엇이며 사람은 어떻게 살아야 하는 지를 함께 일깨웠다는, 과학적인 육아교육법 '단동십훈'(檀童十訓: 단군의 아이들을 위한 가르침 10)까지 전해집니다.

　이 중 '**도리도리**'(돌리돌리)는 백일 전후의 간난아기가 빨리 고개를 가누고 일어나 좌우를 살펴 살았으면 하는 바람을 담아 혈액순환을 원활히 하는 목근육을 키우게 했던 운동이었고 '**작작궁**'(짝짜꿍)은 두 손바닥을 마주치며 소리내어 흥을 내는 동작을 함께 하면서 너와 나를 넘은 우리로서 함께 흥을 돋우며 살라는 바람을 담았으며 '**곤**(건)**지곤지**'에는 한 손의 검지로 다른 손바닥을 찌르는 동작으로 눈과 손의 협응동작을 키우고 혈을 자극하여 두뇌발달을 촉진시켜 집중력을 높이려 했던 마음이었고 '**잼잼**'(쥐엄쥐엄)은 손을 쥐고 펴고 움켜잡는 동작을 반복하면서 빨리 손과 머리를 써 사람의 모습을 갖추었으면 하 는 부모의 바람이었지요.
　'**섬마섬마**'(서마서마)는 서지도 못하는 아가의 발을 모아잡고 손바닥에 세워놓고 무릎의 힘을 강하게 키움으로써 어서 스스로 서서 자립, 자주, 자강하라는 마음이었고 '**불아불아**'에는 아가의 허리를 잡아 세우고 번갈아 왼쪽, 오른쪽으로 흔들어 평형감각을 익히고 중심을 잡아 걷고 뛰는 동작을 선험시키려는 마음이었으며 '**시상시상**'은 아기를 앉혀놓고 손을 잡아 앞뒤로 몸을 끄덕이게 하면서 허리힘을 키워 빨리 섰으면…, '**아함 아함**'은 말을 배우기 전 낼숨과 호흡군을 나누는 법을 가르쳐 분명한 말의 시작을 하게 하고 싶었던 부모의 마음 등을 담고 있는 천손 한겨레의 전통육아법이었습니다.

얼마 전 EBS에서도 방영된 바 있는 '단동십훈'은 1대 단군왕검 (BCE2333)께서 *단군팔조교(檀君八條敎: 단군조선 개국의 가르침)의 조서 를 내릴 때 지으셨다고 하지만, 단군조선 이전의 환인시대(BCE7199) 와 환웅(BCE3898 배달국)시대의 아기의 기초를 다지는 일인 '단동치기' (檀童治基)가 계발되어 암호로서 구전되었던 천손황족의 유아법이었다고 하니 짧은 수메르와 지나의 학교문화에서 그 어머니문화의 심원한 뿌 리들을 찾을 수 없음은 당연한 이치겠지요!

묵묵히 사회정의 실현을 위해 애쓰고 있는 〈실천연대〉의 리연우 회장은 "단동치기는 이미 5900여 년 전 배달조선 초대임검(금)이신 거발한 환웅께서 결혼적령기의 천손의 황족에게 수련을 시키는 것 중 2세를 낳으면, 아기에게 세상의 주인이었던 천손의 위대함을 알려주 기 위해 전수된 일종의 '아기천부경'이었다" 라고 말합니다.

그래요. 먼 하비(할아비)로부터 할아버지로, 그리고 아버지에게서 나로 전해졌던 뜻도 모르는 말들이지요. 아득한 상고시대로부터 내 려왔다는 '단동치기'는 일제 35년 사이 전수맥락이 끊어졌기에 지금 은 아쉽게도 단지 우리의 아이를 튼튼하고 똑똑하게 키우자는 의미만 알 뿐이지요.

그래서 학자들마다 해석이 다르지만, 정−말 오랜 역사의 가르침 이라면, 필시 이글(한자)보다 먼저인 이 땅의 향토어로 전해왔을 것이 니, 인류최고의 경전인 *천부경 풀이만큼이나 난해한 것이기에, 여 기서는 소위 한자(이글)표기와 의미는 배제하면서 후학의 연구를 기대 할 뿐입니다.

다만, 이 교육의 시작이 엄마, 아빠가 아가와 눈을 맞추며 정신과 의식을 깨우는 말 '각궁'(깍꿍, 覺弓)으로부터 시작하고 있으니, 그래요 '~을 깨우라, 깨달으라!'며 천손(칠성겨레, 리)의 혼과 정신을 깨우려 했다는 많은 학자들의 의미 있는 해석을 지나쳐서는 안 되겠습니다.

일찍이 오스카 와일드(Oscar Wilde)가 "사람이 '산다'는 것은 드문 일이다. 대부분의 사람들은 단지 '존재'하고 있을 뿐이다." 라고 말했 었는데, 그래요. 우리 땅은 **사람을 사람답게 살도록 이끌어온 나라**였 고 그래서 지금도 세계가 궁금해 하는 **세계제일의 두뇌와 문자와 교 육열** 그리고 **경제기적, 민주평화시위** 등이 뜬금없는 것이 아니었지 요. 그렇다면, 여기에 시원문명이 수두룩한, 사람의 땅(홍익인간)에서 **인류최초의 학교가 생기는 것**은 당연한 일 아닙니까?

한겨레 최초의 애국가

그런데, 소도의 제천행사나 학교인 **경당에서 교육받는 천지화랑, 국 자랑**(國子郎)은 머리에 천지화(天指花)를 꽂고 다니며 항상 '어아가'를 불렀다고 합니다.

'**어아가**'(於阿歌)가 언제 시작되었는지는 알 수 없으나, **신시배달국** (BCE3898~)**시대**로 이어져 제2세 단군 부루단군 때(BCE2240) 크게 일 으켜 **제천행사** 때나 대소사에 나랏사람들이 크게 모여 **조상의 큰 덕** 을 찬양하고 **화목과 화합**을 다지며 '**우리가 하나**가 되어 **지상천국의 인간세상을 만들자**'는 다짐과 애국의 노래였다고 합니다.

학자들은 *세계 최초의 애국가*의 기록이라고 말하지요?

「어아어아, 우리들 큰조상님(대조신)네/ 크신 은혜, 높은 공덕, 배달 나라 우리들 누구라도 천 년 만 년 잊지 마세(於阿於阿 我等大祖神大恩德 倍達國 我等皆 百百千千年 勿忘)// 어아어아, **착한 마음 큰 활이고 나쁜 마음 과녁이라**/ 우리들 누구라도 **사람 맘 큰 활이니 활줄처럼 똑 같으며**/ **착한 마음 곧은 화살 한 맘으로 똑같아라**// 어아어아, 우리들 누구라도 사람마다 큰 활 되어 과녁마다 뚫고 지고/ **끓는 마음, 착한 마음**, 눈(snow)과 같은 악한 마음// 어아어아, 우리들 누구라도 사람마다 큰활이라/ **굳게 뭉친 같은 마음, 배달나라 영광일세**/ 천 년 만 년 크신 은덕/ 대조신이시여, 대조신이시여」

아, 지금의 애국가가 '스러져 가는 **시원의 나라, 시원의 땅 대한**(三韓)에서 **천손의 문화와 그 대한 사람을 길이 보전**(保全: 온전하게 지켜서 유지함)하라'는 절절한 당부였다면, **어아가**는 '그 큰조상님들의 높은 공덕을 잊지 말고 굳게 뭉쳐 세상에 천손의 본을 보이며 배달의 영광을 이으라'는 천손겨레의 책무를 일깨움이었습니다.

태양열로 채화하는 강화도 머리산(마니산) 제천행사 출처: 민족사관고 홈페이지, 드라마 연개소문 출처: sbs, 일제요인 암살의 '한인애국단'출처: Tistory

고구리 동명성제(東明, 고주몽)께서 평시에 항상 노래하셨다고 하고 **광개토태왕께서** 전투에 앞서 병사와 함께 불렀다고 전하며, **나라의 자존심을 일깨우고 겨레의 얼을 고취하고자** 할 때, 그래서 상해임시정부가 개천절과 어천절(단군의 승천일)에 부르고, 독립군의 군가로 불렀다고 하지만, 우리의 조상님이 **기가 막히도록 서러운 일**을 당했을 때, '**어아-어아-**' 하시며 우셨던 우리의 얼노래였다고 합니다.

드라마 〈연개소문〉에서 **대막리지 연개소문**이 당(唐)에 항복하자는 보장태왕(고구리 28대 마지막 황제)에게 눈물로 '어아가'를 불러올리는 장면은 얼이 빠진 지금의 한국인에게 들려주고 싶은 노래이지요. 강상원 박사님은 호소합니다. "**붉은 악마들**이여, 이제는 어아가를 부르라!"

> "고구리가 무너지면 삼한땅이 당의 식민지가 될 것이다. 반드시 결사항쟁으로 종묘사직과 삼한땅을 지켜내야 할 것이다." (檀君世紀 연개소문)

솟대의 부활, 홍살문

붉은 해가 비추는 문, 나쁜 잡귀나 불순한 사람을 붉은 화살로 **쏘아 버리겠다는 문!** 원래 '홍전문'(紅箭門)이었던 홍살문…, 두 개의 기둥 사이로 **붉은 화살**을 꽂아 놓고 문 위에는 비상형(날아오르는)의 신조가 추상화되어 신성한 공간을 보호하고 경건한 마음으로 출입해야 한다는 경계의 의미로, 축사(逐邪: 어긋난 것을 쫓다)의 색인 **붉은 칠을 하여 나쁜 기운을 쫓는 문**이라고 합니다. 그래서 **궁궐이나 관청, 향교, 사당, 왕릉** 등에 세워져 있고 문 앞에는 모든 사람이 말에서 내려 **예를**

갖추라는 하마비(下馬碑)까지 세워져 있지요.

　지금은 **충신, 열녀, 효자 등을 배출한 집안이나 마을에 세우는 문** 정도로 알고 있습니다. 〈한국민족문화대백과사전〉마저도 "홍살문이 **언제부터 어떤 연유로 해서 세워지게** 되었는지는, 문헌상 기록이 없어 **확실히 알 수 없다.**" 라고 하지요. 이러니 **많은 외국인들이 한류를 따라 문화대국이라며 찾아와도,** 정작 우린 아무 답변도 어떤 문화에도 자신이 없으니 이제, 우리 땅의 문화에 관심을 …!

홍릉의 홍살문 출처: 나무위키, 북경 오간패루 뒤에 옛 자금성 지금 새로 개축된 것, 몽골
사원의 삼간 패루 출처: http://news. naver/main/read.nhn mode

　혹자는 차이나타운의 상징으로 알려진 '**오방패루**'가 홍살문의 원조라고 하고 지나의 *주례(周禮)라는 책을 들어 '**왕이 행차 시에 임시(?)로 머무는 곳이나 밖에서 제사를 지내고 빈객을 임시(?)로 만나는 곳에 세웠던 기(旗)나 문(門)**'이었다고 말하며 **지나의 문화였다고** 하나, **오직 위엄만이 등등할 뿐, 그 어디에도** 신성한 영역의 징표(신조, 금줄)나 사해평등의 마음은 없습니다. 그래서인지 지나는 옛날 **북경 자금성 앞에 있었던 오간패루마저 치워 없애버린 것이지요.**(이 책을 지나인이 보면, 다시 세우려 할 텐데 걱정입니다!)

　혹자는 재팬의 약 8만5천여 개의 **도리이**(鳥居, とりい)로 인해

재팬의 문화였다고도 합니다. 저들말로는 '새(神鳥)가 있는 곳'이라는 뜻으로 성역의 문이라며 짚으로 만든 금줄(금줄, 신줄: 한국의 문화)이 둘러쳐진 수많은 도리이들, 그래서 재팬을 '문(門)의 나라'라고 말하지만, 그 문에는 천손의 상징인 새는 드물고 엉뚱하게 문 앞에 개(고마이누)나 백여우가 지키고 있을 뿐이지요!

재팬 큐우슈우 도리이 금줄과 솟대나무 출처: Unknown, 큐우슈우 오이타의 붉은색 도리이 출처: 미쉘의 여행법칙, 대마도 와타즈미 신사 도리이 옆의 개 출처: seumseum

이 모두 태곳적 솟대의 신성성이 사라지고 일반화되어가는 모습이었을 뿐입니다. 태양에 새 숭배의 사상이 더해져 신성한 지역임을 나타내는 문이 후세사람들의 삶에 의해 왜곡되었던 것이지요. 어때요? 문화로 보니까? 그래요. 솟대와 홍살문의 문화의 본질이 왜곡되면서 왜와 지나 등으로 퍼져나갔던 우리의 문화였을 것입니다.

그런데, 옛날 제천행사 때, 천지화랑, 국자랑이 불렀다는 최초의 애국가, '어아가'는 우리에게 홍살문의 유래를 알 수 있는 실마리를 일러 줍니다! "어아어아, 착한 마음 큰 활이고 나쁜 마음 과녁이라/ 우리들 누구라도 사람마다 큰 활 되어 과녁마다 뚫고 지고/ 끓는 마음, 착한 마음 !" 그래요. 착한 마음과 신성한 것들을 지키려 했던…,

솟대에서 시작된 천손의 문화였던 것이지요.

신성한 땅을 지켜온 초석, 선비

'선비'란 우리의 옛말 '신(해 같은)+비(지도자)'에서 나온 말로 '태양처럼 밝게 하는 지도자'란 뜻임을 이미 말씀 드린 바 있지요.

이러한 선비는 조선의 시대에는 크게 **산림유**와 **묘당유** 이렇게 둘로 나누어집니다. 모름지기 조선의 선비는 반드시 **인격과 학문과 경륜**을 함께 겸비한 자라야 합니다. 인격과 학문과 경륜을 갖추고 **초야에 은거하면서 후학을 양성하고** 인격의 완성을 위해 학문에 정진하며 현실 정치를 비판하는 처사를 '**산림유**'(山林儒)라 한다면, **과거를 통해 벼슬길에 나아가** 개인의 부귀나 영욕보다는 언제나 나라의 안위를 생각하며 멸사봉공의 마음으로 경세제민하는 선비를 '**묘당유**'(廟堂儒)라고 했지요.

그러하기에 우리의 선비는 전시뿐만 아니라 평소에도 **높은 도덕성으로서** 현실의 이해관계에 얽매이지 않고 **사회와 나라의 발전을 위하여** 현실비판에 앞장서면서 계몽과 선도를 통해 사람들의 몽매한 의식을 일깨워 주는 역할을 스스로 맡았으며, 또한 흉년이 들면, 자신의 곳간 문을 열어 백성들에게 재물을 나누어 주고 '땅을 사는 것을 금기'로 하며 **백성과 함께 했던 그러한 분들**이었습니다.

또한 **관직이란 자신의 뜻과 신념을 실현하는 수단**으로 여겼을 뿐, 자기의 신념에 어긋난다 생각하면, 왕이나 그 누구에게도 뜻을 굽히지 않았습니다. 이것이 바로 사대부와 선비가 암묵적으로 지켜야 할 맑은 규율, 즉 '**청규**'(淸規)라 하는 것이었죠. 이렇듯 우리의 선비는 정치, 경제, 사회, 문화 등 **사회의 중심**(中心)에서 **겨레의 혼**(魂)을 이끌어 온 시대의 실질적인 주역이었으며 **국가천년을 지탱하는 초석**이었습니다.

이 시대 진정한 선비의 모습으로 떠나가신 고 박성수 교수님은 안타까움으로 이렇게 말씀하셨지요. "옛날에는 고을마다 세 사람의 스승을 두었다고 한다. 그들은 삼노(三老)라고 하여 백성들의 존경은 물론 고을 관리들을 지도하기도 했다. 그래서 '조선의 선비'는 언제나 **말과 행실을 같이** 하면서 **지조와 절개를 태산**처럼 여기고 대의(大義)를 **위해서**라면, 목숨조차 초개처럼 아끼지 않았던 분들이었다. 우리가 소나무의 종주국이듯이 우리는 선비의 나라였음을 잊어선 안 된다!"

경북 울진군 소나무 출처: 국립산림과학원, EBS문화유산코리아 〈조선의 선비정신〉
출처: 문화유산채널, 칼레의 시민 출처: 위키백과

'노블레스 오블리제' Noblesse(닭의 벼슬) Oblige(달걀의 노른자), **닭의 사명**이 자기의 벼슬(명예)을 자랑함에 있는 것이 아니라 **알**(의무)**을 낳는데 있다**는 의미로 사회지도층은 **누리는 명예**(노블리스)**만큼 의무**(오블리제)**도 다 해야 한다**는 의미입니다. 초기로마시대에 왕과 귀족들이 보여준 솔선수범과 높은 도덕의식에서 비롯되었던 이 말은 훗날 **지도층의 높은 도덕성**을 요구하는 뜻으로 자주 인용되는 말이지요.

프랑스의 해안도시 칼레에는 로댕의 조각품인 〈**칼레의 시민**〉이 있습니다. 1347년 영국에게 칼레시가 점령당하자, **모든 시민을 대신해서**

스스로 목에 밧줄을 감고 죽으려 했던 상류층 시민 6명을 기린 동상이지요. 그들은 바로 칼레시의 시장과 제일 부자상인과 상속이 제일 많은 사람과 법률가 그리고 귀족들…. 영국왕비의 임신과 맞물려 다 살았다는 연극 같은 이들의 이야기는 세계로 퍼져 지구상 최고(?)의 **노블레스 오블리주**라고 하며 국가마다 도시마다 모조품을 전시하고 있습니다.

그러나 저는 **삼한갑족**(三韓甲族 예부터 대대로 문벌이 높은 집안)으로, 백사 이항복의 10대손으로, **조선의 명문거족**(Royal family)으로, 조선 말의 갑부요, 위대한 혁명가요, 사상가요, 선각자였던 우당 이회영(李會榮 1867~1932.11.17) 가문을 생각합니다. **6형제가 한 뜻**이 되어 50여 가족이 풍족한 삶을 버리고 만주로 이주하여 〈신흥무관학교〉를 설립하여 3500명의 독립군을 양성하며 항일투쟁을 전개했던 가문…, 집과 **전재산, 권력과 신분, 몸도 넋도** 모두 조국에 바치며 헌신했던 세계 최고의 노블리스 오블리주 아니 **그 너머를 뛰어넘은** 고귀했던 가문이었지요.

맏형 이건영(健榮)은 만주에서 투쟁 중 **병사**, 조선말 10대 갑부였던 둘째 이석영(石榮)은 중국 상하이 빈민가에서 **영양실조로 아사**, 셋째 이철영(哲榮)은 독립투쟁 중 **풍토병으로 사망**, 이회영(會榮)은 여순형무소에서 **고문으로 순국**, 아내 또한 **과로사로** 돌아가시고 막내인 이호영(護榮)은 의병으로 활약하던 중 **피습으로 가족 전체가 몰살**당하여 시신조차도 찾지 못했다고 합니다.

함께 막대한 재산을 처분하고 **신흥무관학교 교장으로 독립군을 가르쳤던** 아우인 이시영(始榮: 1869~1953)만 유일하게 살아남아 백범선

생과 함께 입국하여 초대부통령을 지냈으나 이마저 선비정신으로 이승만을 비판하며 사임, 살아남은 가족은 20여…!

우당 이회영 家의 형제들 출처: sbs스페셜, Together KaOREA

모든 것을 다 내 놓고 버린 일가(一家)!

후손들의 궁핍한 삶을 어찌 염두에 두지 않았겠습니까! 고-귀(高貴)하신 분들! 이 땅의 진정한 귀족, 진정한 천손 마고의 자손! 이 분들은 한국인의 자존심이며 한국인의 명예(名譽: honour) 그 자체였습니다. 서울 명동성당 정문 앞 골목 안쪽에 이회영 선생의 흉상과 6형제의 생가(生家) 터가 있지요. **우리가 이만큼 누리고 사는 자유와 행복이 어디에서 왔고 우리가 왜, 국경일에 태극기를 꼬-옥 달아야 하는**지를 생각하게 하는 분들입니다.

일제는 그때 조선의 정신적 지주를, 이 땅의 어른을 없애는 일을 획책했습니다. "너희 조선의 선비들이 과연 무엇을 했는가? **명분-만**(?) **중시**하고 **당리당략** 속에서 **당파싸움만**(?) 일삼으며 온갖 위선으로 백성들을 착취하고 군림하면서 결국 조선을 망하게 하지 않았는가! 너희 나라는 선비(?)가 없어져야 진정 나라가 잘 될 것이다."

그래요. **썩은 공무원과 선비를 동일시하고 일반화한 논리**임에도 우리는 일제가 물러간 뒤에도 이렇게 학교에서 가르쳤고 오호 통재라, 재팬의 계략대로 60년이 넘도록 **고귀하고 품격있는 선비정신을** 개골창에 내던져 버리고 **막된 말과 행동으로 서로에게 생채기를 내며** 갈등의 골을 깊게 했습니다! 이렇게 일제를 거치면서 우리 정체성과 사람의 품격을 올곧게 지켜왔던 선비는 대대로 내려왔던 **유서깊은 보물들과 함께 다− 사라졌던 것**이지요.

그래서 지금 우리의 세상은 **향기로운 말과 비나리** 대신, 왜곡된 역사 속−, 길 위에 널린 쓰레기가 되어, 온통 쌍것들의 냄새 나는 말과 얼빠진 행동뿐, 국민을 대표한다는 국회의원에게조차 **사람의 기본적인 품격과 상식을 기대할 수 없게** 되어버린 것입니다.

그래서 이 밤, 고독(孤獨)의 시인 김현승의 '그냥 살아야지'라는 시(詩)는 나를 울립니다. "생각하면 할수록 흔들리일 뿐, **그냥 살아야지**…그냥 살고 말아야지… **별들이 보석처럼 보이는 이 거리, 이 땅에서 그냥 살아야지**… 새 것 속엔 **새 것이 없다**. 새 것은 **낡은 것의 꼬리를 물고** 낡은 것은 또 새 것의 꼬리를 문다. **그냥, 그냥 살아야지.**"

고독한 역사가! 새 것이 낡은 것의 꼬리를 무는, 지리한 사회변혁의 길에서 고독의 시인처럼 **싸움을 준비하고 있는, 배고픈 나의 사상** (思想)을 봅니다. 나도, 그가 말하듯 '그것도 그냥 살아야' 하는 걸까? '그냥, 그렇게, 그런대로 섞여 살고 말아야' 하는 걸까? 시인은 말합니다. 별들이 보석(寶石)처럼 보이는 이 땅이라고!

'인드(타)라망'(Indra網)−고대인도의 왕 중 왕(제석천)이 사는 궁전 위에는, 매듭마다 구슬이 달려 **서로가 서로를 비추며 궁전 전체를 환하게 하는 그물**이 있습니다. **서로에게 연결**되어 서로가 **부분이고 전체**이기에 그래서 홀로 떨어져 존재할 수 없습니다.

그래요. **우주만물은 하나로 연결**되어 있어 **서로가 서로에게 빛이고 생명을 주고받는 근원**임을 느끼며 서로 의지하며 살았던 *동방의 보석 같은 나라*가 있었지요. 그래서 조상님은 이때의 모습을 "당신은 道 ~를 아십니까?" 라는 화두로 전해왔고 나라를 온통 道(경기道, 전라道, 경상道, 함경道…)로 말해왔던 우리나라였습니다.

눈을 감고 있으면, 세상은 어두운 밤처럼 캄캄한 법, 지금 **우리의 사회**는 서로에게 눈을 감고 있으니 **서로 힘만 드는 것**이지요.

맞아요. **조상을 찾는 것**은 우리 사회의 구심점을 찾아 소통을 하게 하는 길이며 **역사와 문화를 아는 것**은 자신을 소중히 하고 자손을 위하는 가장 분명하면서 중요한 일입니다. 그래야 '진정한 우리'를 찾아 따뜻한 사람의 세상을 이룰 수 있을 것입니다. **'우리'**가 없다면, 백약(百藥)이 **무효(無效)**이지요!… 그저 혼자 살려는 아득바득한 사심만 보이는 **한국인의 길(道)**에서 **선조의 진정한 마음(道)**을 찾습니다.

독일 로텐부르크의 거리(배려) 출처: 쩡의 여행일기, 제팬(조화)과 한국(?)의 유적지 거리 출처: 블로그 세모즐, 인드라망 출처: 연송

"먼저, 조선 사람들이
자신의 일, 역사, 전통을 알지 못하게 만듦으로써
민족혼(魂), 민족문화(文化)를 상실하게 하라!"
―사이토 마코토(齋藤實) 3대, 5대 조선충독부 충독

한라의 자부심

더 물이랑

9부

천손 한국인이 잊은 늘의 해와 알

해 · 태양의 배달나라

옛 인류에게 '해'는 어떤 의미였을까? 어둠을 헤쳐 아침에 뜨는 해(ㅎ 太陽☀)는 무엇보다 **혹한기의 옛날**에는 세상을 따뜻하고 환하게 비추어주는 불의 신이었고 광명(光明)의 신이며 생명의 신이었다. 우리가 먹는 쌀알에서 나물, 열매와 바다의 해초와 식물플랑크톤 등은 엽록체가 **태양**(에너지)**을 저장한**(화학에너지로) 것이었고 그리고 이것을 먹는 물고기, 물고기알이나 새와 새의 알들, 소와 젖인 우유와 치즈…, 결국 **태양을 먹는 것**이고 모두 **해**(알)**에서 비롯됨**을 알았던 선조였다.

그래서 동(東=木+日)방사람(동이)들은 **사람이 지켜야할 원칙**(moral principle)과 **질서의 근본**을 해(☀)에 맞추고 **인류**(진정한 호모사피엔스)의 시원문명을 **시작**했었다. 그러하기에 희고 환(白)하게 밝혔던 존재를 '**해**'라 말하고 해가 떠서 깨달음을 주는 곳을 '**하늘**'이라 불러 왔다. 우리나라 곳곳에는 '**해**'**와 관련된 땅이름**이 양양(襄陽: 해가 뜨는 고장), 광주(光州), 백두산, 태백산, 소백산, 백운산, 백마산…, 너무도 많다. 고대 동(東=木+日)**방의 한국땅**은 모든 것이 해(☀)였었다.

그래서 **우리의 첫 나라**를 *삼국유사는 이렇게 전한다. '환국!'(桓國: 환한 나라〉 한국) 다시 말해 '해(sun)처럼 **밝고 광명한 나라**,

해처럼 **빛을 발해 세상을 밝게 다스리는 나라**'였다고. 이것이 세상에 회자되는 '광명이세'(光明以世) 즉 **세상을 밝게 다스리라**(다 살려라)고 했던 선조의 말씀이셨다.

그래서 우린 **임금님을** 태양(☀)처럼 환(桓)하게 세상을 밝히는 신(ㄱ) 같은 어른이라며 환인, 환웅이라고 하고 환인(凶)님의 마음(心)을 **은혜**(恩惠)라, **은총**(恩寵)이라 전해왔던 것이었다. 아, **조상님의 마음이 바로** 해님(=하늘)의 마음이셨던 것이다. 지나의 양심적인 금문학자 낙빈기는 '韓국의 **韓**과 朝선의 **朝** 모두 **두 손으로 해**(日)**를 받드는** 모습에서 나왔다'고 하여 한국의 정체성을 우리 대신 찾아주었고 한글학자이며 사학자이신 강상원 박사는 우리의 '**배달**(밝은 땅: 밝달, 밝〉 박〉 백)이 **밝은 해처럼 지혜가 뛰어난 사람들의 땅**'이었음을 〈산스크리트어〉에서 찾아내 한(桓)국의 **명예의 근본**(배꼽)**이 어디에 있었나**를 알게 한다.

모든 것이 '해'였던 천손의 나라

우리 한국인에겐 세상 모든 것이 해(☀)였습니다.

해에서 쏟아지는 햇살을 새겨 **햇**(빛)**살무늬라는 첨단토기를** 처음 만든 천손들은 햇살(솔)처럼 쏟아지는 천손의 무기인 **활**(ㅎ+솔)을 만들어 나쁜 적을 물리치고 세상을 밝게 '**다스려**'(다 살리다) 왔습니다.

그리고 나라의 큰일을 결정할 땐 꼭 어울려 토론(소통)하는 '**화백**'(和白 해처럼 밝히다)으로써 환하게 해결(밝은 해로 풀어 맺다)하려 했으며 상대를 해처럼 존중하는 뜻으로 **형**(兄)이라 **대형**(大兄)이라 불러왔던 것이지요. 훗날 하늘나라 백성에게 환한 빛이 퍼지는 문이었으면 하는…

바람으로 **광화문**(光化門)이라 이름 짓고 그 앞에 해처럼 선악을 구별하여 정의를 지킨다는 하늘나라의 신수(신성한 동물)인 **해치**(獬豸)를 세워 천손으로서 광명한 것을 사랑하고 지키려 했습니다.

시원문명의 나라, 해의 나라가 어려울 때마다 앞장서서 지켜왔던 고구리(려)의 **조의선인**(皂衣仙人)들은 자신을 해처럼 밝게 이끌어 주는 고수를 **선배**(先輩)라 부르며 존경을 바쳐 왔던 나라였지요. 그리고 해처럼 광명한 삶을 사는 '**샤먼**'(ㅎ=ㅅ, 해처럼 밝은 이, 巫)은 사람의 스승(사표)이 되어 태양에 팔 벌려 사람의 소망을 고했습니다.

'해'출처: WIKITREE, 광화문 옆 해치 출처: 문화재청, 권영학 궁장의 활(각궁) 출처: 프리랜서 공정식 중앙일보, 김홍도의 자화상(문방사우와 화분, 맑은 거울을 갖춘 선비) 출처: 다산초당

이 땅의 사람들은 살아서는 선(仙 ㅅ+ㄴ: 해처럼 밝은 이치)을 이루며 태양처럼 따뜻하고 환하게 밝히는 '**선비**'가 되기를 원했고 죽어서는 '**신선**'(神仙)이 되어 환한 하늘로 오르기를 소망했던 그런 고고한 분들이었습니다. '**봉**(황)**은 굶주려도 좁쌀은 쪼지 않는다**'는 속담이 우리에게 전해지는 것은 이런 까닭입니다!

역사가 오청환 씨는 "**해**(☀)**의 나라**는 밝은 **해를** 진리의 상징으로 숭배하고, 해(☀)의 성품을 본받으려 노력하며, 해의 영토인 '**하늘**'에서 **자연과 인생의 법칙을 발견하여 세상을 이롭게 하려던 초인**(성인)

들의 세상이다. 다른 여러 민족들도 문명을 이어받아 발전해 왔으나, 그 문명의 **최고진리**와 **직계혈통**은 바로 한겨레가 이어받았다." 라고 말합니다. 김민기(역사학자) 선생 또한 〈옥스퍼드사전〉에서 해가 밝다 (白)의 '白의 어원이 **밝다, 밝히다**'였다고 말하지요.

그래요. 해(☀)처럼 세상과 **소통**하고 해(☀)의 원리를 **밝혀낸 겨레**라는 뜻이지요. 그래서 **처음으로 도구**를 제작하(☀)고 **그릇을 만들고**(☀) **배를 만들어**(☀) **고래잡이**를 하고(☀) **벼와 곡식을 재배**하고(☀) **가축을 길러**(☀) 삶을 밝히고(☀) **고인돌과 선돌과 피라미드**를 세우고(☀) **천제**(天祭)를 지내며(☀) **사람의 도리**를 밝히고(☀) **하늘의 말**(한국인의 토속어)을 익히고(☀) **최초의 문자**를 펴고(☀) 그래서 **천손의 문화**를 밝혀(☀) **길**(road)을 열고(☀) 세상으로 퍼져나갔던 이 땅의 **겨레**였습니다.

이것이 풍요로운 이 땅에서 해의 문명을 이루어 **인간의 세상을 이롭게**(널리 크고 밝고 풍요롭게) **밝혔던**(☀) '홍익인간세'(弘益人間世)의 **진정한 정의**였지요! 지금 많은 학자들조차 '홍익인간'을 외치지만, 한결같이 현실을 초월한, 메마른 가지 위의 **견고한 정신만을 강조하는** 추상적 의미로만 알기에 정작 큰 뜻을 못 보고 좁게 '**널리다**' '아니 **크게다**', '**이롭게다**' '**보태다**' 라 하나만을 고집하니 어쩝니까?

그래서 말끝마다 '-**ㅎ**(하☀)**다**'를 붙여 온통 **밝은 해**처럼 소통을 염원했습니다. 우리 말 **동사**(verb), **형용사**(adjective)에는 **온통** 해(ㅎ☀)를 붙여 **세상이 해**처럼 아름답고 빛나고 변하길 기원하며 살아온 **사람들**입니다. '**일하**(ㅎ☀)**다**, **공부하다, 말하다, 사랑하다…, 훌륭하다, 착하다, 씩씩하다, 영리하다, 좋아하다, 영원하다…**'

이 중 훌륭하다는 말은 '해가 홀─홀─ 떠오르며 **찬란하게 빛을 발하는** 상황을 최상으로 칭송하는 말이었지요. 지금은 '홀─륭한 개'라며 아무데나 쓰고 있지만, **우리 말**(명사, 대명사, 조사, 동사, 형용사…)**에** 온통 밝은 해(☀)가 있고 **존대법**이 있는 이유를 다시 한번 생각해야 할 것입니다.

이렇게 아침해가 세상을 밝히듯 **문명**을 밝히며 **해**(☀)를 염원했던 나라였기에 '**해와 밝음과 아침**'의 뜻이 다 있는 '조선'(朝鮮)을 나라 이름으로 짓고 **아침해가 처음 밝혔던 땅**을 '아사달'이라 했지요. 그래서 *구당서는 '조(朝)는 **천자**(帝제)**가 다스리는 곳**'이라 하여 **그곳엔 천제**(天帝; 天祭를 올리는 왕의 왕)**가 있다**고 했던 것입니다.

이 분이 우리나라의 '임검'(ㄷ儉 임금: 문명을 일으켜 사람을 다스리는 신)으로 우리 **한국인만 쓰는 천제의 칭호**이지요. 그래서 임금도 '나라'(나라 沺: 인류의 문명을 처음 일으킨 땅)처럼 '**요임금, 순임금, 명나라 임금**'하면서 **아─무에게나 '임금**'이라고 해서는 안 되는 것이지요.

이렇게 **임금님의 마을**은 해처럼 불처럼 환하다 하여 '붉, 블악'이라고 불렀다고 합니다. 지금의 '**부락**'이지요. 훗날 서쪽으로 간 동이가 **상**(商: 훗날의 殷)**이란 국가를 세우고** 천제나라를 그리워하며 도읍지를 '박'(毫)이라 하고 도읍을 옮길 때마다 박이라는 이름을 붙이며 1대 탕(湯)왕부터 7대(태무왕)까지 '**박왕**'이라 일컬었던 것이나 **신라 朴혁거세의 성씨를 '박**'이라 하고 알(○)로 태어나는 것도 다 **밝은 해를 숭상한** 동이의 정신을 흠모하고 이 땅의 박(붉, 밝)**달임검**을 앙모했기 때문이지요. 그러나 지금의 지나족은 **밝다의 박**을 [박]이라 발음하지 못하고 [피아]라고 하며 밝다라는 **본디 뜻과 음을 잊었으니**, 저들이 제 글자라고 주장하는 한자(이글)는 과연 **누가 처음 만든 글자**였을까요?

학자들은 밝은 박 〉 백(白)으로 이어졌다고 합니다. **해**(☀)를 한자로 옮길 때 '**백**'(白)으로 썼다는 것이지요. **백**(伯 맏+이) 또한 '**밝은**(白) **겨레로서 문명을 처음 시작했던 맏이**'(둥이는 맏이다)에서 유래된 글자였는데, 지나족은 **백**(伯)의 발음 또한 **한국인의 '밝다'의 뜻에서 연유된 음인 [백]을 잊고서 [패]로 발음하면서 패**(覇으뜸)**와 같은 글자로 여겨 왔습니다.** 그래서 옛 옥편인 *설문은 패의 의미를 '**모든 것을 지배하고 독점하고 주도하고 관장**하다'라고 기록하여 배달겨레의 위상을 감추어 왔던 것이지요. 온통 우리의 문화, 우리의 말과 문자였습니다!

그래서 이들은 우리 땅의 원산지인 콩을 천신하고 천제를 올렸던, 하늘 아래 첫 땅이나 산을 '**태백**(크게 밝은)**산**'이라 불렀다고 합니다. 이렇게 우리 땅을 벗어난 밝은 겨레는 가는 곳마다 **태백산**을 짓고 살았지요. 이것이 지나, 내몽골에 **태백산**(타이바이산) 그리고 **멕시코 등지에 산을 태백**(Te pec: 산, 피라미드)이라 했던 이유이지요.

또한 지금의 '**백두산**'도 태백산이었기에 **겨레의 성산**이라 말하는 것이지 단지 천지(하늘호수)가 있어서만이 아니지요. 이외에 **백록담**(白鹿潭), **소백산**, **백운산**, **백마산**…, **백마**(白馬)**와 백호**(白虎)라 했던 것은 다 **해**(☀)**를 숭상**했음을 드러낸 말이었습니다.

그래서 고대의 지리서인 *산해경의 대황동경(大荒東經)편에서는 고대한국인[대인]을 백민(白民)이라고 부르고 배달겨레의 임금을→

백왕(白王)이라 했던 것이지요. 또한 백왕(白王)을 위와 아래로 이어 만든 것이 황(皇)이었으니 아, 중원을 통일(?)했다는 **진시황(秦始皇)**이 **황(皇)**을 썼던 것 또한 실제 아버지가 고조선인(여불위?)이었기에 위대한 **백왕(白王)**이라는 글자를 가져다가 쓴 것뿐이었다고 합니다.

태백산 출처: 환경부, 양재역의 백마 출처: 백마김씨네, 중국 산둥성 19m 진시황 동상 출처: 뉴시스, 배달겨레의 상징떡 백설기 출처: 한국떡집, 흰옷의 수도자 요한 바오로2세 출처: 티스토리

흰색은 만유의 본질, 무한 에너지

그래서 흰색과 흰 알(ㅇ)은 성스러운 의미였습니다.

해의 빛으로 태어나 붉은 해를 희다고 본 사람들, 그래서 귀한 하늘아이가 태어나면, 천제 때 바쳤던 '백(白)설기'를 지어 나누어 먹고 아이가 한 살이 되면, 책이나 붓을 잡아 **도(道)를 닦아 밝은 자연의 이치로 살아가길 갈구했던 백성**이었답니다. **돌이 되기 전까지는** 부정을 쫓고 대자연과의 깊은 교감을 얻게 하기 위해 유채색의 옷을 입히지 않고 백색의 옷만을 입혔지요! 그러하기에 수행을 하는 수도자들이나 도사들이 하얀 도포자락을 즐겨 입는 것은 영적인 기운과 무한 에너지와 정보를 얻기 위해서였다고 합니다.

〈상고사학회〉의 고 이중재회장님께선 생전에 "우리는 흰색이 **만유 본질(우주 본체)의 색이며 무(無)** 이전의 본체로서 **만물을 창조할 수**

있는 무한의 에너지원임을 깨달았던 **엄청난 도(道)의 겨레**였다." 라고 역설하셨던 것입니다. 아, 이렇게 흰색을 예부터 성스러운 색으로 숭상하고 흰옷을 선호했기에 **백의민족**이라 칭송되었던 것이지요. 이것이 환(환하다=한)문명입니다.

그래서 임금님도 평소에는 **세상의 중심색인 황색**(노란색, 중앙색)**용포**를 입으시지만, 붕어하시면, **평민과 마찬가지로 '흰옷'으로** 갈아입습니다. 지금도 **왜왕이 붕어했을 때나 즉위식 때** 흰옷을 입고 의식을 치르는 것은 왜왕도 딴엔 **천손 배달겨레**였음을 드러내는 문화인 것이지요.

이처럼 **죽는 순간까지 흰옷**에 애착을 갖는 이유는
우리가 천손(天孫)으로서, **하늘에서** 빛으로 왔고 빛으로 되돌아가야 하는 사람임을 알기에 **빛의 색, 흰색의 옷으로 마감**을 했던 것입니다. 그래서 **온 곳으로 되돌아가는 것**이기에 죽는다(死)라 하지 않고 **'돌아가시다'**(歸순환사상)는 표현을 했던 것이지요. 참으로 자연과 조화를 이루며 살았던 선조들의 높은 정신세계를 느끼게 하는 문화입니다.

그래서 **우주본체의 본질**을 깨달으며 신명(神明)**나게 일하고 신명나게 살며** 결과는 하늘에 맡기며 살았지요. 하늘자손이기에 그렇게 하면 하늘**도 움직여 주리라** 믿었던 것입니다. 이것이 우리에게만 유독 전해지는 천손(天孫)의 믿음인 **'진인사 대천명'**(盡人事待天命)이지요. 지금은 **무조-건 최선만 다** 하면 **이루어 진다**라고 왜곡된 말이지만!

반면, **죽음을 삶의 끝**(직선사상)**이라는 이분법 사고**를 했던 **서양인**들은 **어둠의 색, 검정색옷**을 상복(喪服)으로 입었던 것이지요. 지나의

한(漢)족 또한 **검정색 상복**을 즐겨 입는 것으로 보아 우리와는 사뭇 다른 종족이었음을 느끼게 합니다.

그러나 천손의 혈통을 잊은 요즈음, **서구문화와 모화사상**에 젖어 **흰색이 아닌 검정색옷을 상복**으로 입고 있으니, 그래서 '**얼빠진 민족**'이라는 말을 듣는 것이지요. 이런 자들이 **나라의 공무원**이 되어 아무 개념 없이 '**배달의 민족**'이라며 음식을 시키고 **백의민족**을 운운하며 **문화**를 말한다면, 이 **나라의 미래**는 뻔한 것 아닙니까?

우리의 말의 수수께끼 '오 ㅎ ㄹ'

세상은 해(☀)처럼 밝고 환한 도(道)가 이루어지는 (동)이의 땅을 '배달(밝달)'이라 하고 그 땅의 나라를 '밝달나라'라 했고 그 나라가 도읍한 곳을 '아사달'(아사=태양, 해가 비추는 밝은 땅)이라 했습니다. 그리고 아사달을 지켜온 자손이었기에 **성씨**를 해씨(ex 해모수)라 했고 여기에 해를 뜻하는 고(高)를 써 '**해를 받드는 구이**(동이의 9부족)'라 하여 나라이름을 고-**구리**(려)라 하면서 온통 자부심을 드러내고 살았던 사람들이었지요.

또한 **백제**는 임금님에 해(☀)를 셋이나 붙여 '어(아)하라'라 불렀다고 합니다. 고대한국어에선 [아]는 **떠오르는 해**를, [하]는 **다 떠오른 해**를, [라]는 **완전하게 높이 떠오른 해**를 뜻했다고 하지요. 그래서 **해처럼** (집)안을 밝히는 사람을 '안해'(아내)라 했고 **다음 세상을 환하게 이어가는 사람**을 '아이'라 했으며 **해처럼 밝은 님**은 이렇게 불렀습니다.

'**님하, 님금하, 천손하**—!'

고리(려) 때 충신연주지사인 〈정과정〉에는 임금에게 해처럼 밝은 마음을 갈구하는 신하 정서의 마음이 나타납니다. **"님하, 도람 드르샤 괴오쇼셔"**(태양:ㅎ 같은 님이시여, 돌이켜 들으시어 다시 사랑해 주소서.) 그러나 역사를 잊은 후손은 **하**를 단순히 '강조호격(힘주어 부르는) 조사'라고 알 뿐이고 **강아지**를 안고서 **'우리 아이 밥 줬어?'** 라고 말하네요.

황하 하류 산동반도 능양하 출토 아사달 문양토기와 문양 출처: 깨복이,
해땅의 훌륭한 불꽃 '박태준'출처: 아주경제

큰 알, 태양을 먹어온 겨레

철마다, 때마다 있는 우리의 아름다운 민속, 그 중에 **'설, 단오, 동지'** 같은 명절을 일반적으론 먹거리가 부족해 가족들이 모여 **떡국이나 쑥떡, 백설기, 수수팥떡 그리고 팥죽**이나 먹는, 그냥 먹고 노는 날 정도로 알고 있지만, 본디 '태양의 축제'로서 산자들의 감사와 함께 혈연공동체의 우애를 다지는 **하나의 통과의례를 위한 풍속**이었습니다.

아, 아름다운 세상! 'O sole mio!'

몽골 국립대학교 김정민 박사는 '제사 때는 먹지 않는 떡국을 설날에 먹는 것은 태양(☀)을 먹는 것이고 그럼으로써 **태양의 양의 기운을 받아 새롭게 태어나며 한 살을 먹는 것**'이라고 합니다.

모든 생명을 잉태하는 것은 큰 알(을 ㅇ) 해(☀)였기에 그래서 **알은 만물의 시작이며 훌륭한 움직임**이라고 생각했습니다. 하늘의 둥근 알(태양)을 [해]라 부르고 동시에 매일 **해**(sun)**를 잉태하는 바다**(海)**를 또 하나의** [해]라 말해 옵니다. 그래서 **물고기도, 새처럼 둥근 해를 닮은 둥근 알**(卵란, 을, 해)**을 낳는 것**으로 알았지요. 위대한 해도 둥근 알이니, 우리가 사는 땅(지구) 또한 둥근 알이고 **우주도 둥근 알**이라고 생각했습니다.

따라서 해(☀)가 만든 모든 씨, 처음 재배한 곡물의 알을 '씨알'이라 부르고, 해처럼 밝은 세상을 본다하여 '**눈알**'이라, 해처럼 밝게 생각하는 머리라 하여 대알(큰알) 〉대갈(대가리)이라, 사내의 뱃속에 뜨거운 알(해, 생명의 불씨)이 들어 있다고 하여 '불알'이라고 불렀으며 어미 뱃속의 둥근 해(알)의 집을 알태(胎)라고 했습니다. 그래서 **어미의 뱃속처럼 옛날 이 땅을 떠난 한국인**(알)**들을 품어준 산**이라 하여 '알태'(알타이 Altai)**산맥**이라 했던 것이구요.

알타이를 '금(金 밝은)**처럼 빛나는 산'**이라고 전한다는데…, 그래요, 금도 많이 날지는 모르지만, 해를 받아 붉고 밝게 빛나는 이 산에는 우리처럼 암각화도 많고 샤먼의 이야기도 많이 전해지는 곳입니다.

물고기알 출처: ScubaNet, 수수팥떡 출처: 김기라, 알(한국인)
들을 품어 준 알태(胎 타이)산맥 출처: panem

그래서 창조주를 '알'(ㅇ)이라고 불렀던 한국인입니다.

'한**울**님>하**눌**님>하**늘**님>하**느**님'의 변해지는 거룩한 소리! 그래서 우리 땅의 사람들은 **모두 알**이었지요. 산에 가서 '야호~' 라고 고함을 치면, 산(뫼)의 수반큼 되놀아오는 '**메아리**'는 **이 땅을 떠나는**(서해평원이 바다가 되면서) **알들**(알이한, 아리안)**의 앓는 소리가 산을 부딪쳐 들려오는 소리**로도 전하지만, 뫼의 알(산신)들이 **천손인 한국인에게 서로 답하는 소리**로도 여겼던 우리의 선조였습니다!

또한 '**알다**'(知)란 해(알)처럼 밝게 깨닫는 것이요, 창조주(알)를 깨닫는 것이지요. 그래서 배움의 과정인 '**알음알이**'란 해(☀)의 움(싹=뜻)을 알아가는 것을 의미했던 말이었습니다. 그래서 저서 *금문신고(金文新攷: 차이나가 한국의 찬란했던 고대역사가 드러날까 두려워 금서禁書로 지정했던 책)를 썼던 차이나의 **위대한 문자학자 낙빈기**는 '알은 신'(神, GOD)이라고 했던 이유이지요.

심지어 우리는 상대하는 **대상**(객체)**을 해**(☀)**와 하늘**(·)로 여겨, 목적어에도 애초엔 **해의 얼**(정신의 알=올)인이 깃든 조사 **올, 롤**(ㄹ+올)이라는 조사(토씨)를 끝에 붙여 온통 ㅇ로 높여왔던 사람들이었지요. *사람올, 태양올, 해롤, 나롤…. 이렇게 말했지요. 우리 천손겨레는 본디 태양겨레로서 **우리의 문자는 바로 태양에서 시작되었던 것**입니다. 그래요. ㅇ은 해이고 알이었고 신(神)이었지요.

외국인들은 우리의 한글에 유독 ㅇ가 많은 것을 보고 궁금해 하면서 '참으로 한글이 아름답다'고 합니다. 해의 얼(정신의 알)을 잃어 **하늘**(·) **없는 조사 '을**'(사람을), '**를**'(해를)만을 쓰고 있는 한국인에게!

또한 우리의 **대명사**가 모두 '-것'으로 끝나 이상하다 여겼는데, 이 역시 우리 땅에서는 모든 것이 해(☀)같은 존재로 여겼던 까닭이었습니다. '**이것, 그것, 저것**'이란 바로 '가까이, 좀 멀리, 그리고 멀리 있는 해(갓, 갇)'를 일컫는 말이었으며 이 땅의 사람들이 온통 신(해) 같은 존재였다는 것을 상징하는 말이었지요.

고 서정범 교수님은 *한국문화상징사전(1996)에서 '우리말의 갓 또한 해(☀)였다'고 전합니다. 그래서 우리의 **조상**은 해(☀)**를 쓰고 다닌다**고 하여 **모자**(갓)를 '갓'이라는 말로 전했고 갓 또한 '**모든 것이 뛰어난 신들의 모자**'가 되고 자연스레 '신'(GOD)이 되어 세상으로 나갔던 것은 아니었을까! 온통 해(☀)였고 **온통 모자**였던 **우리의 문화**였습니다.

아, 우리 겨레는 **인류의 시원문화**였던 태양절의식의 원형을 고스란히 전해온 겨레였지요. 그런데 어떤 국가는 **적도에 있다**고 태양의 국가라 하고 아프리카는 **태양을 많이 받아 검어졌다**고 태양의 땅이라고 합니다. 코미디 아닙니까?

지금, 재팬은 재팬보다 닙뽄(日本일본) 즉 '**해의 근본, 아침해가 돋는 나라**'로 불러 주길 원하지만, 저 땅은 현 인류에 도움을 주었던 **고대문명**(해)은 거의 없고 **밝은 해의 정신**하고는 너-무나 멉니다.

진정한 日本(근본 태양☀)은 '우리나라'였지요.

차이나 또한 '중국'(中國) '**세상의 중심국**'이라 불러 주길 원하지만, **옛날 지나땅의 문명을 일으킨 주역들은 거의 한국인이었고 문명의 뿌리** 또한 **온통 우리 땅**에 있어서인지 너무나 탐욕스럽고 쪼잔하여 **세상을 너그럽게 포용할 큰 정신과 정체성도** 없습니다. 그래서 조상님께서는 가지와 같은 종족이라 하여 **지나**(支那)라고 불러왔던 것이니 세상의 中心, 中國도 정작 '우리나라'였던 것입니다.

그래요. 저들은 우리나라가 있는 한, **스스로 작아지고 존재가치가 미미해**지기에 지금도 핏발선 눈처럼 깃발을 온통 붉게 만들어 세상을 불편하게 하면서 **우리의** 옛 역사와 문화를 말살했던 것이고 지금도 **우리의 역사를** 왜곡하고 가로채가고 **있는 것**이지요.

이젠 말할 수 있습니다. '인류의 **물질혁명과 정신혁명**을 이루며 **세상을 홍익으로 크게 이끌어 왔던 우리나라를 이어 살아가고 있다는** 것은 **놀라운 축복**이라고 그래서 **우린** 서로에게 밝은 해(◉)가 되어야 한다'고 말이지요. 그래서 '하늘과 땅에서 자연의 경이'를 느끼고 '사람이 무엇인지', '사랑이 뭔지'를 알았던, 그래요! 사람이 왜, 꽃보다 아름다운 것인지를 알게 했던 이(夷)들이 한국인이었다고 말입니다.

'옷'한글(ㅇ)의 아름다움(한글실험전) 출처: 김지원, 욱일기 속 아베신조 출처: roylee7, 우리나라 올림픽공원 성화봉송행사에 참가한 오성홍기와 지나인의 중화의식 출처: 데일리안 박항구 기자

몇 살 먹었나?

어느 학자는 '우리말의 어원'을 온통 아프리카의 **르완다어**나 **소서토어**에서 찾아내 설날(Soolkul)의 어원조차 새해 새날이 시작되어 '**낯설**

다, 설익다'에서 왔다고 하고, **선날**(예: 장이 서다)이 변한 것이라고 말하지만, **더운 아프리카의 원시신앙이** (태양이 아니라) **보름달이었던 것**을 생각하고 **설풍속이 해와 농경문화와 관련된 것**이라면, 르완다어 원설은 더 많은 연구가 필요할 것입니다.

무엇보다 우리말 '**솔, 살, 술, 수리, 솟**'이 해(☀)였음을 알아야 합니다. 그래서 '**해가 솟**(솓☀)**는다**'라고 말해 온 것이고 둥근 해가 지구를 한 번 도는 것을 '한 **해**가 지나고 한 **살**(해: 나이, 年)을 먹는다'고 했고 해의 열기로 빚은 인류의 최고의 곡물인 **쌀**(米) 또한 [살]이라고 했으며 결국 **해**(살)로 빚어진 **살**(쌀의 옛말은 살)을 먹고 붙은 몸 또한 우리는 '살'이라고 말해 온 사람들이지요. 우리 몸의 살(설)이 '**해와 神**'**의 고유어**(김양동 석좌교수 설)라고 하고 천손(신)의 아가가 **태어나자마자 1'살'**을 먹는 것 또한 뱃속에서 해(최고의 신)의 정기로 생긴 사람의 존재를 인정했기 때문이었습니다.

그리고 해가 머리 정중앙에 뜨는 단오를 우린 '**수릿날**'이라 말하고 또한 해를 가까이 하는 새를 **수리**(eagle)나 **솔개**(소리개)라고 말하지요. 그래요. 수리[sur(i)]나 솔개라는 말 자체도 해(☀sun)의 고유어인 살(설, 솔, 술)**에서 유래**되었기 때문입니다.

아, **해터**(소도)**의 솟대의 솟** 또한 높디높은 곳에 계신 신(해: 상신)을 의식함이며 **새는 하늘 높이 날아 태양을 가까이 하는 신령스러운 매체**였기 때문이었지요. 우리말은 이렇게 온통 해(sun)였습니다. 그래서 우리 대한사람들은 모든 지구사람들의 형(해)님인 셈이지요.

해 출처: The Seeker, 떡국 해오름의 고장, 양양, 공동차례지내기 출처: 연합뉴스

설날아침 해가 뜰 때, **차례**(茶禮)를 지내고 어른이 **북쪽을 등지고 세배를 받는 것**은 우리가 북쪽 초원에서 온 사람들이라는 뜻이 아닌, **한국인의 본향인 북극성과 북두칠성의 후예인 천손**(밝달겨레)으로서 **태양의 정기를 받기 위함**이었다고 합니다. 그러하기에 우리가 **조상의 묫자리나 제사상의 조상을 북쪽에 모시고 부처님이나 모든 성자의 뒤에** 둥근 태양의 후광을 그려 전하는 것이 다 이런 뜻이라고 합니다.

이때 어린 아이들이 입는 색동옷(설빔)은 '**해**(☀)가 떠오를 때 무지개가 피듯, 새해를 시작하는 아름다운 우주와 태양을 상징하는 옷'이었음을 〈우리역사교육원〉은 밝힙니다. 지금은 다~~~

쓸데없는 미신으로 치부되어 사라진 **천손의 자부심**이지요.

또한 우리가 '설을 **지내다**'라고 하지 않고 '**설**(정월 초하룻날)**을 쇠다**'라고 말하는 것은 해가 비추다의 뜻인 '쇠다'가 붙어 생긴 말로 '지난 해의 낡은 해가 아닌, 새롭게 비추는 해의 축복**을 받으라!**'라는 뜻이었지요. 그래서 설 전날인 **섣달 그믐날까지 묵은 것을 말끔히 정리**하였던 풍습이 있었습니다. 금전거래는 물론이고 집안 구석구석을 **대청소**하고 나쁜 기억은 지우며 **언행이나 몸가짐을 새롭게 시작**하고 해처럼 밝은 계획을 세우고 **설날과 정초엔 온통 비나리**(축복의 말)를 해왔건만… !

그러나 아비를 아비라 부르지 못했던 홍길동보다 못한 세상을 만나 지금의 **천손**은 자신의 정체성을 **까—맣게 잊고** 일제의 〈조선문화 말살정책〉에 좀비가 되어 설을 **구정**이라 부르며 일제가 건네 준 **화투만 100년 넘게 쳐대며** "못 먹어도 고! 해(日) 뿌러!" 하고 히득거리고 심지어 **개**(dog)가 훌륭하다(?)며 **개이름**을 '**환웅**'이라 지어 부르는 개망종에서부터 대를 이어 도(道)에 통달했다는 **배달**(倍達)**겨레**를 하찮은 물건이나 전하는 배달(配達)민족이라며 히득거리는 망종들과 **같은 투표권의 국민**이라니? 상놈을 '상놈'이라 못하는 세상이지요.

태양의 부활, 동지(冬至 Dongji)

어느 민족보다도 **새해 해맞이에 열광하는** 이 땅의 해님들은 밤의 길이가 가장 긴 날, 동지(12월22일 경)를 해(☀)**의 생명이 살아나는 사실상 새해의 시작**으로 여겨 '**작은 설**'이라 불렀다고 합니다.

그래서 **3대 명절**로서 큰 행사들이 치러지면서 **해처럼 붉은 팥**(원산지: 한국)으로 동지 팥죽(양기)을 쑤어 먼저 사당에 바치며 액(厄)막이를 하고 팥죽을 대문이나 장독대에 뿌리어 악귀(음기)와 공동체를 해치는 기운을 쫓고서 밝은 새해를 맞이했고 새알심(해)을 먹으며 밝은 한 해를 기원했던 우리 겨레였지요. 이렇게 **붉은 색은 겨레를 지키는 색**이 되어 배달겨레의 영웅인 **치우천왕의 붉은 기**가 되었던 것입니다.

태곳적부터 해(☀)는 인류 공통의 신이었지요. 그런데 **세계의 미스터리**인 것은 과거 '**12월 25일**'을 서기(예수님 탄생 전)전부터 고대이집트,

그리스·로마에서는 **태양신**(Sol invictus) **축제일**로, 이스라엘 또한 **태양신인 바알의 축제일**로, 고대 바벨론의 **태양신 니므롯의 생일**로, 고대 페르시아의 **태양신 미트라의 숭배일**로 하고 있었다는 사실이지요.

ㄱ런데 **보누 해**(☀)**와 관련된** 날이고 **전 세계 모든 종교에서 유일하게도 휴일로 기념**하는 날인 것을 생각한다면, '이 날이 **세계적인 동지축제였을 것**'이라는 인류학자들의 말이 이해가 됩니다.

전직 목사였던 댄 바커(美)는 '기독교에 빼앗긴 **크리스마스**(12.25)**는 인류가 자연발생적으로 기념했던** 동지였다. 기독교적인 표현 대신 동지축제로 **바꾸어야 한다**' 며 동지축제로서 인류가 잃어버린 구심점**을 다시 찾아야** 한다는 캠페인을 맹렬히 전개하고 있습니다.

편두와 엉덩이 푸른 반점(한반점)이 있었던 잉카문명(11C초~16C 중반)의 후예인 남미의 **페루는 6월 24일**을 전후로 1주일 동안 **태양제** '인티라이미'(Inti Raymi)가 열리지요. 또한 매년 **12월 동지**, 첨성대처럼 하지와 동지 때의 해 뜨고 해 지는 위치가 상대적으로 위치한다(아래그림원안: 동지일출↔맞은편: 하지일몰, 하지일출↔동지일몰)는 **스톤헨지 광장**(英)에는 전 세계 각 **종교단체의**, 심지어 우주인을 신봉하는 단체들의 사제와 샤먼들까지 종파와 관계없이 모여 제각기 고유의 종교의식에 따라 **동지축제**(The Winter Solstice at Stonehenge)를 벌입니다. **옛날 종교 이전에** 해신(☀)**으로써 함께 행복했던 그때를 기억하며 찾아온 것이지요.**

그런데 돌에 걸린 글씨는 'The Dolmen Grove' 분명 우리 땅에서 건너간 우리 말 돌멩이(고인돌)이고 근처에선 동북아시아인의 편두유골이 나왔다고 하니, 지금처럼 **중심을 잃고 외로워하며 고향을 찾아 모였던**

그때의 지난한 여정이 마음을 아프게 합니다. 그런데 정작 **고인돌의 주인이며** 해님나라의 원주인(한국인)은 **보이질 않는다고** 합니다.

솔즈베리 북쪽의 스톤헨지와 해 출처: ENGLISH HERITAGE, 스톤헨지 동지축제 출처:
Itaewon News, 페루 잉카태양제(쿠즈코 코리칸차) 출처: 성화사랑, 첨성대 조감
(초석 및 지대석의 방위) 출처: *한국의 옛 조형의 미(송민구)

〈한국민족문화대백과〉마저 **"동짓날 팥죽을 끓여 먹는 풍속은 중국(?)의 풍습에서 전래된 것으로 여겨진다(?).** " 라고 쓰여 있네요.

'–여겨진다'! 에휴~. 그러나 지나가 **동지에 팥죽을 먹는 이유**가 '망나니짓을 하던 아들(공공씨: 지나의 창조신 중 하나)이 **동짓날에 죽어 귀신이 되어 역질을 일으키자, 아들이 싫어했던 팥죽을 쑤어 악귀를 쫓기 위해서'** 라네요. 이거(?) 뭐죠?

더구나 지나는 지금 **동지에 정작 팥죽이 아닌 찐만두인 교자만두**(지아오즈)를 먹는데 그 유래 또한 요상하지요. 만두가 **옛날 돈**(쇠돈)**처럼 생겨 돈벼락을 맞기 위함**이라 하고 또는 '옛날 여신(여와)이 진흙으로 만든 사람들의 귀가 동지가 되어 추워지며 하나 둘 떨어지자 **귀**(耳) **모양의 만두를 먹지 않으면, 귀가 얼어서 떨어진다**며 먹기 시작했다.' 라고 하는데, 뭔 소린지–? **지금 장난해요?**(Kidding me?)

이 모두 동지와 해(☀)와는 아무 관련 없는 내용들이니……!

이래도 **동지와 동지팥죽이 지나의 풍속입니까?**

한국인이 음주가무에 능하고 흥이 있고 활기가 찬 이유 또한 팥이 **신장의 기능을 활성화시켜 양기를 생하게** 하면서 **의지를 행동으로 발현**시켜주었던 까닭이었지요. 재팬에선 동짓날 단호박 중심의 팥요리로 변했지만, 그래도 팥은 지키고 있네요. **콩과 함께 작은 콩**(小豆)이라는 팥 또한 우리나라가 원산지였음을 이미 말씀 드렸죠?

그래서 **강원도 양양군**(오산리 선사유적지)**에서 출토**(2014.10)**된 재배팥**이 지나(3600년 전), 재팬(5300년 전)에 비해 크게 앞선 **약 7314~7189년 전**(미국 베타연구소 측정)이었다는 발표는 **태양의 자부심을 외면한 한국인의 식민의 역사**를 알게 합니다.

한국의 동지팥죽 출처: 본죽, 지나의 동지만두 출처: 신세계뉴스통신, 淸의 화폐 출처: 중국화폐박물관, 재팬의 동지, 호박+찰떡+팥 요리 출처: 오마이뉴스, "흥, 장난해?"출처: 미니특공대의 새미캐릭터 그리기

단오(Dano 수릿날)는 태양절

옛날, 더운 여름을 맞기 전, 모내기를 끝내고 **벼농사의 풍년을 기원하는** 축제가 있었다고 합니다. 그래요. **우리나라 3대 명절인 단오**(수릿날)이지요. 인간이 **해**(日神)**를 가장 가까이** 하는 날, 일 년 중 **태양의 기가 가장 극에 달하고** 양기(陽氣)가 왕성한 날이라 해서 **수릿날, 천중절**(天中節), **단양**(端陽)이라고도 부르며 우리 땅에선 여러 행사가 행해

져 왔다고 합니다.

'단'(端)자는 첫 번째(처음)를 뜻하고, '오'(午)자는 왕성한 에너지의 상징적 동물인 말(馬=오午) 곧 오(五)를 뜻하므로 단오란 말(午=馬)이 겹친 날, 음력 오월(午月) 오일(午日)을 말합니다. 바로 해(☀)가 떠오르는 동방의 땅에서 해를 기념하는 태양의 축제로서 아마 농경을 시작했던 이 땅에서 시작된 풍속이 점차 북방민족을 거쳐 세계로 퍼져나갔던 태양절이었을 겁니다.

지금은 에너지가 넘치는 5월5일을 양력으로 바꾸어 어린이날로 하고 있지만, 원래는 태양(☀)의 날로서 훗날 배달나라의 태양 같은 어른이셨던 14대 치우천왕(자오지환웅)의 탄신일이었고 가깝게는 천손의 정통성을 승계한 고구리의 시조인 주몽의 탄신일이었지요.

이 날, 이 땅의 사람들은 남녀노소를 막론하고 고운 옷을 입고 태양신(☀)이 알곡을 잘 익게 하여 풍성한 수확을 기원하는 '굿판'을 벌이고 '씨름과 태껸, 활쏘기, 돌싸움 등'을 하고 '단오부적'(14세 환웅 치우부적)을 문에 붙여 악귀를 쫓았고 더위를 쫓는 '단오부채'(端午扇)를 선물했습니다.

특히 여인들은 창포물에 머리감고 창포뿌리의 붉은 물로 비녀를 만들어 꽂는 '단오장'(端午粧)을 하였고 붉은 봉숭아물로 손톱을 물들이고 수레바퀴처럼 돌아 세상을 밝히는 수리(해)를 닮은 수레바퀴 모양의 '차륜병'(車輪餠)을 만들어 먹던 일들은 모두 붉은 태양을 기리는 세시풍습이었지요. 그리고 '그네뛰기'를 즐기고 '오시에 쑥과 익모초를 뜯어 약'으로 마셨으니…

이 모두 해(☀)의 기운을 얻으려 했던 것이었지요.

그래요. 우리 해(태양)겨레의 모든 풍속은 태양과 관련되지 않은 것이 없었으니 한겨레의 밝은 마음과 신명이 이런 까닭에서입니다.

신윤복의 단오 풍정 출처: 한국학중앙연구원, 창포물에 머리감기 출처: 한국일보, 강릉단오제 출처: 문화재청, 차륜병 출처: 한국민속문화대백과사전

고려의 속요(대중노래)로 알려져 있는 '**동동**'(動動)에는 단오의 고유어가 '수릿날'이었음을 알게 하여 **수리취나 쑥을 넣어 해처럼 둥글게 해먹었던 떡**(차륜병)**에서** 수릿떡 또한 유래되었음을 일깨웁니다. "오월 오일에, 아으 **수릿날** 아침 약(藥)은 즈믄(천) 해(년)를 장존(장수)하실 약(藥)이라 바치옵니다. 아으 동동다리"

그래요. 동쪽에서 서쪽으로 돌아 움직이는 **둥근 해**(수리sur(i), sun)**를 수레**(車. 술의)**바퀴처럼** 여겼고 그래서 수레바퀴 모양의 태양을 떡으로 빚어 먹었던 데서 **수릿날**이 유래되었던 것이지요.

맞아요. 우리는 해(☀)**를 먹고 해**(☀)**와 살았던 것입니다.**

반면, 단오를 민간에서 '**술의**(戌衣)**날**'이라고 하였다는 *삼국유사의 기록은 **수레**(달구지)라는 우리말 **음과 비슷한 한자**(이두식)**로 표기**한 것일 뿐, 개(戌dog)하고는 무관한 말이었지요.

태양신 숭배는 인류 공통의 문화

장관(내무부, 건설부)을 역임했던 **이상희 씨**는 "수리는 해의 순 우리말이며 '**높음**(高) · **상신**(上神↔下神)'의 의미를 지니는 고어로서 **수릿날은 '해님의 날, 신의 날**'을 뜻하는 최고의 날이었다." 고 말합니다. 그런데 강상원 박사님께선 옛 우리 땅에서 퍼져나갔던 언어인 산스크리트어에서 수리가 바로 해(神)을 뜻하는 수리야(surya: 지고한 빛)였고 수리(sur(i))는 **둥근 해**(sun)를 가리키는 말이었음을 밝혀냅니다.

유레카! 고대 이집트 신화에 나오는 **태양의 아들 호루스**(Horus)가 왜 우리 땅의 사람과 함께 퍼져나간 **매**(수리)**의 모양**으로 벽화에 전하고 지금 세상의 많은 **여인들의 눈화장이 호루스의 눈**을 닮게 되었는지,… 다− 해(☀)였습니다! **고대 인도나 메소포타미아 지방**에서도 **고구리 사람들처럼 수레바퀴로 해**를 상징했지요.

이것이 저들이 수릿날과 설과 동지의 해행사와 많은 풍속은 잊었지만, 그들의 **태양사원에 커다란** 수레바퀴가 장식되어 있고 **국기 한 가운데** 수레(해)가 그려져 있는 이유입니다. 인도에는 힌두교의 대표적인 신인 **수리야는** 최고의 태양신입니다. 그러하기에 수리야는 아침부터 저녁까지 동쪽에서 서쪽으로 일곱 마리의 말(또는 머리가 일곱: 칠성)이 끄는 마차를 타고 달렸다고 하지요…!

인도 국기에 수렛바퀴 출처: 고구리 오회분 4호묘 벽화의 바퀴의 신.
해의 신인 호루스와 호루스의 눈 출처: AliExpress

이렇게 우리의 말은 온통 해(ㅎㅅ)였었지요.

신이 드나드는 **정수리**(가마)에서 **수레, 살, 쌀, 솔, 술, 시루,** (독)**수리,** 가야의 왕 **수로왕**(首露王), **산봉수리**(봉우리)에서 수락산, 설악산, 속리산, 증(시루)산 등 **산이름**들이 결국은 수리(해)를 표현한 것이었다고 합니다. 그래서 **우리가 살아가는 것이 온통 해(☀)와 함께 하는 것이**기에 '살다' 였지요. 이런 연구를 통해 우리가 뜻도 모르고 주문으로 중얼거렸던 '**수리 수리 마하 수리 수수리 사바하**' 가 '**태양**이여, **태양**이여, 위대한 **태양**이여, **태양**이 뜨면, 새벽이 오나니!' 였음을 정민수 (삼족오 연구가)씨가 명쾌히 풀어낼 수 있었던 것입니다.

강강술래 출처: 플러스코리아, 중앙대 민속학과 김종대 교수 술래잡기 출처: 지식백과

강강술래?

'**강강술**(태양)**래**'를 두고, 어떤 이는 겨우 오백 년 전 '**임진왜란 때** 탄생된 놀이'라 하고 어떤 이는 '새 우주가 열릴 때, **인류를 구원하는 분을 맞이하는 놀이**'라 하지만, 충무공은 당시 **전해지는 집단적 형태의 놀이를 의병술에 활용**하였을 뿐이고, '인류의 구원'같은 심오한 사상이라면, 흥겨운 놀이가 아닌, **정적과 정밀 속에 구도적인 자세의 경건함**이 묻어나야 했을 것입니다.

그런데 **강강술래**란 추석날 밤이나 정월 대보름 흥겨운 밤에, **여성들이 손에 깍지**(결합)를 끼고 **달과 태양의 모습인 원**(○)을 그리면서 고정된 가사가 없이 **느리게 시작하여 점점 빠르게 반복·진행하는 단순한 놀이**이지요. 세계적으로 전해오는 **원무**(원을 그리는 춤)란 공연자와 구경꾼의 구별이 없이 모두가 평등한 주인이 되어 노는 형태로, **원시공동체 사회로부터 내려오는** 오랜 역사를 상징하는 놀이로 보는 것이 인류학의 정설입니다.

지나의 *수서(隋書)는 '신라인은 **일월신을 경배**하는 사람'이었다고 기록하고 있지요. **음의 신인 달을 경배하는 축제**인 정월대보름날, **충만한 생명력을 상징하는 둥근 달 여성**이 남성을 상징하는 태양(술)이 오기(래)를 기다려 **남녀**(음양)**의 성적결합**(☯)**으로 생산의 풍작을 기원**하는 **오랜 역사의 주술적인 놀이**였음을 알 수 있었습니다.

아, '윷놀이'가 세계 놀이의 기원이 되었듯 강강술(해)래나 술(해)래잡기가 실은 **해를 기다리고 해를 잡으려는 원시적인 유희**였던 것이지요.

〈88 서울올림픽〉 개막식에서 앳된 대한의 소년(윤태웅)이 '**굴렁쇠**'(☀)를 굴리며 입장하는 퍼포먼스가 세계인의 인상에 깊게 남아있는 것은 세계인의 유전자에 깊게 새겨져 있는 태양유전자 때문이었을 것입니다. 많은 반대를 무릅쓰며 **전 세계의 태양문화가** 이 땅의 **해님**(☀)**으로부터 출발**하였음을 상징적으로 기획했던 이어령 교수(초대 문화부 장관)은 이렇게 말했다지요. "내 아이디어가 아니라 우리 **조상님들의 작품입니다.**" 그래요. 그때는 문화부장관 **─다웠습니다!**

고대 그리스 그릇의 등(포도)나무 덩굴로 만든 굴렁쇠(krikoi) 출처: 루브르박물관, 영국 솔즈베리 평원의 해(☀)와 스톤헨지 출처: 두산백과

그러나 **지나**(china)**의 단오**는 우리의 단오와 **이름만 같을 뿐, 축제의 본질과 내용에서 해**(☀)**가 없습니다!** 지나는 겨우 초(楚) 때, 간신의 모함을 받은 굴원(340~278BCE)이 **멱라수강에 몸을 던져 자살(?)한 날**(5월 5일)**을 기념(?)하는** 날로 여기고 **죽통에 쌀을 넣어 물에 던지는(?)제사**를 지내면서 엄숙한 제삿날에 남방에선 엉뚱하게 배 건너기 시합(?)이라는 경도희(競渡戲)를 하고 있을 뿐, 뭐가뭔지? **태양과 관련된 풍속도 없이 단오**(duānwǔ)**라는 이름을 쓰고 유구한 세월 속의** 태양제를 **저들이 원조라 주장**하면서 오히려 **한국을 저들의 민속을 도둑질해 간 나라로 비난하고 우리나라의 단오 등재를 반대해** 왔었습니다.

깊은 역사가 없는 저들의 문화의 부러움은 이해는 가지만, **남의 문화를…** 이건 아니죠! 공자가 "군자는 유어의(喩於義: 의로움에 앞서고)하고 소인은 유어리(喩於利: 이익에 앞서다)"라고 했거늘, 딱– 맞네요!

송호국씨는 '**태양을 상징하는 단오**는 왕성한 에너지로 하여 **본디 벼농사를 기본으로 한 풍속**이기에 **밀농사를 기본**으로 한 지나의 한족에게는 5월 단오라 해봐야 **별난 행사가 없었을 것**이며 밀농사는 벼농사절기와 완전히 다른 것'이었다고 합니다.

오히려, 지나족이 우리 풍속을 왜곡하여 가져간 것이었지요.

2005년 〈유네스코〉는 '이 지구상에 아주 원시적인 형태로 이어 온 축제는 처음'이라며 한국의 〈강릉 단오제〉를 '인류 구전 및 무형유산 걸작'에 선정하지만, 정작 이 땅 사람들은 태양제의 본질도 모르고 지나의 풍속이라고들 하니 어쩝니까? 그러니 눈 뜨고 빼앗기지!

한복(?)의 지나여인들의 단오(2012) 굴원추모식(산동성 예성공원) 출처: Chinanews. com,
쫑즈, 용선경기(2013) 출처: Chinanews. com

아! 불함문화론

〈기미독립선언서〉를 기초한 천재사학자 육당 최남선은 일찍이 전 세계에 퍼져있는 가장 오랜 개념인 '밝(불함: 하늘신의 고어. 광명)과 붉사상의 시발지를 카스피해와 흑해'로 보았지만, 한 국가, 한 민족 속에 '밝'의 순수한 모습을 그대로 간직하고 있는 국가는 오직 한국뿐이고 한국문화에 유독 인류문명사의 영아기(1~3세)의 모습이 많이 있음을 간파하면서 한겨레의 독창적인 문명·문화가 → 고대 중국, 일본의 문화를 형성했고 → 몽고와 중앙아시아, 유라시아 전역으로 영향을 미치고 → 세계로 퍼져나가 인류문명·문화에 기여했음을 찾게 했습니다.

그리하여 이 거대한 가설을 신채호, 박은식, 나철, 권덕규, 정인보 등 당대의 석학들이 제공한 고대조선의 역사를 토대로 비교종교학,

비교신화학, 비교언어학, 인류학, 역사학, 지리학, 문자학, 금석학(돌과 쇠에 새겨진 문자나 그림) 등을 동원하여 천명했던 논문이 바로 세계의 반향을 불러왔던 그 유명한 '불함문화론'(1927)이었던 것이지요.

아! 한머리땅이 동방문화의 진정한 중심지이고 세계문명사의 가장 이른 횃불을 든 겨레가 바로 우리 백두산(不咸, 弗咸불함)겨레였습니다. 백두산, 태백산, 소백산 등의 '백'(白 붉)은 태양·하늘·신을 뜻하는 옛말로 태양신을 숭배했던 우리의 문화가 반영된 것이며 '백산'(白山)은 태양신께 제를 지내던 곳이었음을 밝혀냅니다.

아, 겨레의 참 역사를 위해 평생을 고뇌하시다 하늘로 떠나신 白山 박성수 교수님을 생각합니다. 그리고 박교수님 같으신 밝은 학자들로 하여, 러시아의 상트페쩨르붉(상트페쩨르부르크), 룩셈붉(룩셈부르크) 그리고 거의 모든 유럽의 왕을 배출(프랑스 제외)하고 통치했던 합스붉(합스부르크)왕가와 명문도시인 함붉(함부르크), 스트라스붉, 프랑크붉 등의 수수께끼 단어였던 burg, bourg가 단지 성이나 언덕의 뜻을 넘어 '사람이 많이 모여 해(☀)처럼 밝아지는 곳'이었음을 알게 되고 park(팕=밝=붉, 공원)가 '해(☀)처럼 밝은 사람들이 모였던 곳'이라는 한겨레의 붉문화의 영향이었음을 알게 됨에 감사한 마음뿐, 백산선생님, 따뜻하게 입고계시죠?

밝으신 분들이 한 분 두 분 다 떠나시면, 어떡하란 말입니까?

알을 낳는 새, 천손

해(☀)는 하늘의 사자로서 새(鳥, ㅎ)ㅅ 구개음화현상)의 알(○卵)로 태어난다고 했습니다. 그래서 고구리(려)의 추모(주몽)가 **입술이 닭 같은 어머니 유화부인에 의해 알로 태어나고**, 신라의 시조 혁거세(赫居世)가 **백마**(북쪽의 기마세력)**의 보호 아래 큰 알**(남쪽 토착세력)**로 내려와 박**(붉다)**씨가 되고**, 아내가 되는 알영(閼英: 흉노계 이름, 娥利英, 娥英: 부여계 이름) 역시 처음 **닭**(새=해)**부리 입술로 태어나고**, '**구지가**'(김수로왕 탄생 신화)는 **6가야의 왕들이 알**(태양의 후예)**로서 탄생**했음을 남기고 신라 경주김씨의 시조인 **김알지의 탄생에서 흰 닭**이 울었던 것은~

다— 해의 신성함을 빌었던 것이었지요.

왜냐하면 해(奚: 태양)**를 부르는 새**(鳥)가 닭(鷄계)이었기 때문이지요. 매일 새벽을 깨우고 닭이 낳는 알을 마치 **태양을 낳는 것**으로 신성시했던 신라는 **서울마저 계림**(鷄林: 닭이 나온 숲)이라 이름을 남깁니다.

이처럼 **인류의 어른**으로서, **벼슬**(볏. 노블리스 오브리제)**의 상징**으로서, '사람의 문명·문화를 처음 시작하여 다스리고(더 살리고) 거느렸다!'는 **천손의 자부심**은 날개가 달린 짐승 중 유일하게 **위로 솟은 볏**(고귀함)**과 턱밑으로 늘어진 고기수염**(wattles: 위엄)을 갖고 매일 알(ㅇ해)을 낳는 닭(酉)을 12지 동물에 넣고서 일가를 이루는 **전통혼례 때 닭을 놓고 하늘에 언약**했던 것입니다. 그래서 '**닭이 울면, 모든 잡귀가 달아난다**'고 하였지요. 동·서양이 **닭에 대해 의미**를 갖고 있었던 것은 해를 땅으로 갖고 온 새였기 때문입니다.

이것이 천재민족화가 이중섭이 소만큼 **닭에 애착을 느끼고 봉황보다 상서롭게 여겼던 이유**일 것이며 화재로 피해를 입은 **노트르담 성당 꼭대기에 닭**을 세웠던 이유 아닐까요?

전통혼례 출처: 한국전통혼례국제교류원, 해 속의 삼족오 출처: 하늘민족다물회, 흑피옥기의 양각 삼족오 문양(홍산유적지) 출처: 탐나라, 이중섭의 부부 출처: 이중섭미술관

해를 품은 새, 삼족오

해를 땅으로 갖고 온 새가 닭이라면, 해 속(日中)에 들어 간 새는 검은 새입니다. 고대 동이(東夷)의 **태양숭배 신앙**에 **조류숭배 신앙**이 합쳐 진 결과이지요. **해 속에 들어간 것은 다 검게** 보이고 그래서 최고의 신이었던 해(☀)를 가까이 한 **검정색**은 **신성한 색**이 된 것입니다.

이 검은 새가 바로 천손 고구리의 상징인 **삼족오**(三足烏: 다리 셋인 검은 새)였고 신라에선 해와 달의 신(神)인 '**연오랑**(燕烏郎)과 **세오녀**(細 烏女) 전설'로 등장했던 **검은 새**(烏)였지요.

검은(어두운) 세상을 해처럼 밝게 문명으로 밝혔던 **천손의 나라** 그래 서 **모든 것이 빛이고 해**(☀)였던 때, 앞쪽에 **봉황**을 세우고, 뒷쪽에 **용** 을 따르게 하는(거느렸던) **고구리벽화**(오회분 4호묘)**의 '일중**(해 안의)삼족 오'가 바로 세상의 **불멸의 새**(不死鳥), **전설**의 태양새였음을 알게 하고 봉 황과 용이 **모두 동이겨레의** 해(☀)토템에서 비롯되었음을 알게 합니다.

맞아요. **천손의 소망을 담은 태양**이었지요! 2006 〈행정자치부〉가 주관한, 금이 간 **국새인뉴**(國璽 손잡이)의 〈디자인 국민제안〉에서…

'**삼족오**'가 봉황과 용을 제치고 **당당히 1위**로 꼽혔던 이유입니다.

검은 태양 출처: 박한규(늘푸른요양병원) 병원장, 일중삼족오 오회분 4호묘 출처: 재외동포신문, 현재의 국새(큰 무궁화를 등에 짊어진 두 봉황 2011.10.4~) 출처: 국가기록원

어떤 자는 '문화'란 높은 곳(사실 우리가 높았다)에서 흘러내리는 것이 기에 **고구려(?)가 중국(?)문화의 영향을 받은 것**은 너무나 당연한 것으로 삼족오가 지나의 사서나 신화에 나오기에 **삼족오가** 지나의 새라고 주장하네요.

그런데요. 삼족오문양이 발굴된 '후가장(侯家莊) 1004호 묘'(하남성 안양)는 **옛 동이의 강역**이고 **동이국가인 상(商=殷)의 수도 은허(殷墟)**였다고 하며 만주의 요녕성 '조양지구의 원태자벽화묘' 등 **분명히** 옛 한국의 강역이었습니다. 맞아요. 한·당(우리가 힘이 약해졌을 때) 때의 벽화나 화상석(그림을 새긴 돌), 벽돌 등에서 나타나는 **삼족오가 거의** 옛 한국인의 강역인 산동·하남·섬서·요양성 등에서 출토되는 것이 이 때문이지요. **고대 중원마저도 옛 한국인(문화의 주체)에 의해 문화적 지배**를 받고 있었음을 모르고 말들을 합니다.

그러나 지나에서는 *산해경(山海經 BCE2183)의 삼족오에 대한 오랜 기록과 *회남자(淮南子 BCE202)에 **"해 가운데 까마귀(검은 새, 태양새)가** 있으니 삼족오다(日中有鳥謂三足烏也)" 라는 기록에, 까마귀의 발이 세 개인 이유는 '**양수(陽數)는 하나에서 일어나 셋에서 완성**되기에 양의 대표격인 해(태양) 속의 까마귀는 다리가 세 개여야 한다'는 전한(前漢) 때의 *춘추원명포(春秋元命苞) 기록을 근거로 **삼족오가 지나에서 유래된 새**라고 또 주장합니다.

그러나 저들이 전설적인 왕이라고 우기는 **요**(堯)가 지나땅에서 처음 국가를 세울 때, 열(10) 태양(까마귀: 작은 왕)이 어지럽히자, **동방의 천제**(하늘나라 임금)**께서** 후예(后羿: 임금을 모시는 왕, 뒤에: 동이의 궁술의 명인)를 보내 활로 아홉 해를 쏘자 떨어진 것조차 까마귀(동이의 우두머리 세력들)였다고 하는 것은 오히려 지나가 태양문화와는 **거리가 멀고** 태양겨레(까마귀)의 **힘에 눌려 있었다는 역사**를 말함이지요.

그래서 지나족은 태양사상과 아무 관련이 없기에 **한족**(漢族)**은 까마귀를 불길하다고 여겼던** 것이고 고구리의 상징물인 삼족오에 대해 **당**(唐)**이 혐오감을 드러냈다는 것은 원래 제 문화가 아니었기 때문**이었지요. (우리가 까마귀를 흉조로 보고 멀리 한 것은 지나의 주자朱子가 까마귀를 불길한 새로 낙인찍음으로 사대의 조선조학자들이 맹목으로 추정하면서 시작)

그럼에도 지나는 지금 **제 문화라고 주장**하며 심양시의 대학에, 시청에(30m), 그리고 역 앞에는 무려 **50m가 넘는 삼족오**를 조각하여 관광자원으로 삼아 역사도 뺏고 돈도 챙기며 꿩 먹고 알 먹고…!

재팬 역시 삼족오를 길조로, 신조로 여겨 **신사에 모시고** 왕 즉위 시 입는 **곤룡포 왼쪽** 어깨에 그려 넣고 **축구협회 앰블런** 등으로 사랑을 하고 역사를 가로채려 하나, 재팬과 지나의 삼족오라 하는 것은 **벼슬**(다스림=다 살림, 상생, 홍익)**이 없는 그냥 까마귀**이고 새일 뿐…,

봉황과 용을 거느린 태양(삼족오)**은 아니었던 것입니다.**

하늘의 태양이 하나이듯, 하늘의 태양겨레는 우리일 뿐입니다.

또한 일본(日本)의 기원과 관련이 깊은 신라의 해와 달의 전설인 **'연오랑**(燕烏郞)**과 세오녀**(細烏女)**'** 또한 삼족오문화가 이 땅에서 전래되었음을 알게 하지요. 이들의 이름에 **검을 오**(烏)**자**가 있다는 것에서 저들이 **태양의 후예**라고 하는 것이지요.

그래서 재팬은 개국신화에서 왜왕군대의 길 안내를 했다는 **태양신의 사자인 '야타가라스'**(八咫烏)를 지금도 쿠마노본궁대사(熊野本宮大社) 등에서 신(神)으로 모시고 있고 왜왕즉위식 때는 왜왕이 왼쪽 어깨에 **삼족오가 수놓여진 곤룡포**를 입으며, 〈재팬축구협회〉에서 **국가대표팀의 엠블렘**으로 사용하고 있는 것입니다.

어찌보면, 재팬이야말로 한국에 대한 끝없는 열등감 속에서도 옛 조상(한겨레)의 정체성을 소중히 부둥켜안아 간직해 온 측은한(?) 나라이지요. 재팬과 지나를 보면 우리가 잃어버린 것들이 보입니다.

후예 출처: 월도마왕, 지나 섬서성 유림시 수덕현 삼족오 출처: MBC HD, 하남 한 대 화상석의 삼족오, 심양 북역광장 50m 태양조 출처: 배성수, 재팬왕이 즉위 시 입는 곤룡포(원래 의천 대각국사의 가사) 출처: 연합뉴스, 재팬축구협회 엠블렘 출처: 신동아, 쿠마노본궁대사의 야타가라스 깃발 출처: 후유닛

그러나 지나의 마왕퇴무덤(서기전 180년대 호남성)에서 미이라의 부장품으로 나온 **옷에 그려진 검은 새의 발은 평범한 2개**였던 것은 삼태극문양이 송(宋)대를 지나 **음양의 양태극**으로 변하듯, **삼족오의 세 발도 두 발로 나타났던** 것이지요.

이것은 지나지역이 본래 **태양사상이 퍼져나간 지역**(샤머니즘지역)이 아니었기에 **우리 한겨레의 상징수인 양수**(陽數) 3(지나는 짝수 선호)과 **삼원론과 생명탄생의 비밀인 삼신**(三神)의 의미가 지켜지지 않았기 때문이었습니다. **천제국과 함께 북방민족은 양**(陽-1·3·5·7·9)의 수를 숭상했습니다. **태양**(陽)과 새는 양(陽)이며 3(북방) **또한 양**(陽)의 수로서 **성스러운 수**이지요. '성스러운 북방의 태양새' 그래서 **다리가 셋(3)인 것**이었던 것이지요. 고도의 상징이었던 것입니다.

새(해, 군주)의 왕으로, 천손 동이의 전설적인 상상의 새, **봉황**(鳳凰)이 변한 것이라는 **삼족오**는 훗날 주작(朱雀)으로 변하는데, 지나의 주작마저 다리가 2개인 그냥 새로 변하지만, **우리의 주작은 삼두삼족**(三頭三足: 머리 셋 다리 셋-*조선왕조실록 *악학궤범)의 모습으로 해겨레의 삼사상과 삼신의 의미를 지키고 있어 근본이 우리에게 있음을 알게 합니다.

지나의 저명한 신화학자 손작운(孫作雲)마저도 "일중삼족오는 고대 동방의 **태양숭배신앙과 조류숭배신앙이 합치된 우주사상이다. 모두 동이가 새와 해를 같이 공동의 토템**으로 하는 까닭이다." 라고 하여 삼족오의 기원을 명쾌히 규정합니다. 그래요. **상대적으로 아름답고 우월했던** 동방 동이문화와 토템을 지나족은 자연스레 받아들였던 것이지요.

여기에 손성태 교수 또한 '태양신 신앙은 **우리 겨레의 고유신앙이**
었는데, 태양조가 **중국**(지나)**으로부터 전래된 삼족오라는 주장은 모
순이었음**'을 밝히고 또한 태양조를 **멕시코에서도 '꼬꼬'**(coco)라고 했
다는 기록을 찾아 **삼족오**(태양)**의 유래** 또한 **동방에서 매일** 해를 낳는
우리 말 꼬꼬닭에서 상징된 것이었음을 밝혀냅니다.

해와 감응하여 '꼬끼요' 라고 우는 새! 삼족오는 태양(☀)이었지요.
그러니 까마귀니, 까치니, 봉황 또한 **단순한 새로 말함**은 부질없는
생각이지요. 신라가 수도를 **계림**(鷄林: 닭의 고향)이라 하였던 것은 단
순히 닭의 알을 낳는 나라가 아닌 '**매일 밝은 태양을 낳는 영원불멸의
나라**'임을 말하고 싶었던 것입니다.

삼족오문양이 지나땅에서도 나올 수 있지요. 그러나 **차이나**가 삼족
오문화의 원천인 '**해문화**'를 **까맣게 모르고** 있는 반면, 한국(해오라비)은
우리의 말(언어)**에** 해(☀)가 가득하고, **많은 풍속으로, 음식**과 **의복문화**
로 전하고 **많은** 유물과 **사상**에 오롯이 남아 '**해문화**'의 근본을 말합니
다. 지금 **지나**가 삼족오의 3(음, 양, 조화)**다리**를 정과 망치로 쪼아 없애
고 2(음, 양)**개로 조작**하는 이유를 무엇이며 지금도 남의 역사와 영토를
탐하며 분쟁을 즐기는 지나족인데…, **광명과 조화의 문화가 가당할까?**

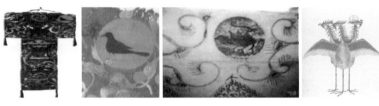

마왕퇴묘 옷에 그려진 태양새, 확대(우) 출처: 호남박물관, 각저총 삼족오 출처: 이름없는
풀뿌리, 인선왕후영릉산릉도감의궤(1674) 삼족삼두조 출처: 외규장각의궤

삼족오 삼위일체(三位一體)

'만물의 근원은 수(數)'라고 역설했던 서양의 수학자 피타고라스는 말합니다. "우주는 3으로 구성되어 있고 3은 **존재하는 모든 것을 움직이게 하는** 중심숫자이다." 해 속의 신조(神鳥)인 삼족오는 **머리가 하나**이고 **발이 셋**이 있습니다. **하나**(우주만물)에서 **무궁한 변화인 셋**(천·지·인)으로 화한다는 상징 '**일석삼극**'(一析三極)이었지요. 그래서 **1과 3을 우리 한겨레의 성수**(聖數신령한 수)라고 했던 것입니다. 이렇게 수(數)는 단순한 숫자개념을 넘어 우리 조상에게는 **우주사상이고 우주철학이고 우주과학**이었기에 아무 생각 없이 수를 정하지 않았던 것이지요.

이것이 바로 세계최고의 인류학자이며 석학인, 이태리의 자코모박사가 **눈물을 흘리며 감격했던** 〈3위1체사상〉의 뿌리문화였습니다. 박사는 이렇게 말합니다. "**인류의 위대한 시원사상**이라 일컫는 〈3위1체사상〉이 이집트나 이스라엘도 아니고 바빌로니아나 인도나 차이나(지나)도 아닌 코리아에서 나왔다." 그래요. *삼일(三一)신고라는 이름의 겨레의 경전(經典)이 뜬금없이 이름 붙여진 것이 아니었습니다. 기미년 독립의 거사일을 **3월 1일**로 정하고 일어난 것이며 혼례를 치를 때나 이사할 때, 꼭 **하늘이 정해준 수**(數)를 **헤아려 정하는 풍습**이 있는 것이 모두 미신이 아닌, 천제문화였기 때문이지요.

삼족오는 씽영총, 무용총, 각저총, 개마총, 덕흥리1·2호고분, 진파리1호분, 덕화리1호분, 강서중묘, 천왕지신총, 장천1호분, 약수리벽화고분, 그리고 오회분4·5호묘 등에 빠짐없이 그려져 있지요.

특히 진파리7호분에서 출토된 **고구리의 금동관식의 삼족오**는…
'우리가 얼마나 **삼족오를 신수로 아꼈나!**'를 알게 합니다.

해(문명, 왕)**가 처음 떴던 나라, 세상이** 온통 해(☀ 광명)**였던 나라!**
이렇게 해를 뜻하는 성수 3이라는 숫자에 삼신할미신앙이 더해져 **솟대 위에 새 형상으로**, 시베리아로, 알타이로, 너머 헝가리로, **세계로 퍼져 나갔던 것이지요.** 이 땅에서 나간 **해신**이었지요. 이것이 **유럽의 가문의 문장에 '닭'이 많이** 나타나는 이유일 것입니다.

피타고라스 출처: *피타고라스의 비밀, 진파리7호분 출토 해 뚫음 무늬 금동관식 삼족오 출처: egloos, 불새 삼족오 제공: 한민족사중앙연구회, 피닉스 출처: 세계사진관, 한겨레의 삼족오 문화를 간직하고 있는 헝가리(한겨레) 부다페스트 성 마르테 성당 출처: 삼태극

그래요. **아시아에서 유래된 새로 알려진** 삼족오(태양)**는 고구리뿐** 아니라 알타이지역과 지나와 재팬 등 고대 동북아지역에서 공유된 문화상징이었다고 하지만, 우리의 삼족오에는 특별히 해무리의 벼슬이 달려 있습니다. 이글대는 **영원한 생명력, 태양**이지요. 그래서 **현조**(玄鳥: 검을현, 새조)로, 지극히 신성한 새로 불리며 절대적 신권, 영원한 태양을 상징하며 **벼슬을 갖고 매일 해**(알)**를 낳는 신의 새인 닭**이 되고 **불을 관장하는 불새**(The Fire Bird)**인** 주작(朱雀)이 되었던 것입니다.

훗날 이 태양새가 이집트와 그리스·로마의 불멸의 새 '피닉스' (phoenix, 不死鳥)로 탄생했던 것이지요. '새 중의 왕이며, 향기 나는 풀이나 돌(石)을 좋아하고 어질어 생명을 해치지 않아 풀잎의 이슬만 먹고 살다, 5~6백 년마다 스스로 몸을 불태우고 재 속에서 재생하여 영원불멸한다는 전설상의 새', 피닉스! 어─째 우리의 봉황을 닮지 않았습니까? 그래요. 우리의 봉황과 삼족오(태양)의 결합이었지요!

그래요. 지구상에서 향기 나는 풀(나물, 약초)을 일상으로 먹는 유일한 사람들이 누구이며 돌을 굴리고 돌을 쪼고 돌문화와 쇠문화를 일으킨 사람들이 누구였습니까? 이렇게 불사조가 세상 어디에서나 불(火)로 묘사된 것은 '생명(문명)의 창조와 부활과 재생을 상징하는 해(☀)겨레의 모습'을 나타내려 했기 때문이지요.

그래서 돌문화에서 쇠문화를 시작하고 불로 그릇(토기)을 처음 만들어 사람다운 삶을 시작했고 배를 처음 만들어 바닷고기와 고래를 처음 잡아 올리고 개와 매 등 가축을 처음 길러 안정적인 고기를 마련하고 벼를 비롯한 농경을 처음 시작하여 인류에게 창조와 부활과 재생의 삶을 창조했던 이들이 어느 땅의 누구였겠습니까?

맞아요. 태양(해)을 불멸의 불사조로 믿고 불(火)로 인류의 문명을 시작하여 세계로 퍼져나가 부활하여 생명을 주고 지혜를 일깨웠던 신성했던 사람들! 그래서 '인류의 프로메테우스'라고 불리는 한국인! 아, 우리 조상님께서 혼인 때, 신랑이 닭을 갖고 신부집에 가고 신부는 집안의 불을 꺼지지 않게 했던 것이 바로 해의 자부심이었습니다.

태양을 이끄는 새, 봉황(鳳凰)

그런데 **태양을 이끄는** 새가 있습니다. 한국인의 상상력으로, 아니 어쩌면 한국인을 부러워 한 지나인들의 상상력이 만들어 놓은 새일지도 모릅니다. 바로 **도**(道)**가 있는 곳에서 나타난다는** '봉황'(鳳凰)이지요. **새 중의 새**, 새들의 왕이라 합니다.

곽박은 *현중기(玄中記)에서 "동남쪽, 도도산(桃都山) 위, 나뭇가지가 삼천리에 뻗어 있는 도도(桃都)라는 큰 나무(木: 동방)에 하늘을 나는 **천계**(하늘닭)가 있는데, 해가 처음 떠(해 뜨는 곳) 이 나무를 비추면, **그 새가 운다. 그 새가 울면, 천하의 모든 닭들이 따라서 운다.**" 라고 기록하여 봉황이 **모든**(凡범) **새**(鳥조)**를 이끄는** 새였음을 알게 합니다.

*설문해자(와 *산해경) 또한 '**태양새, 군자의 나라**, 동방 천상(하늘 위)의 새로 **모든 새**(해=왕)**의 우두머리**'였다고 합니다. 그래서 우리 땅의 **임검**(땅의 사람들을 맡아 다스리는 신)은 **어두운 세상에서 백성을 이끄는 하늘의 고귀한 봉황**으로 비유되어 임금을 상(上) 또는 성상(聖上)이라 불렀던 것'이지요. 또한 봉황은 '신조(神鳥: 신의 새, 천손겨레의 새)이고 오색(五色)을 띤다. **동방의 군자의 나라**에서 출현하고 날이 저물면 **풍혈**(바람구멍)**에서 잔다. 봉황이 나타나면, 천하가 크게 안녕**하였다.' (神鳥也…五色備? 出於東方君子之國…莫宿風穴 見 天下大安寧) 그리고 '**항상 도**(道)**가 있는 나라, 동방군자의 나라, 배달**(倍達)**에서 나와 오방색**(五方色)**의 깃털을 하고 오음**(五音: 도통)**의 소리를 낸다**'라고 기록합니다.

해 뜨는 곳 동(東)쪽에서 새벽을 지키는 임무를 맡다가 성인(聖人)의 탄생에 맞추어 **해 앞에서 어둠을 쫓아 개벽**(開闢: 세상을 처음 엶)**을 맞는 새가 봉황**이었지요! 그래요. 동방(東方)은 해가 뜨듯, **세상의 중심**(五)에서 문명을 시작하고 광명(光明)의 도를 이룬 **도통한 군자들의 땅**으로, 상서로운 우주의 조화를 생각하는 **성군의 덕치**(德治)로, **성스러운 천자**(聖天子)의 상징으로, 바람을 일으켜 나는 풍(風)이로서 시대의 **대세**로, 세상을 바꾸는 힘(바람)으로 인식되었다는 증좌였습니다.

   성인이 출현할 때 봉황이 나타나 춤을 추었다는 말이 이런 뜻이었지요. *황제내경(소문편)조차 '동방(東方)은 지구가 형성될 때, 최초로 문명이 시작**된 곳**'(東方之域 天地之所始生也)이라고 써 놓았던 곳, 결코 지나의 새가 아닌, 온통 한국의 정체성을 드러낸 동방의 새였습니다.

   그래서 옛 지리서인 *산해경은 봉황을 **광조**(光鳥: 빛의 새), **명조**(明鳥: 밝히는 새)로 기록합니다. **봉**(鳳)은 **백민**(白民; 동이) 즉 **밝은 태양**(白: 밝, 박, 백, 배)**을 상징하는 배달겨레**를 옛 지나가 부르던 말이었지요. **황**(凰) 또한 **백왕**(白王) 즉 배달겨레의 임금을 뜻합니다. 그래서 **봉**(鳳)이나 **황**(凰)이나 밝은 태양을 뜻하는 白자가 들어가 있는 것이지요. 이렇게 **봉황**[鳳凰]은 새 중의 왕으로 한겨레의 밝음을 상징하던 새였습니다.

봉황과 풍이(風夷)

김성규 회장은 '봉황의 **鳳**과 **凰**이 모두 **큰 날개**(几)를 달고 **발톱을 세운 용**(익룡: 나는 용)**이 큰 바람**(風)을 일으키고 하늘을 나는 글자였다'고 합니다. 그래요. **風**자는 안의 글자 '**충**'(虫)이 '크거나 긴 거북처럼 갑골이 있는(介) 동물들을 칭한다'는 *한전(漢典)의 기록으로 보아 벌레(虫)가 아닌 凡(범: 배의 돛)과 같은 큰 날개를 가진 용과 같은 새(鳥 익룡)가 바람을 만났을 때의 이미지를 상형화한 글자였다는 것이지요.

맞아요! 세계최대 규모의 공룡발자국 화석(전국 100여 곳에 만 개가 넘는)이 발견된 땅, 세계에서 가장 다양했던 공룡들이 조밀하게 살았던 집단서식지의 하나로 특히 전남 해남군 우항리는 823개의 공룡발자국과 443개의 날아다니는 '프테로 사우르스'(Pterosaurs익룡)의 발자국, 세계에서 가장 오래된 물갈퀴 새발자국(약 8500만 년 전)까지 발견되어 공룡·익룡·새 발자국 화석산지로서 세계유일한 곳입니다.

군위읍(경북) 야산계곡에서 최대의 익룡 발자국(길이 354㎜ 폭 173㎜)이 발견되기 전까지 지구상 최대의 익룡(날개 펴면 11m 이상, 뒷발자국은 길이 350㎜)이 살았던 곳으로 알려져 '해남이크누스 우항리엔시스'라는 명칭까지 붙었던 땅, 그래요. 우리 땅이 바로 그 쥬라기공원이었지요.

여기에 세계에서 가장 오래된 1억1천만 년 전 *개구리 발자국 화석이 발견(2018.12.24 경남 진주혁신도시)되었던 땅, 공룡과 생명체의 마지막 피난처, 서식처였다는 우리 땅, 그래서 세계적인 고생물학자인 M·G 라클리 교수(콜로라도대)가 "한국은 고대 세계의 수도였다!" 라고 말했던 땅이었지요.

그래요. 지구상 최초로 하늘을 날았던 동물이었던 익룡! 우리의 조상님은 새가 본디 바람(風)을 가르며 하늘을 날았던 용(翼날개龍익룡)의 후손이라고 생각했을 것입니다.

우리의 옛 땅은 공룡의 땅 출처: 시사저널, 鳳의 갑골문, 금석문의 상형 모양 출처: 출처: http://www.internationalscientific.org/CharacterASP, 경북 군위 세계최대 익룡 발자국 화석. 비대칭형 세 발가락(원 안) 출처: 문화재청

그래서 **바람**이 배를 움직이듯, 하늘에 **거대한 바람**(風)을 일으키며 날아간 봉황의 자손을 봉이(鳳夷), 풍이(風夷)라 했던 것이고 지나의 문화의 신이 되었던 **태호 복희씨**나 동방의 임금이었던 **치우천왕**, 지나족의 우두머리가 되었던 **헌원**, 도가를 일으켰다는 **노자**(老子)의 선조가 **다 풍이**(風夷) **출신**이었으니…, 이 땅에서 얼마나 많은 봉황이 날아갔으며 이 땅의 사람들이 한족(漢族: 지나족)에게 **얼마나 거대한 영향을 미치고 있었는지**를 보여줍니다. 아, 신라의 화랑을 비롯한 고구리, 백제인들이 **새깃털을 꽂고 다닌 것은 봉황의 자부심**이었습니다.

지나의 기록들이 **헌원**뿐 아니라, **요**(堯) · **순**(舜) · **주**(周) 때에도 '봉황이 나타나서 춤을 추었다'고 했던 것은 이들이 **봉황의 자손이었음**을 드러내는 표현이었고 **봉황을 얼마나 신성시하고 부러워했나**를 알게 합니다. *초사(楚辭)라는 책은 지나의 시조라는 '헌원이 생어**백민**(生於白民: 백민에서 태어난)한 **동이**'(白屬東夷: 백민은 농이다)였음을 밝히고 있어 저들의 시조마저 한국인(白民)이었음을 기록합니다.

또한 鳳(봉)이란 글자 또한 '따르는 **모든**(凡범) **새**(鳥)들과 함께 **바람**

(風)을 일으키며 **크게 무리 지어 날아가는 모습**'을 형용한 글자라고 하며 '**봉황이 절로 노래하고 절로 춤추고 사해**(四海) **밖까지 난다**'고 전하는(*산해경 대황서경) 것은, 마치 빅뱅으로 우주가 탄생되듯, 그렇게 인류의 신석기 혁명을 **이루었던 사람들의 거대한 움직임**이 시작되었음을 알게 하는 말입니다.

먼― 옛날 우리 땅이 물로 변할 때, **수레를 만들어 몰고 배를 타고 새**(해, 왕, 신, 지도자)**가 되어 우리 땅을 떠났던 사람들, 큰바람을 일으키며 우리의 세상**(사해) **밖으로 날아가 홍익의 세상을 이루었던** 옛날의 거대했던 한류(K-wave)를 상징하는 새였지요. 그래서인지 인류의 첫 문명(?)이라는 **수메르인들이 편두를 한 머리에 무궁화와 더불어 봉황을 신성시했었던 것**이지요!

*삼국지 위지동이전 한전(韓傳)에는 '한국에는 **꼬리가 긴 닭**이 있는데, 그 길이는 **5척**(1m)**을 넘는다**'는 기록이 있습니다. 그런데 언(焉: 봉황)의 금문자는 **봉황이 바로 우리의 닭**이었음을 알게 합니다. 닭이 해 속으로 들어가 영원한 해가 된 것이 **삼족오**라면, 해의 염원을 품고 세상에 나타난 한국의 닭이 바로 **봉황**이었고 고구리 강서대묘에서는 불로써 문명을 일으켰던 남쪽땅을 지키는 신조인 **주작**(朱雀)으로 나타났던 것이지요.

아, 어린 시절, 아버님(朴宗主)께서 '**봉황이 천 년에 한 번씩 먹는 것이 대나무가 아닌 용**(龍)'이라시며 집에 **긴꼬리닭**(焉 꼬리1m)**을 얻어와 키우게 하셨던 것**이 혹 이 아들에게 봉황을 꿈꾸라고 하셨을까…

생각하니, **많은 그리움**이 스칩니다. 아버님 덕에 저는 일생을 봉황과 용을 꿈꾸며 살았지요! 고맙습니다. 그리고 "내 이름은 특별하다!" 라며 늘 말했던, 미국으로 떠난 친구 박언(馬)진은 잘 있는지?

봉황들이여, 이젠 돌아오려므나!

고구리의 신령스런 해(☀)왕관(대만국립고궁박물관) 출전: 어느 한국유학생, 한국의 긴꼬리닭 출처: 서울신문, 언(馬)의 금문자 출처: http://www.internationalscientific.org/CaracterASP, *장자 소요유 대붕 출처: 이성주의 건강편지, 강서대묘 주작도 출처: 국립중앙박물관

하늘로 오른 물고기, 대붕(大鵬)

세상에는 **물고기**(魚)가 하늘로 오른 **새**(鳥)가 전해옵니다. '수천 리가 넘는다는 곤(鯤)이라는 물고기가 새가 되어 날아올라 날개가 하늘 전체를 뒤덮는 구름 같았다'는, 상상의 봉새, 대붕(大鵬)이지요. 지금껏 황당무계하고 비상식적 이야기로 전해져 전해오지만, 여기에도 우리가 잊었던 한겨레의 역사의 비밀이 고스란히 나타나 있었습니다.

붕(鵬)이란 **무리**(朋붕)에 **새**(鳥조)가 합쳐진 말이지요. **새가 된 물고기들!** 그래요. 붕은 **봉**(鳳새)의 무리이지만, 근원이 '어부'였다는 비밀이 담긴 말이었지요. 그래서 **봉황의 꼬리가 물고기를 닮았다**(*周書. *설문해자 등)고 했던 것이구요.

그런데 물고기가 변했다는 대붕을 장자(莊子 369?~286?BCE)는 *소요유에서 '파도를 일으키기를 **3천 리**, 회오리바람을 타고 **구만리를** 비상(飛翔)했다'고 합니다. 그래요. 대동이의 울타리(우리나라)가 1만2천 년쯤 시작된 온난화로 **엄청난 홍수가 일며 과포화상태**가 되자, 마치 양 날개를 퍼덕이며 회오리를 일으켜 나는 **큰 무리의 새**(대붕)**가 되어 이 땅**(3천 리)에서 지구의 한 바퀴(4만km)가 넘는, **사방팔방 9만 리로** 퍼져나갔던, **우리 땅을 떠난 사람들의 긴 여정**을 말함이었지요.

3천 리 파도를 넘실대며 고래와 물고기를 잡았던 지구의 첫 어부들의 땅, 지금 **물고기**(魚)**의 후예**(昆곤)**를 '곤'**(鯤)이라 하고 **물고기알을 '곤이'**(鯤鮞)라고 부르는 것은 그때의 물고기떼의 알처럼 많았던 **어부와 그 후예들,** 그렇게 **수없이 많이 떠났던 이 땅의 어부**(魚夷어이)들을 말함입니다. 물가와 바다를 경영했던 남쪽(바)땅의 동이, 파도를 헤치고 바람을 일으켰던 풍이(風夷)가, **어부들**(魚夷)이 새가 되어 이렇게 이 땅을 떠났기 때문이지요. **'어이가 없다!'**라는 말로 이때의 역사가 전해진 것입니다.

훗날 세상은 이를 '**鵬붕程정萬만里리**'(*莊子 소요유편)라 전하며 '**큰 계획을 진행할 때의 모습이나, 어떠한 것에도 구애받지 않는 정신세계**'를 비유했던 말이라고 하지만, 속된 사회에서 더 큰 속됨으로 자본주의적 부와 명예를 추구하고자 하는 이율배반적인 도를 말하는 **지나족의 허황된 이야기**로 들릴 뿐, 정작은 실로 **높은 문명의 천손 동이가 여러 차례 우리 땅을 떠났던 긴− 엑소더스**(exodus)**의 역사**와 '프로메테우스'(미리 아는 자, 먼저 깨달은 자)의 슬픔을 전한 것이었을 겁니다.

훗날 이들 마문명(시원문명)을 이어왔던 **거대한 단군조선마저 붕**(崩
무너지다 ~108BCE)하자, 많은 부족으로 갈라지며 또다시 **거대한 붕새**
(大鵬)**가 되어 무리**(朋붕)**를 지어 큰 바람으로 이 땅을 떠난 역사**였습
니다. 그ㅡ래요! 인류의 첫 도구, 문명과 야만을 가르는 신이 내린 돌
'흑요석'과 구석기의 만능칼이라는 **'아슐리안 주먹도끼'**와 문명의 세
석기, 인류의 첫 발명품이라는 **'그릇'**, **'맷돌'**과 **'종자씨'**를 **'배'**와 **'수레'**
에 싣고 천손의 땅을 떠났던 거대한 인류의 이동사를 일깨웠던 장엄
한 비유였지요.

   그래요 **우리가 잊고 있었던** 장엄했던 겨레사였습니다.
그래서 이 땅의 사람들은 '어이(魚夷)가 없다'는 말을 해오고 있는 것
이지요. 지금 우물 안의 **개구리가 왕 노릇**을 하는 우리 땅인데, 어째
서ㅡ, 전 세계에 **물고기**와 **용**과 **태양새의 문양**과 **이야기**가 퍼져 있는
지…, 어찌, **옛 대붕의 뜻과 그때의 사정**을 뱁새가 가늠이나 하겠습
니까! 그래서 '억장(億丈)'이 무너집니다!

"나는 우리나라가 세계에서 가장 아름다운 나라가 되기를 원한다. -중략-
오직 한 없이 가지고 싶은 것은 높은 文化의 힘이다. -중략- 나는 우리나라가
남의 것을 모방하는 나라가 되지 말고, 높은 문화의 근원(根源)이 되고,
목표가 되고, 모범이 되기를 원한다. 그래서 진정한 세계의 평화(平和)가
'우리나라'에서, '우리나라'로 말미암아 세계에 실현되기를 원한다."
                                    -백범 김 구(1876~1949) *내가 원하는 나라

"명예롭게 모셔야 할 물의 나라였다!"

10부
한국인이 잊은
물의 왕
용(龍)

동아시아가 기원이라는 용(龍 dragon)! 신(神)에 필적할 **절대적이고 강력한 존재**로 전 세계, 수많은 전설과 신화로 베일에 싸여있는 용!

서양에서는 왕의 딸인 **공주마저 납치**할 수 있었던 강력한 힘을 가진 존재로, **죽음과 부조화의 상징**으로 '드래곤'이라 불리며 날개를 단 **공포의 대명사**가 되어 '잠자리'(dragonfly)란 말만 들어도 진저리를 내는 까닭은 무엇이었을까? 반면, 동양(3국)에서는 **만물 조화의 능력을 갖춘 영물**로서, 비를 내리고 행운과 복을 가져다주는 영험한 존재로, 악귀를 퇴치하는 수호신으로서, 왕이나 영웅 같은 권위의 상징물로 뿌리 깊은 신앙의 대상이 되었던 것 또한 '왜' 였을까?

이렇듯 전 세계를 아우르며 사람들의 정신세계를 지배했던 용은 과연 무엇이었을까? 그래서 **용문화의 주인**이었다는 것은 **먼 옛날 인류의 문명과 문화의 시작**이 어디였는가를 웅변하는 것은 아닐까?

무엇보다 용안(龍顔), 용상(龍床), 용궁, 용산, 용유도, 황룡사, 용바위, 용굴, 용학이…, 온통 용을 추모했고 우리 땅의 물과 산과 바위에 **용설화의 흔적**을 남기고 우리의 **언어와 문화를 온통 지배**하고 있었던 '용'(미르)과 옛날, 우리의 어머니께서 정화수를 떠놓고 기원하셨던 일이며 조금만 답답해도 물을 찾고 식탁엔 사람마다 국이 나오고 심지어 물에 밥 말아 먹는…, 한국인의 삶 자체였던 '물'(水 미르)…!

바다와 고래를 잊은 **한국인에게 어찌 '용**'(龍)을 말할까?

우리가 **용**(미르)과 **물**(미르)을 찾아나서는 일이야말로 '한국인의 진정한 성제성'과 '세계 공통의 문화코드'를 이해하고 '인류의 시원문명의 맥'을 찾는 지름길이며 그래서 지금 한국인이 무엇을 잊고 살며 딴 민족에 무엇(시원문명)을 **빼앗기고** 있는가를 알게 하는 아픔일 것이다.

부산 용두동 공원의 여의주 미르 출처: 부산구석구석여행, 한국인의 용 출처: 역사채널e, 어머니의 정화수 출처: 구름과 연어 이용한

잊혀진 왕 중 왕, 이 땅의 물의 신(神), 용

전 세계의 용(龍)은 물(바다)의 나라, 용화세상(龍華世上)의 신(神)이며 **왕**(水神)이었습니다. **만물 생성의 근원이 물이고 농경사회에서 생명과**도 같은 것이 물이었으니, 물과 비, 구름을 상징하는 용은 모든 생명체의 근본을 상징하는 것이었지요. *삼국유사와 많은 사서는 **용을 농경시대 비를 내리게 하고 조절하는** 수신(水神)으로 삼거나 **바다의 풍어를 주관하는** 용왕으로 삼아 기원하였음을 기록합니다.

그래서인지 **용의 순수 토착어가** 물(水물)의 옛말인 '**미르**(리)'와 발음이 비슷한 '미르'이지요. 그래요! **한국인의 삶 자체가 미르**(물)이었고 **미르**(용) **자체가 삶이었던** 사람들의 상징물이었습니다.

*관자(管子) 수지편은 '용은 **물에서** 낳으며, 오방(五方色: 세상)**을** 마음대로 **변화시키는 조화능력의 신**(神)**이다**'라고 하고 춘추시대 백과사전 *홍범·오행위(洪范·五行緯)에는 '용은 **못에서 태어난 생물**로, 수신으로 섬기면서 풍요와 안전을 빌었고 **동물의 왕**'이라고 기록합니다.

또한 수(隨)양제 때의 백과사전 *광아(廣雅)는 용은 **9가지 짐승**과 비슷하고 81(9×9)**개의 비늘**이 있다고 하면서 '머리는 낙타, 뿔(角)은 사슴, 눈은 토끼, 귀는 소(牛), 목덜미는 뱀, 배(腹)는 큰 조개(蜃), 비늘은 잉어, 발톱은 매(鷹), 주먹은 범(虎)과 비슷하다'고 전하고 신화·전설에 관한 백과전서로 유명한 *회남자에는 '만물 즉 조류(羽우), 짐승(毛모), 어류(鱗린), 갑각류(介개)의 **모든 생명체의 근원**이 **용**이었고 '**비룡**이 하늘에서 **봉황을 낳아** 다른 모든 조류가 생겨났으므로 조류의 근본이 **용**이었다'(皆祖於龍 飛龍生鳳凰, 而後鸞鳥庶鳥, 凡羽者以次生)고 합니다.

용, 용궁은 한국인의 해양문화!

아, 유레카! '**용이 만물의 조상**이었고 **물**(水)**에서 나왔다**'는 말은 인류문명의 시작의 근본이 물가사람들이었음을 일깨움이었습니다. 또한 '**아홉 가지 짐승**'이란 **인류의 문명을 시작한 천손 구이**(九夷)**겨레**를 상징함이었으며 '**81**'(9×9=천부경 글자의 수)이란 물과 바다와 땅과 산을 배경으로 살았던 **구이백성의 다양함**을 상징함이었지요.

'**용이** (구름 속에서 학과 연애하여) **봉황을 낳았다**'는 등 '**모든 동물과 교합하여 동물을 낳았다**'는 말은 이 **물가의 사람들**(구이)**이** 세상으로 **퍼져나가** 많은 인종과 부족들과 결합하여 문명을 창조해 왔던 한국땅의 해양문명인이었음을 상징하는 소중한 표현이었구요.

또한 '비룡이 봉황을 낳았다'함은 새의 왕(봉황, 鳥夷조이)조차 **물**(바다, 물고기)**을 근본으로 시작했던 사람**(風夷풍이)에서 비롯되었음을 말합니다. 이렇게 왕성하게 활동을 해 왔던 사람들의 땅이었기에 **동양과 용은 양**(陽)을 상징했던 것입니다.

비−룡! 백악기 공룡(恐龍)의 천국이었던 우리 땅!

스탠포드 대학교(미) 산하의 〈스탠포드 인류센터〉는 '드래곤을 밝히다' (Dragons Unearthed 2008.10.2)에서 6600만 년 전에 살았던 **용을 닮은 공룡 '드라코렉스'**(Dracorex)**의 긴 주둥이와 이상한 혹 그리고 뿔이 있는 머리뼈**는 과학자들을 놀라게 했고 오늘날 **많은 고생물학자들**은 고대인들이 믿었던 전설 속의 **용과** 인간이 발견한 **공룡 화석이 연결**되어 있을 것이라고 믿고 있다" 라고 말합니다.

그래요. 전국 100여 곳에 만 개가 넘는 **세계최대 규모의 공룡발자국 화석**과 하늘을 나는 익룡의 발자국마저 발견되어 날개를 폈을 때, **11m를 넘는다는 세계최대 익룡**(경북 군위, 전남 해남)**이** 날아다녔다고 공인된 땅! **하늘을 날았던 거대한 동물의 존재**를 전해들어 기억하고 거대한 공룡의 뼈를 주웠던 이 땅의 사람들이었지요.

드라코렉스 출처: genesispark.com, 한국땅의 익룡(해남 이크누스) 상상도 출처: 임종덕 (국립문화재연구소 학예연구관), 봉황 출처: LovePik, 용왕 출처: 문화콘텐츠닷컴

아, 유레카! 또한 '용이 **오방**(五方色: 세상)**을 마음대로 변화시켰다**' 함은 물(陰사상)을 배경으로 농사와 해양문명을 시작했던 **고래**와 **물고기와 용**(뱀)**토템사람**과 불(陽사상)**을 다스리는 신령스런 새**로 태평성대를 이룬다는 **봉황**(삼족오, 닭 등)**토템사람**들이 새(東), 하(西), 마(南), 노(北) **사해**(四海 사방)**를 시작한 주인**(중앙. 오방)으로서 월등한 문명을 갖고 세상으로 나아가 세상을 변화(홍익)시켰다 함이었습니다.

그리고 '**용이 물**(바다)**과 못**(강, 호수)**에서 나왔다**' 함은 용문화의 사람들이 옛 우리 땅의 수많은 늪과 강뿐 아니라 특별히 처음 바닷배를 만들어 **너른 바다**(海)**에서** 해양문명을 근본으로 했음을 상징하는 말이었지요.

그래서 〈1만년 고래나라〉의 김성규 회장은 "**어신**(魚神)**이란 물**의 제왕인 **고래해신**으로서 등에서 뿜어대는 **물줄기**로 농경사회에서 **치수를 담당하는 신**이 되고 **다산과 풍요의 상징**이 되어 '용의 기원'이 된 것이다." 라고 말하며 이것이 예부터 우리에게 전해오는, **물고기가 변해서 용이 된다**는 '**어변성룡**'(魚變成龍)의 실체라고 말합니다.

그래요. 거대한 육지의 용(익룡)은 사라졌어도 이 땅의 선조는 바다의 용(고래)은 보았고 **바닷속에서 울리는 고래들의 소리**를 들으며 바닷속에 **용왕이 사는 용궁이 있다고 믿었**을 것입니다. 일찍이 **바다와 강을 배경으로 농사와 해양문화를 처음 시작했던 우리나라**(#)에선 물속에서 솟아오르는 물고기의 왕 고래는 **승천하는 용**으로 보였을 것이고 할아버지 때부터 보았던 **대왕고래**(수명 100년)**는 용왕신**(龍王神)이 되기에 충분했을 것입니다.

여기에 **용오름**(water spout), 지금은 초저기압 국지성 소용돌이 (tornado)라고 쉽게 알지만, 옛날 바다에서 고기잡이하던 옛 사람의 눈에는 **하늘로 승천하는 거대한 뱀**(巳사)이었고 **용**(巴파)이었을 것입니다. 이것이 **우리의 용이 지나와 달리 날개가 없어도 날 수 있다**고 생각했던 이유였지요. 역시 한국인이 잊고 있었던 바다의 문화였습니다.

그래서인지 우리에겐 지렁이, 조개(鳥介)가 용으로 승천했다는 전설도 있고 지렁이를 **토룡**(土龍)이라 부르고 잉어가 입신출세의 관문의 상징이 되어 '**등용문**'(登龍門)이란 말도 전하지요. 모두 **알**(해)을 많이 낳고 **물과 뭍을 모두**(농경+해양문명) 다닐 수 있다는 데에서 **우리 겨레의 정체성**과 함께 다산, 치유 등 생명력과 재물을 상징했기 때문입니다.

지금 세상에 전해지는 '구렁이(뱀)가 **물에서 천 년, 땅에서 천 년, 산에서 천 년**을 살아야 환골탈태해서 **용이 된다**'는 말 또한 **물**뿐만 아니라 **땅과 하늘과 함께 세상을 경영**했던 바닷사람(용)들의 존재성을 강조했던 말이지요.

어룡 플레시오사우르스(Plesiosaurs) 출처: 위키백과, 대왕고래의 용오름 분기(10~15m 높이) 출처: 블로그 오동나무, 용오름 출처: Album on Imgur, 龍의 갑골문 출처: *한한대자전, 누에 龍의 금문 출처: 솔용자

또한 김대성 님은 *금문의 비밀에서 용이 '**동이가 키운 누에가 변한 상상의 동물**'이었음을 풀어냅니다.

누에가 어찌 용이 되겠습니까? 이는 용이 태어난 나라가 **누에를 키웠던** 여성(孃夫누이)의 나라였다는 것이죠.

그래요. 지금 물에 묻혀 **바다가 된 거대한 늪지대였던 서해평원**(#)**에는 누에를 키웠을 뽕나무가 지천**이었습니다. 그래서 이곳에서 해가 뜨고 **해**(日)**를 떠받치는**(扶) **나무**(木)**인 뽕나무**(桑) **'부상'**(扶桑↔咸池)이 있었다는 전설의 기록은 **뽕나무** 키우는 곳에서 해가 뜨듯 **인류의 문명**(日)**과 역사**(日)**가 시작**되었다는 상징은 물론 이곳이 지구의 동(東=日+木)쪽이었음을 보여주는 소중한 역사였습니다. 그래요 옛날 남성 이전의 여성사회였던 인류의 첫 문명 '마고(麻姑)의 누에문명'의 태곳적 역사였지요! 다- 우리 **천손 한국의 동방문화**였습니다.

그래서 **용이 공룡과 누에가 변한 것**이라는 상징성이 옛글(동이의 글)인 금문과 갑골문에 전해지지만, 지나족은 제 역사가 아니었기에 저들에겐 절대 해독될 수 없던 글자였지요. **바다를 모르고 고산숭배사상이 없는 지나족에게는 공룡의 알은 커녕 바닷가에 수많이 내려앉은 새들과 물고기들의 알을 느낄 수 없었기에 동이의 특징인** '난생신화'도 없는 것이고 또한 홍산문화에서 '**용 또한 북방동이의 문화**'로 드러났음에도 역사를 가로채기 위해서 저들은 지금 자기들이 '**동이**'라고 우기며 이제 '**홍산문화**'도 제 문화라고 억지를 부립니다.

그럼에도 인도와 지나는 용궁의 전설이 전해진다는 이유로, 여기에 지나의 한(漢 202~220BCE) 이후 황제(?)의 상징이 '**용신앙**'과 결합하면서 또한 인도의 '**나가**(naga: 독사)**신앙**'이 불교(BCE6C경)와 섞이면서 **용왕신앙**이 오히려 우리나라에 **전래되어 온 것**으로 알고 있으나 나가의 이상적인 거주처가 바위산을 빼고는 큰 바다나 연못, 호수, 또는 저지대였다는 것은 '물의 나라(m)'를 생각하게 하며 나가의 머리가 대부분 **5개나 7개인 것으로 한국인의 상징수**를 떠오르게 하는 것이 저의 부질없는 생각일까요?

그리고 나가가 인도에서 악업(惡業)의 결과로 **신에 의해 추방되는 존재**로 묘사되었던 것은 중동이나 서구문명의 용이 **죽음이나 부조화를 유발하는 존재**로 여겨졌던 것처럼 용(뱀)문화가 본디 제 문화가 아니었음을 알게 하고 무엇보다 인도와 지나족 모두 **만 년이 넘는 물의 시원문명을 담지 못한 짧은 역사**일 뿐이라는 것입니다.

그래요. 뱀과 용은 물의 문화, 바다문화, 배문화 즉 신(神)**처럼 너무나 뛰어나서** 두렵고 질투마저 불러일으켜 저들 조직의 부조화를 불러오는 선진문명을 상징하는 것이었습니다.

그래서 물에 묻힌 '우리나라(m)'가 바로 옛날 **용의 근원지**였고 **용궁(龍宮)**이었음을 알게 합니다. 바다의 용왕은 배를 부리며 바다에서 일하는 사람들에게 중요한 신이었지요. 그런데 태고부터 고대조선을 거쳐 삼국시대와 왕건이 세운 고리(高麗)까지 **바다를 장악했던 한국인이었고 물의 나라**였기에 배와 바다에 서툰 지나의 당(唐)이나 송(宋), 명(明)의 배들 또한 우리의 서해를 지날 때, 모진 파도를 일으키는 용들을 잠재우는 **'용왕제'**를 지내며 **한국의 바다의 신에게 무사항해를 기원**했던 것은 바로 우리의 바다(서해)가 '용궁'이었기 때문입니다.

지나의 용이 스스로 날 수 없는 이유? - 척목, 박산?

그런데 **지나의 용(龍)**은 스스로는 날 수 없는 존재라고 합니다. 한(漢)대의 문헌인 *논형(論衡)과 당(唐)대의 문헌인 *유양잡조(酉陽雜俎)는 '용이 하늘로 오르기 위해서는 척목(尺木: 1尺 나무)이 필요함'을 역설하고 명대의 *본초강목 또한 '척목이 없으면 하늘로 오를 수 없다'고 했습니다~?

고대조선이 붕한 후 **지나의 한(漢)대**에 유행했다는 척목을 두고 혹자는 '1자(尺) 크기의 나무(木)'라고 하지만, 만물 조화의 능력을 갖춘 **영물인 용**이 어찌 30cm의 나무토막디딤돌이 **없어서 승천할 수 없을까?** 애하고 장─난해요? 그러나 안타깝게도 지금껏 척목에 대해 **지나의 용이야기로만 알고 전설로 치부**했을 뿐, 아무도 의문을 갖은 사람이 없었지요.

아, 유레카! **'척목'**이란 분명 상징이었습니다. 그래요. '세상을 재었던(尺) 나무(木)'! 세상의 문명을 **시작(尺)**했던 (非)동방(東=木)사람의 도움이 있어야만, **왕(승천)이 될 수 있었다는** 말이었지요.

무려 **1만8천 년 이전, 신들의 자 신척(눈금돌)**을 인류최초로 만들어서 고래잡이들의 자 **해척(海尺: 고래뼈 자)**으로 이어지며 **선진도량형으로 선진문명을 이루었던 우리 땅 고래잡이들의 토착(농경·해양)세력들!** 그래요 척목이란, **해양문명(기마민족 발생 만 년도 훨씬 전, 우리는 바닷가에서 신석기 시작)을 시작했던 문명화된** 천손겨레인 동이(東夷)로부터의 인정을 말함이었지요. 한국의 대통령이 미국의 승인을 받았듯이…!

또한, 지나의 문헌인 *광아(廣雅)는 척목 대신 **용의 머리 위**(?)에 **박산**(博山)이 있다고 했습니다. 학자들은 고구리벽화에는 머리 외에 **목이나 엉덩이**에도 보인다고 합니다. **박산의 위치**가 그렇다면, 사람을 밀어올릴 때 엉덩이를 밀거나, 잡아 올릴 때 머리나 목덜미를 잡는 곳인데, 이 또한 누군가의 도움을 상징하는 표식이었지요.

누구였을까─요?

여기에 *유양잡조나 *본초강목에는 '용머리 위에 있는 **척목**이 '박산(博山)**처럼** 생겼다(?)고 했습니다. 그런데 박산(博山)이란 '**바다 위에** 떠있다는 산, **신선의 세계**'를 말하지요. 자고로 신선하면 동방이고 신선이 산다면 봉래산(鳳來山)蓬萊山)이며 **바다는** 지나족에게 井동쪽일 텐데… 수많은 신선이 살듯 수많은 봉우리가 있었을 테고… !

그러니까 **이상한 혹과 뿔이 머리에 난 용을 닮은 공룡 '드라코렉스'**를 무심히 넘길 수가 없네요. **무엇보다 우리에겐** '밝은 산'으로 들리고 또 먼 옛날 고대조선의 가지로 지나땅에 진출한 **은**(상)**도 도읍지를 가는 곳마다 '박'**(亳: 땅이름 박)이라고 했다는 기록을 살핀다면, **누구의 문화**였는지… 이젠 아시겠습니까?

지나 강소성 상주 척가촌 남조묘의 백호, 고구리 강서중묘의 청룡, 백호의 뒷머리 척목들
출처: 전호태 교수(울산대), 드라코렉스 출처: genesispark.com, 지나
하북성 중산정왕 박산로 출처: 신광섭 국립민속박물관장

이 또한 **신선과 봉황이 있는 밝은 땅**(밝달), **천손의 해양세력**(동방의 풍이)**의 도움**을 상징화한 것이었지요. 이렇게 용과 관련된 문화가 지나족에겐 뭔가 앞뒤가 맞지 않고 뒤죽박죽인 것은 **저들 지나의 문화가 아니었기 때문이었지요.**

그래서 용(龍)은 반드시 바람(風)의 도움이 있어야 승천할 수 있다는 말이 있었던 것입니다. 바람을 일으켜 주는 세력, **새**(鳳=風, 천손의 협조)처럼 하늘을 날랐던 동방의 풍이(風夷)**의 도움**이 있어야 하늘로 오를 수 있었다는 것이지요. 그래서 '**봉**(鳳바람)**이 없으면, 용**(龍, 巴파)**이 아닌, 의미 없는 뱀**(巳사)**일뿐**'이라고 말해왔던 것이구요. 그런데 **바람**(風)이란 글자에 **배의 돛을 뜻하는 凡**(범)**이 있는 것**으로 또한 **이들이** 해양세력이었고 구이 중 우두머리(伯)였던 풍이(백이)였음을 알게 합니다.

알을 얻어 용이 된 뱀, 풍이!

이 땅의 바람과 비와 구름(활용할 조건)을 일으켜 다양하고 엄청난 능력으로 **해양문명을 시작했던 이 땅의 사람들은** 종족 아이콘(아바타)을 '**뱀**'(비얌, 배암)으로 했다고 합니다. **환골탈태하며 영생**하는 뱀처럼 노력하고 노력해서 인류의 신석기혁명을 일으킵니다. 이들이 천손(天孫)이었지요.

그래요. **뱀이 여의주를 물고 하늘로 올라 하늘의 자식**(사람의 우두머리)**이 된 것**이지요. 그래서 뱀을 뜻하는 '**사**(巳뱀)에 여의주(·)를 물게 한 것이 **파**(巴용)가 된 것'이구요. 용이 물고 있는 '**여의주**'(如意뜻대로珠)란 이 땅의 수많은 **알**(○)**들의 권능**이었기에 그래서 해(☀)일 수도 있습니다. 분명한 것은 뛰어난 앞선 문명으로 무엇이든 해결할 수 있는 상징코드(code)였다는 것입니다.

〈역사천문학회〉 노중평 회장은 고구리 벽화 사신도의 사신(四神)의 모티브가 온통 **풍이족의 아바타**(화신)인 뱀이었다고 합니다. '**뱀이 왕이 되어** 청룡이 된 것이고, **청룡이 변하여** 백호가 된 것이고 **익룡이 변하여** 주작이 된 것이고, **뱀과 거북의 결합체**가 현무였으니…, 모-두 뱀이었다'고 합니다.

그래요. **뱀이 나왔던** 가동족화을 시작으로 이 땅을 지키는 **네 신이 나왔던 것이지요.** 그래서 뱀을 동쪽땅의 인류의 어머니 마고를 지키는 **수호신 칠**(7)**성**이라 부른 것이고 마고의 뜻을 받든 **풍이족의 어머니를** 사모(巳母: 뱀어머니, 샤먼)라 하고 용을 용왕 이외에 '용왕할머니, 용신할머니, 용궁마나님' 등 여성으로 부르고 또한 **무당이 뱀을 조상으로 여기는** 것을 보면, 이들이 인류의 시원문명을 시작했던 **마고문명의 후예**였고 '최초의 무당'(화이트 샤먼)은 **바닷가에서 비롯된** 인류의 시원문화, 지구의 문화어머니였지요. 지금은 미신이 되어 천대받고 있는 우리의 뿌리문화… ! 이제는 바로 알면, 좋겠습니다.

그래서 '**제사**'(祭祀)는 뱀의 우두머리인 풍이(風 虫 巳)의 장자가 지냈던 것이고 지금 '**祀**'자에 뱀(巳)이 들어가게 된 이유였다는 것이지요.

이들이 '풍이'(風夷)로서, **우리 겨레의 최초의 성씨인 풍**(風)**씨가 되**어 뭇종교의 근본이었다는 풍류도(風流道)를 일으켜 나갔던 사람들이지요. 훗날 환웅의 신하인 우사(雨師)와 운사(雲師)를 거느리는~

풍백(風伯)이란 우두머리벼슬로 전해지고, 바람의 신이라는 풍신(風神)으로 전해지는 분이지요. 그래서 옛 옥편인 *설문해자는 '풍(風) 안의 충(虫)은 뱀'이라고 밝혔던 것입니다.

그래서 재야사학자들은 집안의 〈고구리 오회분4호묘〉 벽화에 **해신과 달신의 하반신이 뱀**인 것이나 풍(風)씨인 **복희**(伏羲=包羲)와 **여와**(女媧)가 **인두사신**(人頭蛇身) **뱀몸**으로 전하고 이름에도 각각 **巳**(뱀사)와 **虫**(뱀충)이 있는 것이나 또한 한겨레의 영웅 **치우**(蚩尤)**천왕**도 심지어 지나가 저들 최초의 국가라고 우기는 **하**(夏)**의 시조 우**(禹)에도 **뱀을 의미하는 虫**이 들어 있는 것은 이들이 동이의 맏이(장이)의 후예로서 **뱀토템을 지키는 풍씨**였다는 것을 밝혀냅니다. 그리고 **풍**(風)**씨는 사**(巳)**씨로, 기**(己)**씨로, 뱀을 신격화한 용인 파**(巴)**씨로 이어진 것이라**고 합니다.

그래요. 환인시대(7197-3897BCE) 1대 환인의 존함이 **안파견**(安巴堅)인 것과 **복희씨가 용서**(龍書) 즉 용을 닮은 글자체를 사용했다는 것은 다 풍이의 뱀과 용(巴)토템을 잇는다는 자부심을 드러낸 상징이었지요. *역대제왕록(중국상해출판사 98년 판) 또한 '**태호복희의 성은 風이며, 고대 동이족이었다**'고 기록하고 있습니다. 그래요. 온—통 뱀이었지요!

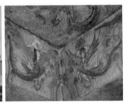

한국 龍山의 용 출처: 위키백과, 오회분4호묘 뱀몸 해·달신 출처: *세계문화유산 고구리고분벽화,
옛날 공룡도 잡아먹는 초거대뱀 출처: AMAZING STORY, 업신 출처: ⓒ문화콘텐츠닷컴

문명의 이동, 이 땅을 떠난 뱀(용)들

우리에겐 '뱀이 집 밖으로 나가면, 그 집안은 망한다'는 속설이 전합니다. 예부터 뱀은 집의 밑바닥에서 집안의 재산을 관장하는 가신(家神)으로 모셔졌고 그래서 **구렁이는 재물을 부르고 지키는 '업신'**(業神)이라고 하고 부자가 되는 것을 **업**(業)**이 들어온다**고 했습니다.

반면, 재산을 탕진하는 것을 '**업이 나간다**'고 하고 '**뱀이 나가면, 망한다**'고 했던 말의 유래란 **수많은 찬란한 풍물**(풍이의 선진문물)**이 풍이**(뱀, 용)**와 함께 빠져나갔던 역사적 사실**을 기억했기 때문이었지요. 빙하가 녹아내리면서 우리 땅 서쪽평원이 바다가 되고 **이때 많은 풍이**(뱀들)**가 떠나갔음**은 우리 땅엔 슬픔이었지만, 다른 세상에선 **축복**이었습니다. 그래서 **동서고금을 막론**하고 뱀(용)이 인류에게 끼친 영향은 상상을 초월합니다. 왜냐하면, **이들이 전 세계로 나가 문명을 이루었기** 때문이지요.

서양에서의 드래곤(dragon) 또한 기독교가 전파되기 전에는 **숭배를 받는 신**이었다고 합니다. 드래곤이란 영어 명칭은 **용과 뱀을 동시에 나타내는 라틴어**(draco)에서 유래했다고 하구요.

기원 또한 서양문화의 근원이 되는 **메소포타미아의 창세신이고 수**메르신화의 태초의 여신인 '**티아마트**'(Tiamat)였다고 하는데 원래 (동쪽에서)바다를 건너온 물뱀이었다고 하며 **염수**(바닷물)**의 신**으로서 민물의 신인 압주(Abzu, Apsu)를 만나 수많은 신을 낳은 **만물의 모신**(母神)으로, **바다의 뱀**(서펀트)**이나 용**(드래곤)**을 의미하는 여신**(女神)이었다고 합니다. 그래서 수메르 점토판에 **해, 달, 우주수와 뱀**이 있었던 것이고 성스러운 뱀의 이름을 우리처럼 '미르'(mir)라고 했던 것이지요.

그래요! 메소포타미아의 수메르문명은 분명 한국의 문명이었으니, **해양문명**(염수)인 **마고어머니문명**(만물의 모신)과 **뱀**(용)**토템**을 갖고 간 이 땅의 사람들이 **그곳 토박이**(민물)에게 많은 문명(수많은 신)을 전수해 주었던…, **다— 우리가 먹고사느라고**(?) **잊은 물의 역사**였지요.

이렇게 그때 수많은 뱀(업신)이 이(夷) 땅에서 빠져나가자, **문명의 핵**(core)과 **인류문명의 중심**(中心)이 더 이상 우리 땅이 아니게 된 것입니다. 이렇게 우리 땅의 문명은 잊히면서 점차 초라한 모습이 되어 마치 문명·문화와 사람이 밖에서 들어온 것처럼 여기게 되면서~

'업신-여김'을 받게 된 것이지요!!!

돌에서 검과 불을 갖고 태어난 미트라, 황소를 타고 있는 미트라, 뱀을 감고 있는 미트라 출처: 위키백과, 크레타 문명의 여신(머리 위 새, 양손엔 뱀) 출처: WIKIPEDIA, 이집트 투탕카멘의 뱀이마 마스크 출처: 위키백과, 바티칸 성당의 뱀기둥 출처: 진실의 눈과 머리

그리고 기독교 문명의 잉태에 큰 역할을 했다는 태양신 '미트라' 역시 **뱀을 감고 있었다**고 합니다. 뿐만 아니라, 그런데 **단단한 바위**(돌을 잘 다루었던 한국의 '돌쇠'들) 위 **모자**(한국은 모자의 나라)를 쓴 채, 두 손에 **불**(불을 잘 다루었던 사람들)을 들고 **성인**(이방인)으로 태어났고 **활과**

화살(주위의 칼문화가 아닌) 같은 무기를 가지고 있으며 **소**(소문화)를 타고 있는 미트라의 모습은 온-통 우리 땅의 문화이지요.

또한 그리스문명을 탄생시킨 크레타 문명의 여신이 **머리 위에는 새가 있고 손에는 뱀**을 들고 있으며, 이집트 투탕카멘의 마스크의 **뱀**, 로마 바티칸 성당의 **뱀기둥**, 고대 실크로드 도시인 투루판에서 발견된 **뱀몸의 복희·여와도**, 7일간 비로부터 석가모니 부처를 보호했던 일곱(또는 다섯) **머리의 뱀신 나가**(Naga), 파괴와 창조를 하며 재복을 부르고 은혜를 주는 힌두교 최고의 신, **시바신 또한 목에 뱀**을 감고 있습니다. 그리고 동쪽 **마야문명권, 잉카문명권**까지도…,

온-통 뱀(용)이었습니다.

수메르 점토판 부활하는 존재들(해, 달, 우주수, 뱀) 출처: 엔젤, 투루판 고창성에서 발견된 복희 여와도 소장: 경기박물관, 7두뱀신(나가)에게 보호받는 부처, 5두뱀신 나가(미국시카고 미술관) 출처: 바람꽃과 솔나리, 힌두교의 시바 목의 뱀 출처: 나무위키

인류문명의 고리, 아무르-무두리

그런데 **뱀의 나라**였던 제주도와 한머리 남쪽에서 시작했던 인류의 첫 문명인 마야문명권에서 함께 세계에서 가장 오랜 토기를 만들며 신석기혁명을 이루었던 만주의 아무르강 사람에게는 **아무르**(세계 8위의

강)를 흑룡, 검은 용(Black Dragon)이라고 부르고 **세상을 창조한 것이** 바로 성스럽고 위대한 뱀 '**무두리**'(Muduri)였다는 전설이 전합니다.

그런데 기이한 것은, **아무르유역의 고대문명**이 메소포타미아문명처럼 **주위와 고립되어 있었다**는 것이지요. 주변의 문명과 그 전후가 없는 문명과 유물들, 다시 말해서 '**아무르인들은 어디서인가 문화체계를 가지고 온 사람들**'이었다는 말입니다.

그래요. 어느 학자는 만주의 **아무르**를 우리 땅을 떠난 사람들이 큰물을 만나서 지은 '**아**(큰)+**물**(므르, 미르)'이었다고 하고…! **편두**였던 아무르인들, 훗날 예(에)벤키로 불리는 이 사람들은 우리처럼 '**아리랑**'과 '**스리랑**'을 말하고 **장승**을 세운 사람들이지요!

그런데요. 옛날 아무르인들이 살았다는 **요르단에서는 약 7천 년 전의 인물상들**(1982년 아인 가젤 유적)과 **당시 첨단도구였던 '흑요석 찌르개**'(아인 소다 유적)가 출토됩니다. 그런데 이들은 아랍인의 모습이 아닌 고아시아인 형질의 동양인이었다지요.

윤복현 교수는 '**만주의 아무르인들**이 저 멀리 서쪽 유프라테스강으로 가 **뱀을 [미르]**라 부르고 지금의 **시리아 해변에 왕국**을 세우고 이어 **이집트에 큰 피라미드들**을 세우고 이 땅의 위대한 뱀 **무두리**와 똑 같은 이름의 **무두리왕**(The King Muduri)을 세워 받들고 '이민족(동양의) 통치자'(Hyksos)라는 말을 회자시킨 사람들이었다'고 말합니다.

그래요. 옛날 **흑요석의 주요 산지였던 백두산**에서 첨단흑요석을 구해서 **높은 문명을 누리고 살던 '무들'** 바로 만주의 아무르인들이 이동했던 것입니다. 그래서 신화학자들은 이 **만주 무두리를 가리켜**

'우주의 뱀'(Cosmic Serpent)이라고 불렀던 것이지요.

맞아요! **무두리의 근본**은, 공룡이 살았고 고래가 물을 뿜고 뱀이 용이 되고 용궁이 있다는 한국땅으로서 만주 **무두리**는 '우리나라'에서 일어난 시원문명인 마(마)문명을 저 서쪽 수메르와 이집트로 문명을 연결했던 고리(고리, 쿠리)였던 것입니다. 결국 **뱀토템**이었던 한머리 무(마)**땅의 위대한 뱀들이** 즉 '무(사람)들이(두리)'였지요.

그래서 주변과 고립된 문화였던 메소포타미아의 수메르 문화에서는 '**우리 말**(어휘)'들이 많이 나오고 한국인 특유의 '**샅바씨름**'을 하고 '**무궁화**'를 숭상했던 '**편두인**'의 유물들이 나오는 것이지요.

요르단 7천 년 전 인물상, 아무르의 후예 난나이족 출처: 미래한국, 요르단 아인 소다 발굴 흑요석 찌르개 출처: 윤복현 교수, 아무르의 후예 에벤키족의 새토템 출처: nacaffy, 정교회 사제의 뱀지팡이 출처: FILVS CHRISTI

뱀(용)은 최초의 문명인

그래요! '뱀과 용'이란, 천손 동이가 강과 호수와 바다를 배경으로 많은 뱀과 살면서 **농경과 해양문화를 처음 시작하고 경영**하면서 **익룡도** 전해 듣고 승천하는 **고래도** 보고 **용오름도** 경험하고 **누에도** 키우면서 **온갖 뛰어난 문명**으로 세상의 주인, 중심(오방)이 되어 '**용과 뱀토템**'을 갖고 온 세상으로 퍼져나가 온갖 문명을 탄생케 했던…,

'인류사의 비밀'을 고스란히 간직했었던 사람들의 상징이었지요.

그래서 **세계가 온통 뱀이고 용**이었던 것입니다.

이렇게 **뱀(용)토템**은 인간에게 '가장 좋은 것'이란 은유(metaphor)로 세계로 퍼져나가 **옛 군주와 종교지도자**의 **뱀(용)지팡이**가 되었던 것이었지요. 마치 **우리 땅의 평범했던 개와 매**가 세계로 나가 신(神: 아누비스와 호루스)이 되고 동반자가 되었듯이 **이 땅을 벗어난** 미르(용, 뱀)는 온갖 수식이 더 해져 **신**이 되었던 것입니다. 신화(神話)학자들이 '아득히 먼 옛날 **'동일한 언어'**를 사용하는 거대한 제국이 있었다'고 주장하는 근거를 **뱀과 용문화**에서 찾을 수 있었지요.

훗날, **'서구문화가 용을 부정적'**으로 묘사한 것은 고대로부터 용(뱀)으로 상징되는 앞선 동아시아의 문명이 **토착문명과 충돌**하자, 기독교문화를 앞세워 **아시아**(뱀, 용)**로부터 정체성을 지키고자** 필사적으로 저항해야 할 **부정적인 반사회적**(탐욕과 악)**인 존재**로 만들어야 했습니다. 그래요 **옛날엔 문명**(물질과 정신 모두)이 서세동점(西勢東漸)이 아닌 일방적인 '동세서점'(東勢西漸: 동방의 문화가 서양으로 나아가다)의 시대였기 때문이었지요.

여기에 훗날 유럽 땅을 휩쓸었던 **동방기마족의 가공할 무력침공!** 4C 유럽을 공포로 휘몰아, 많은 민족(게르만민족 등)을 이동시켜 유럽지도를 지금의 모습으로 바꾸고 결국 로마를 멸망케 했던 **'훈(韓)족의 제왕 아틸라'**(고구리 후손) 그리고 12C, 역사상 가장 넓은 땅을 지배했던 **'절대 황제 칭기즈-칸'**(Chingiz-Khan 후고구리인 대진 – 발해의 후손-〈한국·터어키 고구려국제학술대회〉2005)의 앞선 뛰어난 과학무기와 전술과 기마술은 유럽을 유린하며 절대공포를 기억하게 했기에 용의 등에 박쥐의 날개까지 붙여 절대악의 화신으로 바꾸어버린 때문이었지요.

그럼에도 지금 '세계보건기구'(WHO)와 '미국의학협회', '대한의사협회'등에 뱀마크가 그려져 있는 것은 아직도 인류의 기억 속에 옛날 뱀(용)토템 부족이 앞선 문명으로 많은 것을 낳게 하고 치유해 주었던 생명의 존재로 남아 있기 때문일 것입니다.

토착신인 아폴로의 화살을 맞고 죽는 피톤(Python: 대홍수 이후 진흙에서 나왔다는 큰 뱀)
출처: myth stories, 서양의 용 출처: 폴란드 천 년의 예술, 영화 '아틸라'출처:
나무위키, WHO 심볼, 미국의학협회의 비암 출처: 나무위키

홍산문명에서 밝혀진 용(龍)의 나라는?

사람들은 또 '용의 기원'을 흔히 지나나 불교가 나온(?) 인도에서 찾습니다. 인류문명을 상징하는 용의 기원을 역사가 얕은 불교에서 찾는다는 것은 애초에 언어도단이고 인더스문명 자체가 옛날 한국땅을 떠났던 사람들에 의해 시작되었던 문명임을 생각한다면, …! 지나족 또한 황하문명을 앞세우고 5300년 전 염제 신농의 딸 뉘조가(家)에서 비롯된 누에가 변한 용을 황제의 상징물로 여기고 지나 정체성의 원점으로 삼으면서 용의 계승자(?)라고 자부하고 세계 또한 이를 당연시하고 있으나, 신농은 배달국 1대 거발한 환웅(BCE3898~)의 농사담

당 신하였고 불씨도 개발했던 '고시씨'(고시례)의 후손이었을 뿐!

반면, 거의 모든 것을 시작했던 한국이었건만, **다 남의 것**이라 생각했던 우리는 천손께서 창안하신 뜻글자 **'이글'**(夷契)을 **한자**(漢字: 한족이 발명한 글자)라고 말하면서 글자마저 빌어쓴다는 비굴하고 초라한 마음으로, 용문화 또한 당연히 빌어 온 문화라고 생각했었던 것입니다.

그런데, 황하문명(BCE3000~)을 〈세계4대문명〉의 하나라고 배웠고 **만리장성 밖**은 다 야만인의 땅으로 보았던 지나족이었는데, 만리장성 밖 홍산문화(紅山文化: 4500~3000BCE)에서 **'용모양의 옥**(玉)**이 다량'**으로 출토되면서 **옥**(玉)**과 용**(龍)**문화가 지나의 문화라던 자부심**이 무너지고 맙니다. 그러더니 한국인의 옛 땅인 **만주 요녕성 사해문화**(BCE6000~) 유적지에서 주먹보다 조금 큰 돌로 쌓은 **'용 모양의 조형물'**(길이 19.7m, 폭 1m~2m)이 발견됩니다. 이어 햇(빛)살무늬 토기에 도드라지게 새긴 **'용문양 파편'**이 나오고 **'뱀이 똬리'**를 튼 토기조각도 발견되구요. 지나학계는 멘붕에 빠집니다!

호북성 진촌의 석룡(BCE5000년 4.46m)을 **'중화제일용'**이라 칭하면서 용의 발상지(?)로 여겼던 지나는 용도 뱀도 아니었기 때문이지요. 그러나 사해문화가 속한 요하가 **9천 년 전의 문명도 나올 지역**임을 알게 되자, 지나는 **한국의 용**을 서둘러 **'중화제일용'**이라 바꾸며 **최초의 용유물**이라고 세계에 공포(公布)해 버립니다!!

그런데요. 이렇게 **지구상 가장 오랜 문명**이라는 만주의 홍산문명지(광의)에서 봉황은 물론, 용마저 기원했음이 밝혀지면서 용이 옛 사람들의 정신세계를 지배했던 뿌리 깊은 신앙의 대상이었음이 알려지고 **용과 새를 동시에 신성시한 사람**들이 지나족이 아니라 동이(옛 한국인)였다는 사실이 밝혀지지요. 여러분도 아시잖아요. 용 이전의 뱀과 고래와 공룡이 저들에겐 없다는 것을! 이렇게 홍산문화는 온통 **한국의 문명·문화**였고 문명의 뿌리가 바로 인류의 시원문명인 한머리땅의 어머니문명인 '마(고)문명'에 있었다는 사실을 드러냅니다!

용은 애초에 봉황보다 **앞선 우리의 문화**였습니다. 그래서 우리 땅에서 봉(鳳)토템이 상층의 문화였다면, **일반백성들에게는 용토템**이 더 강했던 것이지요. 이것은 봉황문화보다 **용문화가 먼저**였고 봉황이 용을 토대로 생성되었다는 것을 뜻합니다.

훗날 서해바다가 된 이곳이 바로 왕들이 나왔던 땅이라 하여 용궁(龍宮, 기)이었던 것입니다! 이 왕들이 **전 세계로 퍼져나가 문화를 전수하며 지배자**가 되었던 것이구요. 옛날 한류(K-wave)가 시작되었던 땅! **'용비어천가'**(龍飛御天歌)− 용이 날아올라 하늘을 다스렸다는 노래의 명칭도 우연이 아니었답니다. 그래서 지금 우리가 딛고 사는 **이 땅의 문화를 알아야 한다**는 것이지요. 모르면, 다 빼앗기는 것입니다!

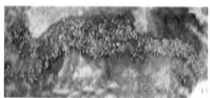

사해문명의 용 출처: SBS 역사 다큐 '3천년의 퍼즐, 신화를 찾아서' 사해유적지
출처: KBS1, 홍산문화를 대표하는 옥룡(26cm) 출처: 울산신문

용, 천손의 문화

세계인의 탄성을 자아내었던 세계최대의 대형향로 백제의 '용봉(龍鳳) 금동대향로'(국보287호. 62.5~64cm)는 지나의 향로에서는 찾아 볼 수 없는 새로운 양식의, 우리 겨레의 창의성을 드러낸 걸작임을 넘어 '우리 땅이 무엇을 근원으로 기원하였나?'하는 비밀코드를 알려줍니다.

1몸체는 아랫부분에 **연꽃잎 속 수생생물**이 있고 2뚜껑은 봉래산(鳳萊山)에 **신선들의 세상과 만물상**을 새겨 한국인의 이상향과 다양성을 표현했고 3향로의 정상에는 (용으로부터 받은) **여의주를 턱 밑에 끼고 천지를 응시하며 하늘을 향해 비상**을 준비하는 **봉황**(닭)을 얹혔는데, 4맨 밑받침은 **물속의 용**이 입으로 향로를 떠받치게 하고 **용발가락을 3개**로 하여 천지(天1 地2) 사이에서 마고나라 사람(人3)들이 이룬 삼신의 세계와 우리가 물을 근원으로 했던 **역동적이고 다양했던 겨레**였음을 밝힙니다.(고구리, 백제의 향로, 벽화: 3개의 용발가락)

반면, 지나의 자그마한 향로인 **박산로**는 용은 있으나 **봉황**(또는 태양새)**은 없고** 무엇보다 박산(博山)이란 '**바다 위에 떠있다는 신선의 세계**'를 말하는 밝(은)산이었으니, 분명 우리의 문화를 흉내 낸 유물일 뿐!

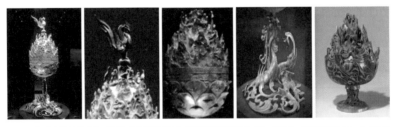

백제의 '용봉금동 대향로'복원품 출처: 국립부여박물관, 위 · 몸체 · 아래(용발톱3개) 출처: 일승의 공간, 지나 하북성 중산정왕 박산로 출처: 신광섭 국립민속박물관장

무엇보다 중요한 것은, 세계적으로 용(龍)에 관한 신화와 전설은 많지만, 용이 되기 전 단계의 전설이 전해지는 나라는 '우리나라'뿐이라는 것입니다. 그래요. 발이 달려 있고 뿔이 있다는 상상의 동물로, 영화 〈디워〉에도 등장했던 해 묵은 큰 구렁이이지요.

호수, 연못, 강 등 담수(민물)에 사는 모든 생물의 왕으로 가난한 사람을 도와주고 천 년간 덕행을 마쳐야 바다에 이르러 '여의주'를 물고 승천하여 호국용이 된다는 '이무기의 전설'을 어느 민족도 가질 수 없었던 것은, 바다가 되기 전, 우리의 서해평원에서 뛰어난 문명을 이루고 살던 수많은 동이의 조상들(뱀, 이무기)이 1만3천 년 전쯤 차츰 바다가 되자, 이 땅을 떠나야 했던 슬픔을 담은 전설이었기 때문입니다. 뱀과 용의 신화가 전 세계로 퍼져나가기 전의 이야기였기 때문이었지요!

영화 '디워'포스터. 고구리 강서중묘의 청룡의 3개의 발가락. 백제 송산리6호분 누군가 지워버린 발가락(3개) 출처: 노무현재단 시대공감

혹자는 아직도 용의 원조를 지나라고 말하며 '중국황제는 발가락을 5개인 용을 쓰고, 우리나라는 4개, 일본은 3개의 발가락을 쓴다'고 하나 원래 우리나라의 전통적인 용은 오방사상에 따라 용 발톱이 5개(오조룡)였다고 합니다. 이규보는 *동국이상국집 동명왕편(東明王)에서 '하느님의 아들 해모수가 하늘에서 지상으로 내려올 때 오룡거(五

龍車)를 타고 왔다'고 언급하고 있지만, 하늘에서 물을 내리는 **북두칠성의 자손임을 뜻할 땐 7개의 발톱**을 그리기도 하고 또한 **삼신사상을 드러내고자 할 땐, 삼족오처럼 3개의 발톱**을 그렸다고 합니다. 지나는 감히 따라 할 수 없는 문화였지요.

그러나 **단군조선마저 붕하고 천하의 힘이 지나땅으로 이동한 후 3개와 5개와 7개의 발톱을 숨긴 적**(지나의 明 시기)**이 있을 뿐**, 조선왕조 말기 천제국을 다시 선포하고 경복궁 근정전 천장에 칠조룡을 올려놓은 것은 **우리가 세상을 이끌었던 북두칠성**(마고)**의 자손**이었음을 천하에 알리고자 함이었지요. 그래서 **물**(井)**을 기반으로 해서 문명을 일으켰던 겨레**이기에 방의 위쪽을 '**천정**'(天井; 하늘 우물)이라 말하면서 하늘에서 물을 내리는 **북두칠성이 있어야 용이 살 수 있다고 믿었던 것**입니다. 지나엔 3조룡과 7조룡은 없습니다!

그래서 고구리의 벽화는 **천정이며 벽이며** 온─통 용이지요. 남포 강서대묘의 사신도를 비롯하여 강서중묘, 무용총, 쌍영총, 집안 약수리, 삼실총, 오호묘… 등에는 **기발하고 익살스러운 모습의 용**으로 천손의 자부심을 전합니다.

저들 지나와 재팬의 도깨비가 위압적이고 사람을 해치는 존재인 것처럼, 지나의 용은 **위압적이고 권위적인 모습의 고사**(故事)**와 신화**(神話)가 많이 전해지고 재팬의 용은 **눈에 독기마저 서려 섬짓하게 만들지만**, 한국의 용은 도깨비처럼 **친근한 보호자로, 인간적이고 자애로워** 어찌보면, **환하게 웃는 성스러운 하비**(할아버지)**의 모습으로**, 그래서 사람을 돕고 나라를 보호하는 '**호국신의 龍이야기**'가 많이 전합니다.

용 또한 도깨비처럼 국적이 하늘나라 한국이었을 뿐, 저들의 문화가 아니었지요. 모두 성스러운 이 땅의 상징적인 역사였습니다.

고구리 수봉태왕의 부하 **모두루**(牟頭婁)**의 묘비**에는 "천하사방이 **이**(고구리) **나라가** 가장 성(聖)스러움**을 알고 있을지니…**" 라고 하여 세상에 하늘자손은 우리뿐이었음을 확인합니다. **우리의 존재**(용, 뱀) **자체만으로도** 저들에겐 두려움이었을 것입니다. 옛날 뽀빠이에게 "우리 어머니가 **틀림없습니다!**" 하고 소리쳤던 어느 장병처럼, 용(뱀)문화가 우리 **천손의 문화**임을 수식도 과장도 없이 **그냥 느낌**으로 알 수 있기 때문이지요!

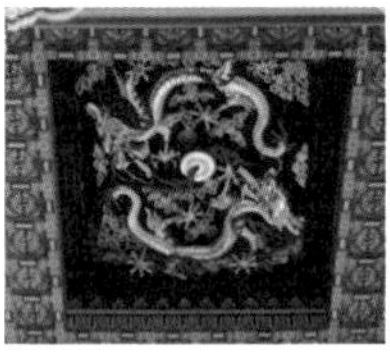
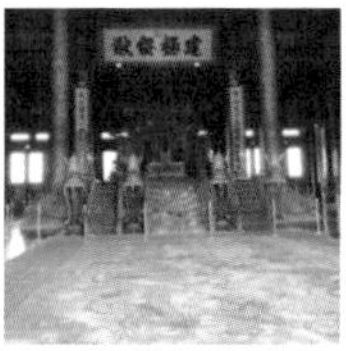
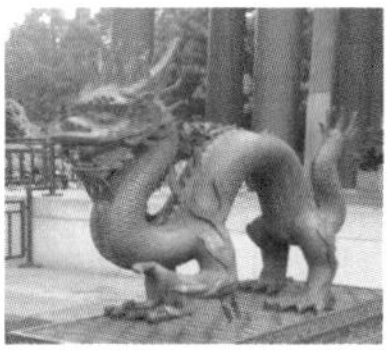
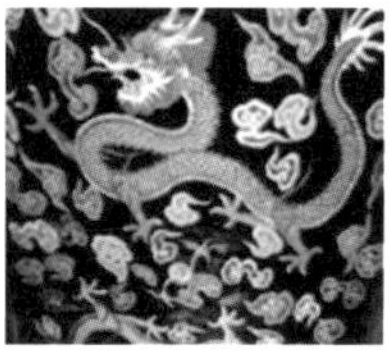

경복궁 근정전 천정 7발톱 황룡, 자금성 태화관 바닥 5발톱 용 출처: 발길 닿는대로, 북경 이화원 5발톱 용 출처: 반조원리 김현목, 복원된 숭례문 정체불명의 4조룡 에효! 출처: 서울스토리

역린을 건드리지 마라~!

이렇게 **용의 자손**으로 선택받은 민족이라던 지나족의 '**용문화**와 **용신**(龍神)**사상의 실체**'도, 알고 보니, 본디 우리 동이 배달나라(倍達 3898~2333BCE)**로부터 이어졌던 문화**였지요. 동이인이었던 헌원(2692~2592?BCE)이 지나족의 시조가 되면서 우리 바다의 용사상을 양자강과 황하강을 중심으로 한, **내륙의 용신사상**으로 변한 것일 뿐…!

물이란 바다를 말함인데, **근원도 없고 바다를 보지 못했던** 지나족이 무슨 **용이고 뱀**(이무기)이고를 말할 수 있겠습니까? '**개천**(얕은 물, 강)**에서는 용이 나지 않는 법**'이라는 우리말이 괜한 것이 아니지요.

용에게는 **한 군데 건드려서는 안 되는 비늘**이 있다고 합니다. '역린'(逆鱗: 턱 밑의 거꾸로 박힌 비늘)이지요. '**역린**을 건드리면, **누구든 죽음**을 면치 못하는 법!' 그런데 지나는 지금 수천 년의 문명의 은혜도 저버리고 **감히 천제국**(시원문화의 나라) **한국의 배꼽문화**(인류의 시원문명)까지 훔쳐(탐원) **인류사의 주인**(시원국)이 되려고 〈**동북공정**〉을 넘어 이제 〈**탐원공정**〉, 〈**문화공정**〉마저 벌이고 있습니다.

　　　　　이건 분명 **천제국의 역린**을 건드린 것!

81개의 비늘 중 80개를 건드려도 참아왔던 한국이었지만, **마지막 하나, 역린을 건드렸던 것**이지요. 그래서 이제 '지나가 그나마 문명·문화국으로 거드름을 떨고 중화(中華: 주변 오랑캐 속에 홀로 아름다운 꽃)라며 **거들먹거렸던 모든 것들**, 황하문명이며 저들의 **차이나 글자**며 용이며 모든 것이 다 지나와는 근본도, 관계도 없었던 허구였음'을 이제 밝혀 근본을 찾아 역사를 제 자리에 돌려놓으려 합니다.

반갑고도 놀라운 것은 2020년을 앞둔 2019년 새해의 사자성어로 '마고소양'(麻姑搔痒)을 꼽았다는 것이지요. '바라던 일이 뜻대로 잘 된다'는 뜻으로 알고 있지만, 원래는 **뱀**(虫)**의 마음이 움직여 아픔을 걱정하다** 즉 뱀으로 상징되는 **한국인의 어머니인 마고**(虫=巳: 풍이, 풍백, 풍신의 어머니)**가 자손의 상처**(痒)**를 보듬어**(搔-虫) 준다는 뜻입니다.

무릇 '어머니'가 중심이 되어야 집안도 나라도 여·야 없이, 노·사 없이, 갑·을 없이, 남·북 없이 바라던 일이 뜻대로 잘 되는 법이지요.

신기한 것은 대부분의 한국인이 **우리를 점지해 주고 엉덩이를 때려**(한반점, 천손의 반점) 세상에 내보내고 우리의 바른 성장을 위해 소원을 빌었다고 전해지는 한국인의 첫 시조 '마고'(麻姑)엄마를 까맣게 잊었으면서도 '**사모원행**'(巳母遠行)을 **시작했다**는 것입니다! 그래요. 새끼 뱀(巳)이 어미 뱀(巳母)을 찾아서 먼 길을 떠나듯, 한국인은 이제 기억에서 지워진 **한국의 참역사를 찾기 시작했다**는 것이지요.

그러니 이제 한국인의 정체성의 근원이며 역사의 시작이었던 물의 나라(井)**를 찾아** 이 땅의 어미인 마고(고향, 구상점)**를 기억**해 "I SEE YOU" (이제 당신을 봅니다!) 첫인사를 올리고 용(龍)과 뱀(巳)**을 찾아** 우리 몸속에 있는 큰 거인을 **깨워야** 할 것입니다. 그래야 됩니다!

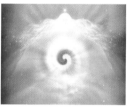

역린을 감추고 있는 용 출처: pxhere, 한국인의 삼신인 지구어머니 마고 출처: 하늘그림궁 성미경, 아바타 나비족의 인사 'I SEE YOU' (알씨유!) 출처: 영화 아바타

그래요! **사람의 문화**(文化)가 시작되고 **인류의 역사**(歷史)가 시작된 곳, 우리의 물… 바다! 그(The) **물의 나라**(井)에선 거대한 해(☉)가 처음 뜨고 온갖 알(O, 씨)이 탄생되고 공룡의 알과 전설이 전해지며 동물의 왕인 고래와 **사람의 왕들**이 살았습니다.

물의 나라! 물(氵 水)이 가듯(去) 자연스럽게 사람의 **법**(法, 인륜, 상식, 도덕)이 나오고 그 물 위에서 바람(風) 같이 흐르는(流) 풍류(風流, 멋, 맛)를 이루었던 땅, 인류의 **과학**이 배태되고 **배** (舟)가 처음 나오고 **개와 매와 가축과 농경**이 처음 시작되고 소 **리와 악기**와 오색무지개 속, **실**과 바람 같은 신선의 **옷과 모자** (갓)가 나오고 **종교와 사상과 말과 글**의 씨가 움트고 **굿과 축제** 와 지구어머니의 **소리**(율려)와 道(풍류)가 전설처럼 전해져 왔던 그(The) 아름다웠던 소통의 나라…!

어이(魚夷)! '물의 나라'(水)를 아십니까?

부서지고 불타고 없애고 그리고 뺏기고…, 그런데 껍데기뿐인 이 땅 에서 '겨레의 통곡'으로 찾아내 보니, 너무도 아스라이 먼 '시원문화가 싹튼 땅'이었고 세상을 숨 쉬게 했던 '문화의 땅'이었으며 세상을 품 었던 '어머니의 나라'였고 거―대하고 장엄했던 '하늘나라의 역사'였고 **한국인이 99.8% 잊고 있는 정체성의 고향**이었습니다.

물로 흥했고 물로 사라진, 이 땅의 장엄한 역사였지요!

인류가 찾아 헤매던 **그**(The) **시원문화의 땅**, 그 하늘나라의 땅에는 지 금 인류문화의 탯줄이라는 '솟대'만이 기억을 되살립니다.

이것이 **저들이 불태웠던 수많은** '우리 역사의 혼'(魂)이었으며 지금 도 한국인이 알까 두려워 오매불망 끊임없이 왜곡하고 **빼앗고** 지우려 하는 것들…! 바람(風)과 함께 사라진 **거대한 물의 역사**였습니다!

거대한 힘(에너지)과 생명의 원천 '우리나라'

물의 사람들! '곤'(鯤: 크기가 몇 천 리가 된다는 상상의 물고기)이라고 불리며 이 땅을 떠났던 **물고기**(魚)의 **후예**(昆)며…, 또 거대한(大) 무리(朋) 지어 이 땅을 떠났던 '**붕새**'(鳥) '**대붕**'(大鵬)…, 전 세계로 흩어져 정신 세계를 지배했던 '**용**'과 '**비암**'(업신), '**구렁이**'…!

그리고 해 속으로 들어가 영원한 해가 된 '**삼족오**', 해의 염원을 품고 세상에 나타난다는 '**봉황**'이며 불로써 문명을 일으킨 남쪽땅을 지켰다는 '**주작**'(朱雀)도 '**프로메테우스**'도 그리고 '**고래**'와 '**공룡**'도…

이젠 돌아와야 할 디아스포라(흩어진 씨앗), 우리 천손의 역사입니다!

'한-국은 명-예(名譽)롭게 대할 나라이다!'

물(海)**의 역사를 기억하는 고인돌만**이 말없이 응시하는 어두운 밤바다, 아침이 오듯, 역사광복이 오는 날, 역사의 무게를 고인돌에 얹고 동지와 함께 솟대를 세우고 '명예로운 선조'를 찾겠습니다!

그러니, 제-발 역린을 건드리지 마라!

역사의병 다물 박종원

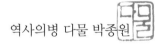

"잘 가요. 동지들…! 독립(獨立)된 조국에서, 씨 유 어게인!"

-미스터 션샤인

'한국인 자부심 더 물이랑'
참고문헌 / 참고논문
REFERENCES

"조선의 근심은 국사(國史)가 없다는 것보다 큰 근심은 없다.
-중략- 우리나라의 경사(經史)는 여러 차례 전쟁을 겪으면서
거의 타 없어지고 후세의 고루한 학자들이 중국책에만 빠져서
헛되이 주(周)만을 높이 받드는 것을 의(義)로 여기고 먼저 제
근본을 세워서 자기 나라를 빛낼 줄을 몰랐다."

-근세조선 숙종 복애노인(北崖老人)의 *규원사화(揆園史話)

참고문헌

*한국인에게 문화(文化)는 있는가? 최준식 사계절 1997.9.30

*통곡(痛哭)하는 민족혼 안원전 대원출판 1989.2.28

*젊은이여 한국을 이야기하자! 이어령 문학사상 2009.1.15

*역사(歷史)란 무엇인가? E. H. 카 김택현 역 까치 2007.6.25

*중국문명의 기원(中國文明的 起源) 엄문명 문물출판사 1985

*서구문명은 동양에서 시작되었다 존 M 홉슨 정경옥 에코리브르 2005.1

*과정과 실재 White Head 오영환 역 민음사 2003.10.2

*관념의 모험(Adventures of Ideas) White Head 오영환 역 한길사 1996

*산스크리트 영어 옥스포드 사전(1904) Sir William Jones

*국어어원사전 서정범 도서출판 보고사 2003.12.28

*우리말 어원(語源)사전 김민수 태학사 1997

*21C 신 설문해자 조옥구 역 브라운힐 2015.10.25

*고려도경(高麗圖經) 서긍 조동영 서해문집 2005.8.25

*해상왕 장보고 최광식·정운용·최근식·윤재운 청아출판사 2003.9.17

*사기(史記) 사마천 소준섭 서해문집 2008.11.10

*규원사화(揆園史話) 북애자 고동영 흔뿌리 2005.1.30

*단군세기 이암 (재)홍익인간재단 2017.12.28

*삼국사기 김부식 김종권 역 광조출판사 1974.8.30

*삼국유사 리상호 옮김 북한사회과학원 민족고전연구소 까치글방 1999.5

*한국악기 대관 문화재관리국 1969   *몽골비사 유원수 사계절 2004.1

*한국의 전통악기 손태룡 영남대학교출판부 2003.1.15

*한국민속신앙사전 국립민속박물관 2010.11.15

*통일한국 지식재산권(知識財産權)의 이해 박종배 북코리아 2011.12.12

*고조선문명의 복식사(服飾史) 박선희 지식산업사 2018.9.30

*오방색이 뭐예요? 임어진 신민재 토토북 2014.10.24

*우리 문화의 수수께끼 주강현 한겨레신문사 1996.6.13

*고조선문명의 사회사 신용하 지식산업사 2018.8.1

*한국고대문화의 비밀 이형구 새녘출판사 2012.12.27

*한국의 춤 김매자 대원사 1996.12 *고사통 최남선 경인문화사 2013.12

*살풀이춤1(한성준 한영숙류 전통춤) 정승희 민속원 2007.1.10

*한국무속인열전 서정범 우석출판사 2002.12.15

*오행지 역주 김일권 한국학중앙연구원 2011.10.31

*민족비전 정신수련법 정재승 정신세계사 단기4325.9.7

*종교(宗敎)의 기원 지그문트 프로이트 열린 책들 2004.2.25

*토템과 터부 지그문트 프로이트 지만지 2013.9.2

*한민족의 기원과 샤머니즘 조흥윤 한국학술정보 2002.10.30

*고대유라시아 알타이의 종교사상 박원길 민속원 2018.7.31

*Primitive Culture(원시문화1871) E. B. 타일러 유기쁨 역 아카넷 2018.12

*Shamans, Healers and Medicine Men H 칼 바이트 2000.11.21

*잊혀진 문화유산(해자, 풍류) 정용조·권오만 솔과학 2018.2.6

*한자는 우리글이다 박문기 양문 2001 *삼국지연의 나관중 도서출판솔 2003

*한자(漢字)는 동이족문자-주석 강상원 한국세종한림원 2007.2.20

*불교(佛敎)의 뿌리역사 이중재 도서출판 고대사 2005.1.21

*삼일신고 말씀 박길서·박수만 한솜미디어 2014.9.5

*고조선문명의 사회사 신용하 지식산업사 2018.8.1

*조선상고사 단재 신채호 비봉출판사 2006.11.10

*조선왕조실록 박영규 웅진지식하우스 2017.2.10

*천기비문(天機秘文) 柳華陽 이원재 도서출판 사림문화 2015.11.15

*한국민족문화대백과사전 편찬부 한국정신문화연구원 1993.2

*무속에 살아 있는 우리 상고사 조성제 민속원 2005.10.30

*차이나의 과학과 문명 조셉 니덤 이석호 을유 1990.2.1

*한국화가 126인 부채그림전 이일영 1998.1.21

*한국 고대문화원형의 상징과 해석 김양동 지식산업사 2015.5.15

*민족의 뿌리 최재충 한민족 1985.1 *그리스 신화 루실라번 범우사 2000

*금문(金文)의 비밀 김대성 책사랑 2002 *중국사전사화 서량지 1943.10

*유적에 나타난 북두칠성 노중평 백영사 1997

*우리 문화(文化)를 찾아서 중앙공무원 교육원 1993.9

*불함문화론 최남선 정재승·이주현 역주 우리역사연구재단 2008.12.12

*산해경 이중재 역 아세아문화사 200011 *황제내경 정종한 의성당 2010.12

*태교신기 언해 이사주당(1739-1821) 국립중앙도서관 소장본

*마고의 세계 노중평·박경중 수서원 2013 *조선의 선비 이준구 스타북스 2006

*우당 이회영과 육형제 우당 이회영과 육형제 전시위원회(2014.11.17) 2015.4

*한국인도 모르는 한국어(韓國語) 배상복·오경순 21세기북스 2012

*한국문화상징사전 한국문화상징사전 편찬위원회 동아출판사 1992.10.7

*한국의 여속 장덕순 배영사 1969 *The Mago Way 김황 혜숙 2015

*서양문화사 민석홍 나종일 서울대학교출판부 1985.8.25

*신통기(theogonia)-그리스신의 계보 헤시오도스 김원익 민음사 2003.11.25

*한국방언자료집 한국정신문화연구원 1987.5.25

*한국의 공룡 화석 국립문화재연구소 궁리출판 2009.12.14

*우리나라에 살았던 공룡의 흔적 대한민국 국가지도집 2015.9

*신의 발명(인류의 知와 종교의 기원) 나카자와 신이치 동아시아 2005.11.21

*신화(神話)로 보는 세상 박영수 학민사 2008.3.15

*국역 동국이상국집 동명왕편 이규보 민족문화추진위원회 1985.1.1

참고논문

*솟대신앙의 커뮤니케이션적 특성과 의미 한국지역언론학회 언론과학연구5권3호(2005.12)

*태양과 새, 신라의 문화원형, 만세는 상고시대 솟대에서 유래 김양동 교수신문(2014.7.3)

*한국무속의 액스터시 변천고 최길성 고려대학교 아세아연구통권34호(1969.6)

*민속학술자료총서, 장승신앙1 도서출판 터 우리마당(2001.11.30)

*신모신화연구 김준기 경희대 박사학위논문(1995)

*마고할미 설화에 나타난 여성신 관념 강진옥 한국민속학회(1993)

*鷄林類事 연구 진태하 國立臺灣師範大學(1974)

*蘇軾(소동파) 高麗 관련논설의 譯註(1) 李瑾明(韓國外大) 중국사학회(2015)

"네가 오후 4시에 온다면 나는 3시부터 행복해지기 시작할 거야"

한국인 자부심 더 알씨랑

|1부: 한국인이 잊은 배꼽 – 알·씨의 땅, 우리나라|

'우리는 어디에서 왔는가?' / 대–빙하기의 인류와 땅! / 인류의 이동 – Out of Africa? / 바이칼, 구석기인의 정류장 / 유럽, 백인의 땅이었나? / 우리나라, 생명체의 피난처 / 인류 이전, 공룡의 땅 / 지구의 자궁, 우리 땅! / 문명의 시작, 조개 (shell) / 생명과 기(氣)의 땅 / 인류의 문명과 기후 / 한국인이 잊은 인류의 첫 둥지 (卄) – '우리나라' / 인류의 문명, 알·씨를 품은 땅 / 알, 씨를 잉태했던 주인, 동방! / 문명의 태동, 아시아! / '우리나라' 왕(王)들의 땅!

|2부: 한국인이 잊은 이 땅의 사람들!|

역사의 맥, 백성의 시작 / 아시아 최초의 사람 발자국! / 따뜻한 인간을 사랑한 땅 / 삼천갑자 동방삭의 땅 / 한국인의 형성 / 남남북녀(南男北女) / 유럽인보다 흰 피부 한국인 / 이 땅의 백성(百姓)들 / 한국인만의 말, 백성(百姓)! / 백성은 현 인류의 뿌리겨레 / 인류사 왜곡의 단초 / 오리엔탈리즘(동양적 열등의식)의 굴레들(s) / 백남준, 한국인을 깨우다!

한국인 자부심 더 코어랑

돌무덤 / 알(천손)의 이동 – 바퀴와 수레 / 수레, 쌀(米)겨레의 시작 / 한국인이 잊은 형제별, 삼태성 / 근본을 부정케 한 허구, 한사군(漢四郡) 망령!

마고의 공기돌 / 바다의 어멍 비바리, 아마 / '상전벽해', 잊혀진 것들! / 엄마(마고)를 위한 마차례와 메느(나)리 / **인류의 종가역사의 흔적들** / 우리 땅(마당)과 바다를 지키는 '마당쇠'들의 마당굿 / 알들을 지켰던 분 – 마누라, 메느(나)리 / 세상을 본 이들만의 말들! / "두껍아, 두껍아, 헌집 줄게 새집 다오!" / **엄마**(마고, 알)**문명의 대–이동** / 마고문명의 꽃, 홍산문화 – 세계문명을 피우다! / 마고 – 기억의 흔적들 / **문화의 시조새, 인면조** / 마고의 나들이 / 마고를 버린 근세조선! / 아ㅡ, 개천(開天)의 뜻도 모르고 국조를 단군이라는 지도자들! / 집단수면 중인 한국, "주인님 눈 뜨세요!"

한국인 자부심 더 아리랑

드라비다어의 어머니언어 / '동 · 서언어의 뿌리– 산스크리트어의 어머니언어는?' / 영어와 아리안어의 어머니언어 / 한국어는 알타이어족 이–전의 언어! / 아메리카 인디언, 한겨레 / 인디언 수우족의 *자연과 사람을 위한 기도문 / 말과 문자와 문명의 종주국 / 시원역사를 간직한 알~이~랑, 아사달! / "겨레여, 어디로 가는가? 이제 '아리랑'을 부르고 돌아오라!"

한국인 자부심 문화열차
(한국인이 꼭 알아야 할 문화)
2013년 절찬 발간

> " 자기가 자기 역사를 내팽개치고 있는데,
> 그 내팽개친 역사(歷史)를 남이 왜곡 · 서술하고 있다고 해서
> 그렇게도 분노가 이는가?
> 부끄러운 줄도 모르고 남의 역사왜곡만 질타하는,
> 그 가증스러운 행위는 왜, 분노하지 못하는가? "
>
> –송복 명예교수의 '내팽개친 역사' 에서

" 고맙습니다!

함께 해 주셔서.....

*한국인 자부심 더 코어랑, *더 아리랑

*더 알씨랑 도

함께 해 주실 거죠?"

" 나에게는 나의 장미꽃 한 송이가

수 백 개의 다른 장미꽃보다 훨씬 중요해.

내가 그 꽃에 물을 주었으니까!"

*어린 왕자에서

한국인 자부심

더 뭉이랑

초판 1쇄 발행 2019년 12월 22일
초판 2쇄 발행 2021년 06월 24일
개정판 1쇄 발행 2022년 03월 01일
지은이 박종원

펴낸이 김양수
펴낸곳 도서출판 맑은샘
출판등록 제2012-000035
주소 경기도 고양시 일산서구 중앙로 1456 서현프라자 604호
전화 031) 906-5006
팩스 031) 906-5079
홈페이지 www.booksam.kr
블로그 http://blog.naver.com/okbook1234
이메일 okbook1234@naver.com
ISBN 979-11-5778-534-6 (04910)
        979-11-5778-533-9 (SET)